U0927062

New Technologies for Dynamic Traffic Data Collection and Analysis

交通动态数据获取与分析应用新技术

刘 浩 张 可 王笑京 邵长桥
涂辉招 Hans Van Lint 著

人民交通出版社

内 容 提 要

本书共分六章，主要内容包括：交通数据采集技术、交通数据预处理技术、行程时间估计及预测技术、行程时间可靠性预测技术、交通状态估计技术以及交通综合信息平台。

本书由中国和荷兰的科研人员联合完成。可作为交通运输工程领域的教学、科研、管理人员的参考书用，也可以作为交通工程、交通规划、交通运输和交通管理专业研究生的教学用书。

图书在版编目(CIP)数据

交通动态数据获取与分析应用新技术/刘浩等著.--北京：人民交通出版社，2012.9

ISBN 978-7-114-09869-7

Ⅰ.①交… Ⅱ.①刘… Ⅲ.①交通运输系统—数据采集②交通运输系统—数据—分析 Ⅳ.①U491.1

中国版本图书馆 CIP 数据核字(2012)第 127515 号

书　　名：交通动态数据获取与分析应用新技术
著 作 者：刘　浩　等
责任编辑：任雪莲
出版发行：人民交通出版社
地　　址：（100011）北京市朝阳区安定门外外馆斜街 3 号
网　　址：http://www.ccpress.com.cn
销售电话：（010）59757969，59757973
总 经 销：人民交通出版社发行部
经　　销：各地新华书店
印　　刷：北京市密东印刷有限公司
开　　本：720×960　1/16
印　　张：13.25
彩　　插：2
字　　数：245 千
版　　次：2012 年 9 月　第 1 版
印　　次：2012 年 9 月　第 1 次印刷
书　　号：ISBN 978-7-114-09869-7
定　　价：50.00 元

前言

随着交通信息化建设的大力推进，智能交通应用和服务的日益拓展，以及信息通信技术的飞速发展，交通动态数据越来越丰富，并已逐步成为一种宝贵的资源，在提升交通系统运行效率和管理服务水平方面发挥着越来越重要的作用。与此相适应，围绕动态交通数据的采集、处理、分析和应用，形成了交通信息领域的一个技术研发和应用的热点。如何更加合理有效地采集交通数据，对海量、时变、多源、异构的交通数据进行综合管理，并面向特定应用的定制需求，从中抽取相关的数据，进而形成所需的信息，成为充分发挥交通数据资源应有作用的关键技术问题，也成为各国交通科研工作者技术成果不断涌现的源泉和不懈努力的持续推动力。

来自中国和荷兰的本书作者们，有幸在10年前就投身于动态交通数据的研究和应用工作中。依托两国一系列的国家级科研项目，以及基于双方对于技术和应用的共同关注而开展的一系列技术交流、人才培养与项目合作，历经10年的辛勤探索和潜心研究，在动态交通数据采集与预处理、行程时间估计及预测、行程时间可靠性、交通状态估计，以及综合交通信息平台的技术研发与应用等方面，取得了丰硕的研究成果。本书是几位作者多年相关科研成果的凝练，也是中荷两国科研工作者友好合作的结晶。从内容上看，本书力求兼顾知识的系统性与技术的专业性，注重基础理论知识与实际应用案例相结合。书中涉及的建模思想和数据验证都具有原创性，在国内也是首次将这些成果完整地进行展示。

本书定位于交通运输、特别是交通信息专业的科研参考书，力图为读者提供多角度、深入的专业理论基础知识和交通数据应用实际案例，成为科研工作有益的参考资料。

本书共六章，由交通运输部公路科学研究院刘浩副研究员、张可研究员、王笑京研究员，北京工业大学邵长桥副教授，同济大学涂辉招副教授，荷兰代尔夫特理工大学 Hans Van Lint 副教授等合著，全书由刘浩和邵长桥统稿。第一章由刘浩、王笑京和 Hans Van Lint 撰写，张海林、张晓亮和周小勇协助完成；第二章由刘浩、王笑京、Hans Van Lint 和邵长桥撰写；第三章由刘浩和 Hans Van Lint 撰写，张海林和张晓亮协助完成；第四章由涂辉招、刘浩和邵长桥撰写；第五章由邵长桥、Hans Van Lint 撰写，牛树云、张晓亮协助完成；第六章由张可撰写，李静、贺瑞华协助完成。

研究成果的取得离不开研究团队的共同努力，在此向中荷双方研究团队中未及的研究工作者，一并致谢。特别感谢国家高技术研究发展计划（863 计划）“基于信息提取计算的路网动态交通分析技术”、荷兰国家科技课题 ATMO、“十一五”国家科技支撑计划“重特大道路交通事故综合预防与处置集成技术开发与示范应用”、中荷政府合作计划“面向行程时间估计的数据融合技术研究”等项目对本书出版提供的资助。

本书在整理的过程中参阅了大量国内外著作、学位论文和有关文章，有的文献可能由于疏忽遗漏未能在参考文献中列出，在此谨向本书直接或间接引用的研究成果的作者表示深切的谢意。

限于作者的理论水平和实践经验，书中难免存在不妥和错误之处，恳请广大读者提出宝贵意见。

作　者

2012 年 5 月

目　录

1 交通数据采集技术

城市交通日益拥堵、事故频发,以及交通带来的环境恶化和能源短缺已成为当前世界各国面临的共同挑战和各国政府亟待解决的重要问题。交通系统是一个复杂的、开放的庞大系统,仅从道路或车辆的角度来考虑,很难解决交通问题。因此,以智能交通系统为代表的系统分析与集成技术成为缓解交通问题的新手段。智能交通系统(Intelligent Transportation System,简写为 ITS)是将信息处理技术、通信技术、电子传感技术以及控制技术等有效地集成运用于整个交通管理与服务中,从而建立起一种大范围、全方位发挥作用的,实时、准确、高效的综合交通运输管理和信息服务系统。

交通数据采集是交通信息服务的基础。以人工调查方法和感应线圈法等为代表的交通数据采集手段尽管仍是交通数据采集的主要手段,但很难满足日益发展的动态交通信息服务需求。无线定位技术(GPS/蜂窝无线定位)、传感器技术、移动通信技术、IPv6 网络技术、车辆自动识别技术(AVI)、浮动车数据采集技术(Floating Car Data,FCD)、遥感技术和视频图像处理技术等动态数据采集技术已成为交通数据获取的新手段,也为高质量的动态交通信息服务提供了关键技术。

1.1 动态交通信息服务

交通信息服务系统是智能交通系统的重要组成部分,也是当前智能交通领域研究的热点。建设先进的交通信息服务系统旨在完善的信息网络基础上,通过装备在道路、车辆、换乘车站、停车场以及气象中心的传感器和传输设备,获得各类实时交通信息并进行综合处理,实时为不同用户和部门提供全面、准确的道路交通信息。先进的交通信息服务系统将不仅为交通管理人员提供及时、准确的交通信息,使交通管理控制系统能有效适应各种交通状况,为交通路网能力的规划与改造提供决策支持;而且将帮助道路使用者选择合适的出行方式、出行时间、出行路线,有效避开交通拥挤,缓解因拥堵导致的焦虑,从而减少交通事故频发因素和提高路网系统通行能力。交通信息服务系统的建立还将对城市环境交通污染的抑制和能源的有效使用起到不可低估的作用。

动态交通信息服务一直是智能交通领域的研究热点问题，美国、日本、欧洲等发达国家政府和企业投入了大量精力和资源进行交通信息服务的研究与应用，将其作为解决大城市交通拥挤问题的有效手段。通过国际间广泛的竞争与合作，交通信息服务技术已日趋成熟，并形成了相关设施建设、终端设备销售、各类服务应用等完整的交通信息产业链和大规模的产业市场。在美国、日本、欧洲等国都相继建立起了较完备的实时交通信息服务与发布体系，美国的511/On-Star、日本的VICS系统以及欧洲的RDS-TMC交通广播就是成功的范例，其中尤其以VICS系统成效最为显著。

发达国家在交通信息服务系统技术研究和应用中已取得了大量成功经验，并从中获得显著的社会和经济效益。我国自20世纪90年代开始便积极跟踪国际智能交通系统领域技术的发展，经过多年努力，我国智能交通系统建设已进入发展期，在软件、产品开发、技术标准、产业化等方面都取得了相应进展。但在交通信息服务上与发达国家比仍然存在较大差距，面临巨大挑战。

移动通信技术、网络传输、中间件技术的不断发展，为动态交通信息服务技术提供了新的发展机遇。先进的第三代无线通信网络，可实现更大规模的数据采集和更高效的数据传输；一代互联网技术为更有效的数据传输和共享提供了技术支撑；基于IP化的网络解决方案将为交通信息系统中大量终端设备、通信系统的有效统一互联提供途径，屏蔽了低层通信方式的差异，将极大地简化各系统间的通信方式和接口，实现系统接口的标准化和规范化，降低系统大规模部署和应用的成本；IPv6具有更好的多播放功能，以文字、图像的形式对车辆进行动态广播实时交通拥堵情况。

动态交通信息服务越来越面向集成化、平台化方向发展。为不同的用户和部门提供多样性的交通信息服务，需要建立统一的集成信息平台，充分利用现有的计算机软硬件、数据资源以及原有系统软硬件平台的可用资源。有效避免重复性投资和低水平开发建设，消除信息孤岛、信息烟囱等现象，在一个较高起点上实现业务管理信息化，实现信息的统一表示，为用户提供更方便的交通服务，为各级交通部门提供统一的数据交换中心。

1.1.1 日本

日本交通信息服务的发展最早是从导航服务开始的。早在1973年，日本就开始了有关CASS(整体汽车交通控制系统项目)的研究，开发和测试车载动态路线指示系统。1981 年,本田公司售出了第一套导航系统,并装配在 Accord 轿车上。1987 年,丰田公司在 Crown 轿车上首先配置了含有电子地图的导航仪。但是,由于当时技术条件的限制,车载导航系统只能提供一些简单的导航功能,例如方向引导,基于最短距离的路径规划等,而车辆还是一个信息闭塞的空间,只能通过收听交通信息广播节目或路边信息板等方式来获得交通信息,缺乏一种有效的交通信息获取手段。因此,日本的警察厅和建设省开始考虑向驾驶员直接提供道路交通信息,并进行相关系统的开发(其中警察厅的系统为 AMTICS,建设省的系统为 RACS)。AMTICS 和 RACS 分别成立了由 200 多家民间企业组成的促进团体,以促进系统的实用化。动态交通信息的发布,极大地促进了车载导航技术的发展,当时的导航仪销量明显增长。1990 年 3 月,当时的警察厅、邮政省和建设省(现在的警察厅、总务省、国土交通省)三省厅达成“以实现交通的安全与畅通为基本目标,在电波的有效利用及其相关方面实现各系统的协调运行”的共识,各省厅同意整合各自开发的系统,发展一体化的 VICS(Vehicle Information and Communication System)系统。1994 年 1 月,以民间企业和团体为主的日本道路·交通·车辆智能化推进协会(VERTIS)成立,成员包括与智能交通运输系统有关的学术组织、行业与机构,并与政府的相关 5 省厅结成联席会议制度。1996 年 7 月,5 个省厅联合制定了“智能交通运输系统和系统结构的全面计划”,这一计划确定了日本智能交通运输系统研究和发展的长期目标,它包括 9 个发展区域和 20 种用户服务。其发展区域包括导航系统、电子收费系统、安全驾驶系统、最佳交通管理、提高交通管理的效率、支持公共交通、提高商业车辆的管理、支持行人和支持紧急车辆管理。VICS 系统于 1996 年 4 月开始应用,并且从那时起不断扩大范围,遍布日本的高速公路和主要城市道路。

经过近年来的不断发展和完善,VICS 已经在日本全国范围内进行多种出行信息的实时发布和服务,包括实时路况和旅行时间预测、停车场信息、交通事件和天气状况。在提高运行效率和改善环境方面作出了巨大的贡献。

1.1.2 欧盟

欧共体从 20 世纪 60 年代末 70 年代初开始了有关 ITS 的讨论。20 世纪 70 年代后半期,德国博世和大众公司开始进行路车通信的研究和导航实验计划。1988 年,在法国总统密特朗的倡导下,欧洲 19 个国家的政府和企业界开始了名为“尤里卡”的联合开发计划,投资 50 亿美元,旨在建立跨欧洲的智能化道路网。为了将研究成果尽快投入使用,欧盟委员会与民间企业(汽车、电子和通信业)成立了欧洲道路运输信息通信合作组织(ERTICO),负责产业界与地方、中央与欧盟外国家政府间的联系。ERTICO作为欧盟委员会的咨询机构，制订战略性的实用化计划，推动标准化工作进程。

RDS-TMC是在欧洲应用最成功，使用范围最广的大规模交通信息解决方案。RDS是于1984年由欧洲广播联盟（EBU）制定的数据广播系统的欧洲规范。TMC（Traffic Message Channel，交通信息频道）是一个数字编码系统。TMC能产生连续的交通状况信息，将TMC信息与地图导航结合到一起，提高了车辆导航对前方路况预测的准确性。建立DGPS数据的FM负载波广播服务，提供广播电台周围的GPS差分校正数据，大大提高了GPS的定位精度。TMC将交通状况、事故、天气等有关的数据通过交通监控系统、应急服务、汽车出行者报告等汇集在一起，并在交通信息中心进行整理后，将这些信息传输到TMC交通信息服务提供商，由他们根据ALERT-C编码协议生成TMC消息，以各种方式传达给驾驶员。其中最为常见的是TMC导航系统，它可以提供动态的路线引导，预测驾驶员计划行驶路线上出现的问题并推算出一条备选路线，以避免交通延误。

经过30年左右的发展，目前RDS-TMC技术已经成熟，相关产品在全球已经形成了年销售上百亿欧元的产业规模。

1.1.3 美国

美国在信息服务方面的代表性系统有：511、TRAVTEK、ADVANCE、FASTTRAC。美国交通部向各州的交通信息系统的运营机构发放该系统应用软件，以帮助各州系统运营商提高他们的服务质量。511交通信息系统可提供及时快捷、用户与系统互动、稳定可靠的交通服务信息。因此，出行者能够更及时获得信息，享受更高质量的服务。出行与交通管理依靠交通信息来实现整体交通网络的优良表现。美国交通部网站有关511交通信息系统的内容保持经常更新，同时，有关该系统的情况也可在智能交通联合办公室网站查看。此外，可在美国联邦公路局网站查看最新511交通信息系统的应用拓展情况。511交通信息系统作为交通管理及智能交通系统的窗口，使更多的人群感受到交通科技发展给人们带来的方便。其中，TRAVTEK以实时路线引导和服务信息系统实用化为目的，系统由交通管理中心、信息与服务中心、装有导航装置的车辆组成。VANCE通过电波的双向通信直接将车载导航装置和交通管制中心连通，导航装置由接触式屏幕、显示器及导航计算机构成。输入最终目的地便可利用最新交通信息计算最佳路线。路线引导采用声音合成及显示器上的符号指示的形式。

美国交通信息服务提供商Inrix、LandSonar、Traffic. com等积极开展交通信息领域的研究，把握先进的移动通信网络、无线通信、无线定位技术的发展方向，通过合作与竞争，不断开拓交通信息服务市场，从广播媒体、政府部门、汽车导航系统制造商、网络内容提供商、无线服务商、广告商乃至普通消费者，都成为这些公司的潜在客户。其中 Inrix 公司为美国的 138 个城市提供交通事故数据，为 30 多个城市提供交通流量和流量预测的数据。Inrix 联合美国最大的无线广播公司 Clear Channel 为 125 个大城市提供广播媒体、车内导航系统、网络和无线设备等多种形式的交通信息服务。Inrix 又与定位服务（LBS）市场一流的平台及服务供应商 deCarta 携手，提供便捷的导航信息服务。

随着交通信息服务行业的发展，建立集成化的交通信息服务平台，提供多样化的交通信息已成为交通信息服务系统发展的必然趋势。

1.1.4 中国

随着我国经济的持续发展，人民生活水平不断提高，人们对高质量的交通出行服务的需求越来越迫切，期望的服务标准越来越高。而现实情况是：一方面，虽然我国道路交通基础设施建设日新月异，高速发展，但交通供给增长的速度仍难以应对呈加速增长态势发展的机动车保有量带来的交通需求的高速增长，交通供需矛盾日益突出；另一方面，与道路基础设施的发展相比，交通信息服务的发展更是处于弱势地位，对动态交通运输信息，一是无法全面掌握，二是缺乏有效的发布手段，使得原本可以提高道路基础设施运行效率的交通信息化手段，由于未能得到充分发展和有效应用，反而成了影响交通运输服务水平提高的“瓶颈”所在。

交通运输部网站提供了全国路况快讯、公路气象预报、航道通告、海事气象等信息服务。在全国 32 个省（自治区、直辖市）组织实施了交通信息化示范工程和推广工程，推动了各省级交通出行信息服务系统的建设。2004 年，由北京市交通委、山东省交通厅、浙江省交通厅和成都市交通局承担了公众出行交通信息服务系统示范工程建设。这些示范工程是在对我国交通信息化建设透彻认识和正确把握基础上的明智选择，对适应信息产业的快速发展，加快我国交通信息化的整体进程，加强交通信息系统的服务能力将产生示范效应，从而为我国交通运输业的跨越式发展起到应有的促进作用。

以北京公众出行网为例，该网为公众提供了动态交通信息、交通基础设施信息、客运信息、交通黄页、出行常识等服务。针对公交出行和自驾车出行用户的需求，该网站推出了公交、地铁、长途客运线路、班次及换乘信息服务，加油站、停车场、汽车维修企业、汽车租赁站点等交通服务机构信息以及北京旅游景点的交通解决方案信息等。通过该网站还可以方便地查询到道路事故、施工、封路、临时管理等信息。为方便新手上路和外地驾驶员来京,该网站推出了立交桥、复杂路段、重点路段等行车示意检索专栏,以图片或动画的形式导航。

交通运输部《公路水路交通运输信息化"十二五"发展规划》中,明确提出了组织开展公路水路交通出行信息服务系统重大工程建设,深化完善省域公路交通出行信息服务系统,积极推动跨区域交通出行信息的交换共享。依托路网监测监控系统的完善,强化路况、养护施工、交通管制、气象等实时信息服务,并在完善网站、服务热线、交通广播、短信平台等服务方式的基础上,充分利用路上固定和移动式可变信息板、服务区显示终端、车载终端等服务手段,为公路出行者提供覆盖高速公路和国省干线普通公路的出行信息服务。在地市级以上城市加快建设覆盖城乡的公共交通信息服务系统。积极推进开展动态车载导航系统的研发与产业化应用试点。建设以全国统一特服号、统一交通广播频率为特征,提供有机衔接的多种服务手段,并覆盖国家高速公路、重要普通国省干线及广大城乡地区的交通出行信息服务体系。鼓励和引导社会力量广泛参与,培育交通出行信息服务产业的健康发展,方便百姓安全便捷出行。

1.2 交通状况监测系统

交通系统可以被抽象为需求和供给关系(图 1-1)。交通需求与供给是一对错综复杂的矛盾。由于人们在经济、社会和环境等方面的观念差异,处理这一对矛盾的手段和实施效果会有很大的不同。人、车、路是交通系统的三个重要因素。其中,路的状况将直接影响到人的出行。因此,各种 ITS 系统的应用,其目的是为了人们能够尽量全面地了解交通网络及其状态,并且,根据采集到的实时交通信息,预测出采用了 ITS 措施后对人们行为的影响,以及由这些行为反过来对交通系统产生的影响。如果将交通系统整体看作一个控制过程的话,那么,交通状况监测系统是这个控制过程中的一个关键环节。

图 1-1 所示中间向下粗箭头的左、右两个控制环描绘出了 ITS 的两种控制手段。第一种(左边的环)目的是通过影响(出行者)交通需求,来达到控制交通出行;第二种(右边的环)目的是改变交通供给特性(例如高速公路或交叉口的通行能力)来影响交通出行。

(1)交通需求管理(Traffic Demand Management, TDM)。交通需求管理是一种新的交通规划与管理理念。其基本思想就是从交通问题产生的根源上采取措施,解决目前的问题,并防止交通问题的进一步恶化。例如,为了缓解大城市的交通拥堵问题,可以采取一系列的交通需求管理措施,包括:

①大幅提高中心城区停车费标准。提高停车收费标准，增加机动车的使用成本，是抑制交通需求的重要经济手段。

②征收交通拥堵费。在交通拥挤时段，对进入拥挤区域的车辆实行收费，控制交通出行的需求和调节车流的时空分布，减少拥挤区域道路交通流量。

③实行错时上下班制度。将出行者的上下班出行时间错开，是被证明的行之有效的提高道路资源利用率、缓解城市拥堵压力的一种方法。

④采取车牌限制通行措施。禁止某一类型车牌号码的车辆在特定时间及特定区域和车道通行，通过行政手段限制车辆使用，从而减小交通流量，缓解交通拥堵。

⑤优先发展公共交通，鼓励使用公共交通。在客运交通中，就使用道路面积而言，公共交通被认为是最节约道路资源的交通工具，而小汽车是最浪费的交通工具。

⑥鼓励合乘出行。在美国，城市周围的高速公路和市内的快速路上，一般都有 Carpool 专用车道。这种车道规定在一定时段（有些地方如洛杉矶是全天）载有两人（包括驾驶人）或两人以上的车辆（也有规定三人的）通行，大大提高了车辆载客率，降低车辆出行率。

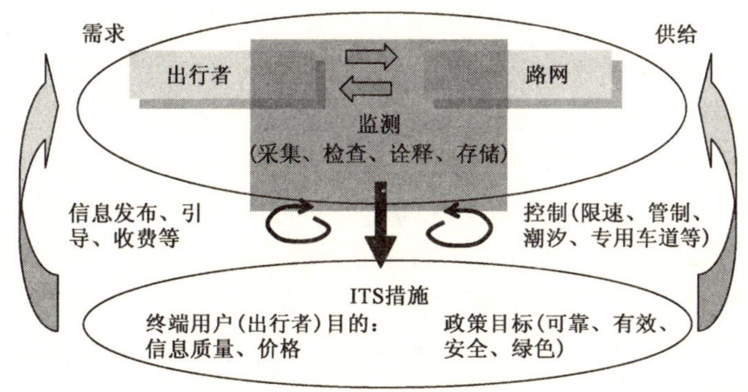

图 1-1　交通系统供需关系

（2）交通供给控制。交通供给包括交通基础设施和交通管理措施等方面。建设快速路、主干路、高架路、立交桥、地铁、轻轨等交通设施，能够在一定程度上扩大交通系统的供给能力。但是，交通经济学里有一条非常著名的定律，即当斯定律（Downs Law）：在政府对城市交通不进行有效管制和控制的情况下，新建的道路设施会诱发新的交通量，导致交通需求总是倾向于超过交通供给。当人均收入水平达到一定程度并不再成为（相当部分）家庭汽车消费的主要障碍时，必然会出现的一种交通需求和交通基础设施供给之间的竞赛，而在政府不进行管制的情况下，这种竞赛的结果必然是交通拥挤。只有在加大交通基础设施建设的同时，提高城市路网建设和常规公共汽（电）车的发展，改善停车、加油、步行、换乘等交通设施以及交通管理和服务，才能共同发挥出作用和效果。

在交通需求和供给相互影响、相互制约的过程中，交通数据采集起着至关重要的作用。例如，交通状况可以通过一些采集的数据来反映：

①当前路网中的交通拥堵点及拥堵程度。

②当前路网中发生的交通事件（包括类型、程度、影响范围等）。

③特定通道或路段的当前平均速度以及短时间的预测期望速度。

④当前路网或特定路段上的车量数，特定断面的车流量。

⑤车辆从路网上 A 到 B 将遇到的延误。

从图 1-1 的描述来看，交通监测系统在实际应用中有四个主要功能：

（1）数据采集。通过传感器采集原始交通数据。

（2）数据检查。发现、校正丢失和不可靠的数据，通过数据融合，提高数据可靠性，为 ITS 系统和交通信息服务。

（3）状态诠释。深入理解原始数据的时间和空间特性，并由路段的交通空间特性推断全路网的交通状态，也可以用相邻路段的交通空间特性推断没有监测设备的路段（这个过程通常称为状态估计）；或由交通空间和时间特性推断交通网络未来的交通状态，也就是预测路网交通状态（称为交通状态预测）。

（4）数据存储。将所有的数据和信息（原始数据、融合信息、预测信息）存入一个易管理的数据环境下用来实时和离线应用。

荷兰正在建设覆盖全国高速公路网的 MONICA 系统，这是一个在线运行的全国交通监测系统（图 1-2）。该系统是由荷兰交通部、公共事业部门和水利管理部门所有，由 Rijkswaterstaat 进行维护和管理的。该系统已经覆盖了全荷兰境内 90% 的高速公路网，每隔 500m 左右设置双感应线圈，用来采集交通流量、速度和占有率，这些数据通过路侧设备将数据实时传送到中心系统。中心系统还可采集气象信息、交管信息和交通事故信息等，为荷兰国家交通数据中心提供全方位的数据基础。这些数据经过处理、分析、融合后，通过交通广播、可变信息板（Variable Message Sign，VMS）、互联网等方式发布给出行者。根据检测的数据，中心系统将进行优化分析，给出相应的交通控制策略，例如车辆诱导、限速、匝道控制、封闭车道等，使得全路网交通最优。

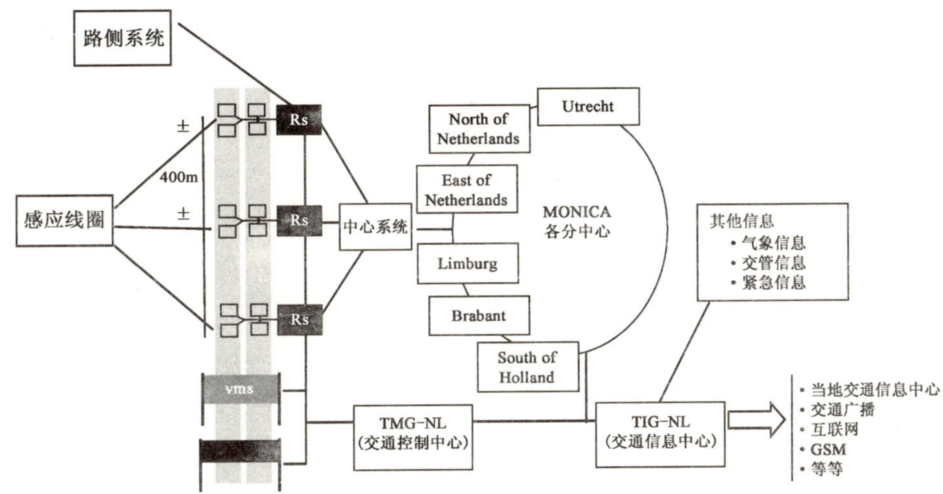

图 1-2 荷兰高速公路网 MONICA 系统

1.3 交通数据采集系统

1.3.1 固定点交通数据采集

固定点交通检测器主要是检测固定位置的交通数据，这种数据也称为“点”数据。固定式交通检测器根据安装的方式可分为嵌入式和非嵌入式。嵌入式检测器需要埋设在路面下，因此要临时阻断交通来进行安装和维护。环形线圈检测器是应用最广泛的嵌入式检测器。非嵌入式检测器是指安装在立柱、路侧路肩和道路中间分隔带的检测器，安装和维修不需要阻断交通。因此，非嵌入式检测器近几年在世界各地应用越来越广泛。

1）环形线圈检测器

这种检测器是将环形线圈埋置在路面之下。环形线圈是检测装置中振荡器的一个元件（电感）。振荡器由电源供电，以谐振频率振荡。车辆行至线圈上方时，其金属构件引起谐振回路中电感参数改变和谐振频率的偏移。根据谐振频率，能够检测出车辆的流量和占有率。通过设定平均有效车辆长度，能够估计出密度和时间平均速度。双磁力线圈是由两个磁力线圈组成，单车速度、时间平均速度、调和平均速度以及单车或平均车长度可以被直接测得。

环形线圈检测器是传统的交通检测器，是目前世界上用量最大的一种检测设备。车辆通过埋设在路面下的环形线圈，引起线圈磁场的变化，检测器据此计算出流量、速度、时间占有率和长度等交通参数，并上传给中央控制系统，以满足交通控制系统的需要。此种方法技术成熟，易于掌握，并有成本较低的优点。这种方法也有以下缺点：安装过程对可靠性和寿命影响很大；修理或安装需中断交通；影响路面使用寿命；易因重型车辆的通过、路面修理等受损坏。

2）气压式检测器

气压式检测器是一根空的橡胶管，横向铺设在道路上。当有车辆通过时，车轮压在橡胶管上而改变了气压，因此能够检测车辆。路侧有一个检测设备与气压管相连，用以记录每个车轴通过时气压的改变。通过气压改变的大小和车轴计数，就能够得到车辆数和速度。

3）压电式检测器

压电式检测器被安置在路面切割开的一个凹槽里。检测器通过把机械能转换为电能获得数据。压电式检测器的材料由于机械变形引起表面的密度改变导致电极间的电压变化。信号的振幅和频率直接与变形程度成比例。当车辆轴的压力移动，输出的电压反向对电极。改变电极的结果是改变输出电压。这种电压的改变可以被应用于检测和记录车辆数量和分类，以及移动中的车重和速度。

4）被动和主动红外检测器

主动红外检测器发射激光束到地面上并且检测反射信号返回设备的时间。当车辆通过有激光束的路面时，反射信号的时间就会减少。时间的减少表示有车辆出现，可以用来采集车辆数和速度。主动红外线检测器一般采用反射式和阻断式检测技术。反射式红外检测器使用反射接收器，用来反射光束和接收反射光束，通过记录路面和车顶反射率的变化对车辆进行检测。阻断式红外线检测器由位于道路一侧的反射接收器和车道另一侧的强反射板组成，车辆通过时，反射波被切断而检测到车辆。

被动红外设备通过测量来自检测区的红外能量来检测车辆。车辆总是和环境存在一定温差。路面红外能量辐射与车辆红外能量辐射存在差异。由于路面辐射与车辆辐射或多或少不同，能量对比就可以被检测出来。由于该技术完全为被动，所以受其他车辆的影响较小。典型的被动红外检测器被直接安装在支架、天桥、桥梁，以及路侧立柱上。

5）微波—多普勒/雷达检测器

微波—多普勒检测器向车道检测区发射连续的低能量微波，然后再分析信号反射。检测器记录微波源和车辆运动的相互影响，使得频率发生改变。根据多普勒原理,当运动的物体反射由检测器发射的雷达光束时,波反射的频率就会按比例随速度的改变而改变。这种检测器可以检测到移动的车辆,并测得车速。基于微波技术的交通数据采集设备分为两类。一类是发射固定频率微波、利用多普勒原理测量车辆速度的多普勒微波雷达,这类检测器无法检测到静止的车辆,因此不适合安装在交叉路口及停车场内。另一类是发射调频连续波,发射频率随时间连续变化的微波检测器,可通过测量检测器与车辆之间的距离来检测出静止车辆,也可通过测量距离的变化来计算出车速。

雷达(无线电波)有检测远距离物体的能力,并能确定运动物体的位置和速度。通过车辆检测,设备直接发射高频无线电波或者脉冲、调频和固定波段信号,在车道上确定反射信号的延误,由此可以计算出检测车辆的距离。雷达设备也可以检测到固定的车辆。它们对天气变化不敏感,并且可以昼夜运行。设备安装在路侧离路肩稍高一些的立柱上。这种检测器可以采集流量和速度数据。

6)*超声波和被动声波检测器*

超声波检测器是通过接收由超声波发生器发射的超声波束并经车辆反射的超声回波来检测车辆,超声波检测器将感应到的车辆信息以电信号的方式送到路侧控制机,由路侧控制机分析处理,得出每条车道分车型的流量、速度以及车道占有率等数据。超声波检测器体积小,易于安装,一般放置在车道上方,但其性能随环境温度和气流影响而降低。

被动声波检测器利用声波的其他方式:该系统利用麦克风对准要观测的交通流,设备可检测车辆通过检测区的声音,通过比较不同音速信号来辨别不同种类的车辆。比如前面的声音是噪声,是由于轮胎和路面的摩擦产生的。这些设备最好安置在路侧,可以采集流量、速度和分类数据。

7)*视频图像检测设备*

视频检测器是通过视频摄像机作传感器,在视频范围内设置虚拟线圈,即检测区,车辆进入检测区时使背景灰度值发生变化,从而得知车辆的存在,并以此检测车辆的流量和速度。检测器可安装在车道的上方和侧面,与传统的交通信息采集技术相比,交通视频检测技术可提供现场的视频图像,可根据需要移动检测线圈,有着直观可靠、安装调试维护方便、价格便宜等优点,缺点是容易受恶劣天气、灯光、阴影等环境因素的影响,汽车的动态阴影也会对其产生干扰。

8)*蓝牙交通检测器*

蓝牙技术是一种应用于交通数据采集的新技术。其原理是汽车上的蓝牙设备和道路路边附近蓝牙设备之间可以建立无线连接。汽车上的蓝牙设备发射的信号，可由其覆盖范围内的其他可以兼容的监测站接收，记录下访问控制(MAC)地址、检测时间和用于获取路段样本出行时间的信息。

现有的固定式数据采集设备在应用中，主要有以下几个特点：

(1)采集设备种类繁多(线圈、超声波、视频等多种采集方式)，由此也产生了大量数据，数据质量差异较大，全路网的数据信息融合处理难度较大。

(2)相当多数据采集设备通过分时段、批量的传输信息数据，导致系统信息处理实时性能较差。

(3)固定信息采集设备的成本较高、维护有一定的困难，多布设于高速公路和城市的主要街道上，在低等级的道路上覆盖率相对较低。

(4)固定点检测器通常会由于检测设备故障、通信系统故障、环境因素异常等原因，遇到数据丢失的情况。这样的情况对于实时系统将会产生比较严重的影响，尤其是对一些需要不间断数据的应用系统。

1.3.2 轨迹线交通数据采集

轨迹线交通数据采集是指采集车辆行驶路径上的交通数据，这种数据也称为“线”数据，例如轨迹线、平均行程速度、平均行程时间等。这些数据极大地丰富了交通管理者对整个路网交通状态的实时掌握，为交通管理者提供了更全面的数据基础。

1)车辆自动识别系统

车辆自动识别系统(AVI)主要是记录车辆通过点 A 和 A 点下游 B 点的通过时间。AVI 系统的关键是识别两个地点的车辆。这能够通过车载标签或雷达接收机或牌照识别系统获得。随着视频技术的进步，现在市场上有基于视频的 AVI 系统。其中，有的采用摄像机和牌照识别算法(图像处理)，应用在 Regiolab-Delft 项目中(www. regiolab-delft. nl)。在荷兰省道 Kruithuisweg，以及通往鹿特丹方向的公路 A13 上安装了多套该系统。该 AVI 系统也应用到了限速 80km/h 的超速处罚中。另外，采用车载雷达和电子标签的 AVI 系统可以进行自动收费和拥挤收费。全世界比较普及的 ETC 电子不停车收费就是其中的一种。利用 AVI 系统采集的车辆位置记录(牌照识别或车载标签)和相应的通过两个位置的时间，推断车辆的行程时间和平均行程速度，如图 1-3 所示。

根据单辆车的行程时间和平均行程速度，汇总后，经过该路段的所有车辆的平均行程时间和空间平均速度也可以被推断出来。除此之外，由于 AVI 系统在 A 点和 B 点设有固定检测器，因此可以获得在这两点的流量和流率，有的设备还可以采集到占有率、时间以及调和平均速度。然而，AVI 系统存在以下三点不足：

（1）车辆在 t_A 时刻离开 A 点，t_B 时刻到达 B 点，行程时间为 T_{Tn}。可以看出，T_{Tn} 的测量值是在时刻 t_B 获得的。也就是说，当路段 AB 很长时（几千米），实际测量得到的行程时间是已经过去的，并不能代表车辆当前时刻的交通状态。

（2）AVI 系统不能反映出从点 A 到点 B 的全路段的实际交通状态。从图 1-3 中可以看到，实际从 A 到 B 的车辆速度与平均行程速度 u_i 是有显著变化的。原则上，交通状态和行程时间的关系不是一一对应的。在点 A 附近 1 km 的排队可能和在点 B 附近 3 km 排队的行程时间相同。

（3）平均行程速度 u_i 反映的是在已经过去的时间内车辆的行程时间，而不是预测未来的时间段 p 内的平均值。例如，如果行程时间是 25min（或 5min），那么平均行程速度是在过去的这段时间的平均值。

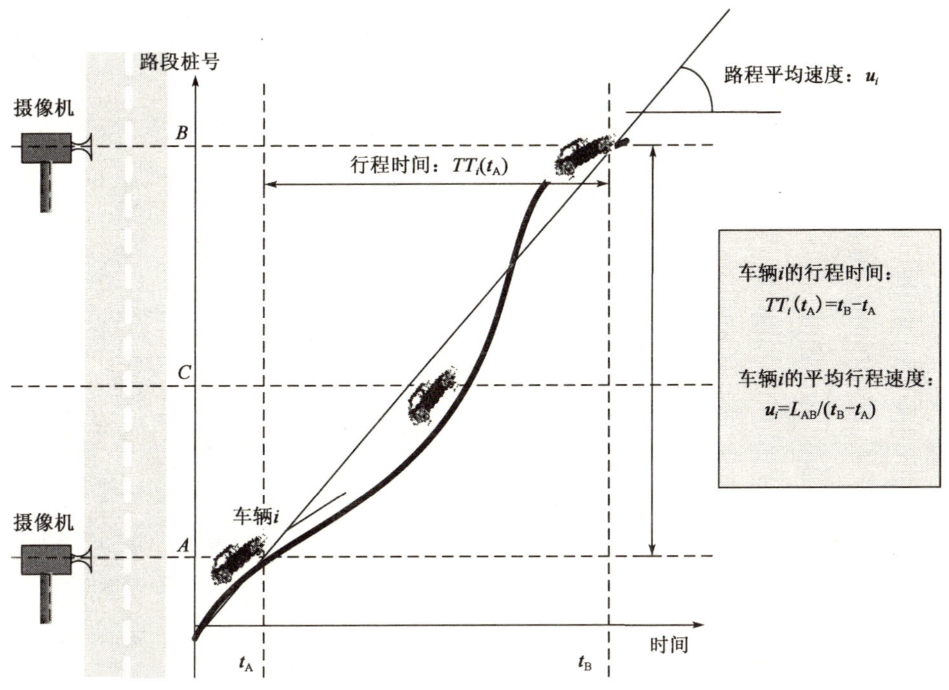

图 1-3 AVI 系统行程时间和行程速度估计

2）浮动车（探测车）（GPS/GSM）

浮动车数据（Floating Car Data，FCD）采集技术是目前国际上采集道路交通信息的先进技术手段，利用在车辆上安装的车载装置，基于 GPS 定位系统、移动电话定位系统,将车辆动态信息(时间、速度、坐标、方向等)实时地传送到浮动车信息处理中心。

浮动车作为一种新兴的交通信息采集方式,主要集中在城市的主要地区,其突出优点是能够通过少量装有车载 GPS 设备的浮动车获得准确实时的动态交通信息,成本低且效率高,具有实时性强、覆盖范围广的特点。使用先进的浮动车信息采集技术更适合交通路网复杂的城市地区,很好地弥补了目前现有交通基础设施不完善,固定信息采集设备缺乏造成的信息量不足的缺陷,所产生的信息可以满足大部分用户出行的需求。浮动车的流动性使它能采集到城市道路网绝大部分的信息,采集范围不再仅仅是点。

为了获得更详细的交通信息,采集单个车辆的位置和速度信息,并传输给中心系统能够对全路网的动态监测起到很好的数据支撑作用。基于不同的定位技术,有两种浮动采集技术。一种是基于车载的全球定位技术(GPS),另一种基于 GSM 技术。在这种情况下,也可以获得与 AVI 系统相同的原始数据,还有(取决于通信频率)在起讫点之间的位置和速度,如图 1-4 所示。

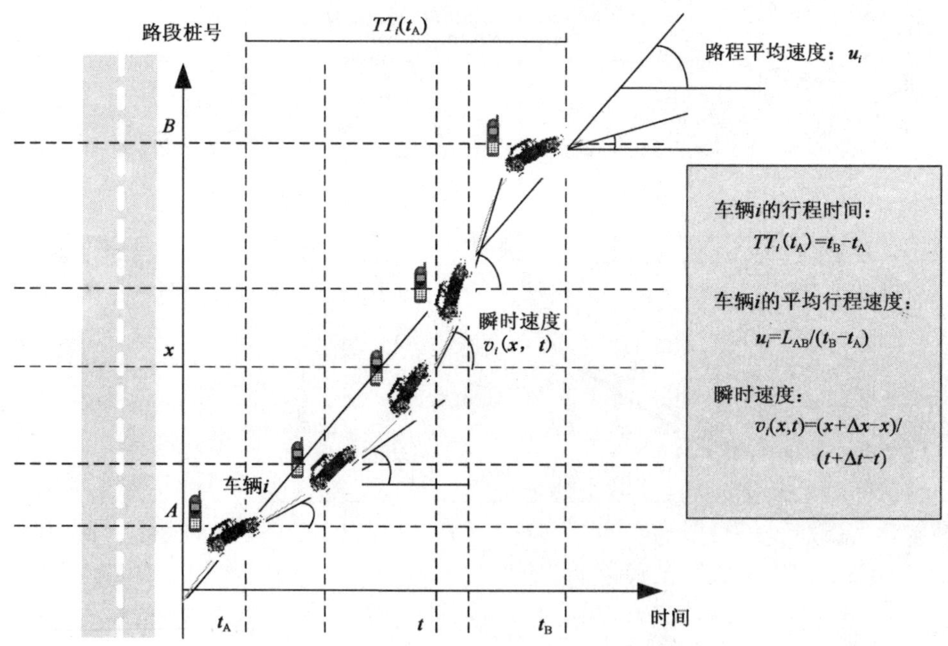

图 1-4　基于 GPS/GSM 的浮动车(探测车)系统

(1)GPS 浮动车系统。

基于车载的全球定位技术(通常是 GPS,但是不久的将来可能会利用我国的北斗系统和欧盟的伽利略系统),可以定时或不定时地向中心系统传送车辆的位置和速度数据。它的基本原理是通过道路上运行车辆实时上传的卫星定位数据,计算后获得路网实时路况信息,相对于传统的固定检测器技术,具有成本低、效率高、覆盖范围广的优点。基于浮动车系统,北京市交通委员会建设了交通眼——基于互联网的实时路况发布系统(www. bjjtw. gov. cn,见图 1-5)。该系统可实时展现北京市城区全路网交通态势和详细的道路拥堵状况,路况信息每 5min 全面更新一次,支持四级图形缩放,路况信息可自适应道路缩放显示不同层次的细节,便于用户全面清晰地掌握北京市快速路、主干路、次干路和支路的实时路况,为公众出行提供了有益的信息,缓解了交通拥堵。

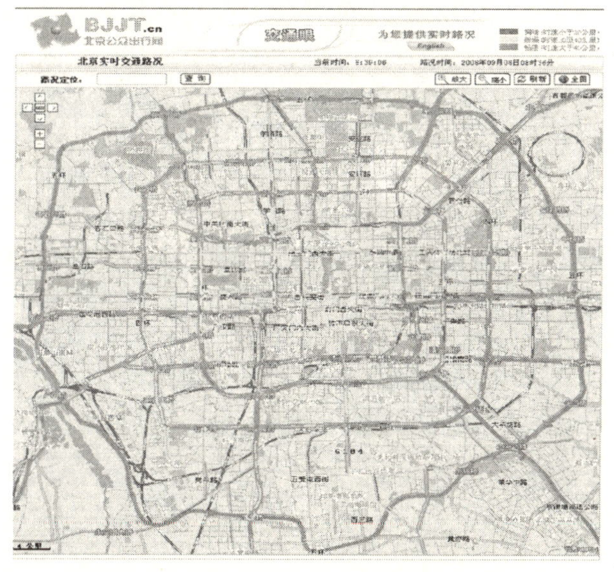

图 1-5 基于 GPS 浮动车数据的交通眼系统

目前,公交车和出租车是统一装配 GPS 的特种车辆,这两类车辆不但具有运行时间长的特点,而且在城市整体交通流量中占有量大。尽管公交车具有路网覆盖率高、行驶路线固定、运行时间长(往往在 12h 以上)等优越性,但是其缺点在于公交车本身频繁的停靠站,给后端数据处理带来挑战。采用出租车作为浮动车,不但规模大,而且车型相对统一,使得在数据管理和计算时,准确率高,不需要因为车型的差别再作转换。其次,出租车作为一种运营车辆,具有全天运行的特点,这样就保证了覆盖率,使得系统 24h 实时运行,保证了数据的持久性和稳定性。

FCD技术采用动态的方法测量交通网络中各离散点的交通流信息,数据范围遍布整个地区,能全天候24h地进行数据采集;利用无线实时传输、中心式处理将大大提高信息采集效率;通过测量的车辆瞬时状态数据,能准确反映交通流变化情况;利用现有GPS和通信网络资源,采集设备维护和安装成本低;利用FCD技术还可以实现多参数测量,包括天气、道路状况、车辆安全等参数。利用FCD技术进行数据采集和反映实时路况信息已经成为当今智能交通领域的研究热点。各发达国家纷纷投入巨大的人力、物力支持FCD系统的研究和试验。

自2001年英国提出以浮动车为基础的动态交通信息采集方法以来,欧洲各大组织和企业进行了大量的理论研究和试验测试,取得了大量的成功经验,并计划将浮动车技术引入到现有的交通信息系统中,提高现有系统的处理能力,并降低成本。日本P-DRGS协作团体实施的基于Probe数据的动态路径引导系统的研究开发项目于2003年在日本名古屋完成1500辆浮动车的数据试验,完成了基于浮动车实时交通信息服务试验系统,欧洲和美国也积极开展这方面系统的研究和试验环境的测试。2003年,英国ITIS公司推出以历史数据为基础,以实时探测数据和浮动车数据为补充的动态交通信息服务,包括车辆行车时间预测,被盗车辆跟踪等,为英国的城际高速公路和城市主干道提供了丰富的交通信息。德国也建设了VISUM Online先进出行信息系统,其内核算法融合了检测器数据、浮动车(FCD)数据和交通事故数据,VISUM Online所得信息可直接通过网络发布。欧洲实时交通信息的提供商Trafficmaster以固定探测数据为主,浮动车数据作为补充,为车载设备、移动电话服务、固定或移动网络提供服务。荷兰和丹麦等国正在进行基于浮动车的动态交通信息服务的小规模试验。

(2)手机浮动车系统。

手机通过GSM/GPRS或UMTS基站上或建筑物的天线或其他无线设备进行通信。通过大量的手机定位信息,结合地图匹配技术、交通信息提取技术和交通信息预测算法,可以得到路网实时或者短期预测的交通状况,为交通出行提供诱导信息服务。基于手机定位的交通数据采集技术由于其投资小、数据量大、采集覆盖范围广等特点,日益受到重视。目前国内外正在展开一系列的研究,此项技术将是交通数据采集的一个重要发展趋势。

利用手机的GSM信号记录,其精确位置就可以被推算出来。从一个手机的位置的时间序列中可以容易地推导出平均行程速度。随着GSM覆盖面在发达国家的迅速扩大,对于交通信息服务系统服务于全球更加有益。基于交通信息采集技术的商用GSM公司有TomTom(www.tomtom.com)和英国的ITIS公司

(www. itisholdings. com),见图1-6。

应用GSM或GPS情况下,原始的定位信号被识别和分类,信号被处理和计算为“交通”数据(位置和瞬时速度)。但是,在处理这些信号中遇到的最大的问题是,确定这个信号是驾驶车辆的人发出的,而不是坐火车或步行者发出的。

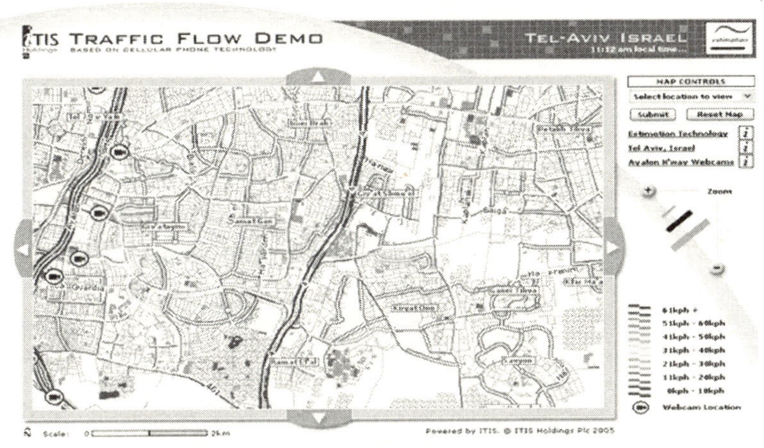

图1-6 利用GSM进行交通数据采集的信息发布

通过AVI系统和浮动车技术获得的行程时间和空间平均速度本质上是过去的历史交通信息。浮动车技术存在着两个缺陷:

(1)与AVI系统和固定检测器设备相比,除非路网中所有的车辆都安装了浮动车设备(GPS或手机),否则浮动车数据不能提供交通流信息和交通流密度。为了提供可靠的(空间)平均速度和平均行程时间,应该在计算时间段内在路径上有不少于最小限度数的车辆。

(2)在城市道路环境下,基于GPS或GSM系统的定位系统数据质量不稳定。一方面是因为建筑物遮挡导致信号不准确,使处理产生偏差(尤其是对GPS的影响)。另一方面是因为城市的地图匹配技术比郊区地区的难。原因是车速在城区一般很低,城市路网比高速公路或郊区路网密度更大,使得GPS或GSM信号很难精确地匹配到道路上。

1.3.3 大空间交通数据采集

遥感技术是从高空采集地物目标的信息,识别地球环境和资源的技术,从远距离感知目标反射或自身辐射的电磁波、可见光、红外线等进行探测和识别的技术。它是20世纪60年代在航空摄影和识别的基础上随航天技术和电子计算机技术的发展而逐渐形成的综合性感测技术。把遥感器放在高空气球、飞机等航空器上进行遥感,称为航空遥感。把遥感器装在航天器上进行遥感,称为航天遥感。航空和航天遥感的最大优势是:能够在不同的高度采集地物目标信息,航摄飞机高度可达10km左右,陆地卫星轨道高度可达到200km左右;采集的范围较大,一张陆地卫星图像覆盖的地面范围可达到3万多平方千米;采集的周期性较快,以人工的方式实地测绘地图,要几年甚至十几年才能重复一次,而陆地卫星每16天可以绕地球一圈,不仅能利用可见光波段,而且能利用紫外线、红外线和微波波段进行探测,可以探测地表和一定深度的地物目标,获取大量信息。

目前,遥感技术在交通领域的应用非常广泛,涉及公路、铁路、水运等各个领域。在交通基础设施信息提取、交通流数据采集、交通环境监测及评估、交通灾害监测与应急等方面有了较为成熟的应用。

城市道路、公交线网、公路、水运航道网等交通基础设施都可以通过遥感卫星影像获取,可以一次性提取所需要的各种交通基础设施的数据。

在交通环境及污染监测评价方面,公路沿线各类环境影响信息提取,主要是通过提取土地利用、植被类型、植被覆盖度、景观格局、水体、大气污染物等信息来对公路沿线环境进行评估。海巡飞机和岸边监管设施通常配备了雷达、红外线、紫外线等视频监视装置,保证及时发现和跟踪监视海上溢油。

在交通灾害监测与应急方面,通过遥感影像监测灾后公路损坏情况,为救灾提供数据支持。利用高分辨率卫星图片对灾害发生后的路网及周边环境状况进行评估,寻找最佳路线进行灾后救援工作。在滑坡、泥石流等灾害中,利用遥感影像识别不同规模、不同亮度或对比度的滑坡和泥石流,分析滑坡的范围和产生的影响,监测受灾范围的状况。

在水运应用方面,通过遥感技术监测岸线和水沙,分析航道特征。利用遥感技术,能够对船只进行监测,协助水域和海上交通管制。

总体来看,现有交通遥感应用研究大部分以采集静态的交通基础设施信息为主,缺乏动态交通数据的整合。在这里简要介绍,利用图像处理技术采集交通流微观数据:将摄像机架设在高空、飞机或汽艇上,对道路上行驶的车辆进行连续拍摄;对拍摄的视频信息进行处理,得到交通流微观数据。其中两项主要技术是:

1)背景提取

通常视频数据是连续拍摄的,路网上各种车辆(货运、公交、出租等)的运行也是24h不间断的。因此，直接从视频数据中选出没有车辆的背景图比较困难。根据特定的算法，将运行在背景图上的运动车辆去除，提取出背景图是一项关键技术。图1-7、图1-8显示了对视频原始数据进行处理后得到的背景图。

图1-7 视频原始数据

图1-8 视频处理后的背景提取

2)车辆跟踪

在背景图的基础上，通过一定的算法，将移动的车辆检测出来，然后，对移动车辆进行跟踪。根据每帧上同一车辆的图像坐标信息，经过坐标变换，得到车辆的实际坐标。这样就得到了每一辆车微观的交通信息，这些信息目前最主要还是用于交通流基础理论研究。同时，应用视频图像处理技术，采集交通流基础数据也逐渐进入到实际系统中。如图1-9所示。

科学技术的进步带动了交通数据采集技术的发展。因此，将来必然会有更先进、精度更高的交通数据采集技术出现。同时,先进的交通数据采集手段也为交通数据分析技术的发展提供了动力源泉。

图 1-9　利用视频图像处理技术进行车辆跟踪

2　交通数据预处理技术

受各种因素的影响，使用交通检测器采集到的交通数据不可避免地存在一定的数据质量问题（如数据缺失、数据异常）。当数据质量问题严重时，会降低估计精度，使观测或分析的结果与实际情况相差甚远。因此，在应用交通检测器采集交通信息或进行交通建模时，应对数据进行检查，并对缺失数据和异常值进行填充和校正，以提高分析结果的精度和可靠性。本章针对交通实践中常会遇到的检测器数据质量问题介绍一些数据处理方法，包括数据检查、异常值的诊断和数据校正。

2.1　数据检查

检测器采集到的数据通常存在一些数据质量问题，包括数据噪声、异常值、部分数据缺失，甚至数据完全丢失。例如，荷兰高速公路上的交通监控系统中大约有15%的感应线圈无法正常工作或采集到的数据是不可靠的。为了评价感应线圈检测到的数据质量，荷兰人曾在沿海牙和鹿特丹之间的A13高速公路往南的一个小试验场用试验的方法对感应线圈检测数据进行了分析。该试验用摄像机拍摄到车辆数与线圈检测器检测到的车辆数对比的方法来评价线圈检测器数据的可靠性。统计时间间隔以1min为统计单位，每次观测进行1h。该试验共采集了65组数据，平均相对误差为5.9%，标准误差为10.4%（图2-1），这意味着每20辆车就有1辆车被漏记或者被重复记录。在同一条道路上，对另一个线圈检测器进行的试验也得到了类似的结论。因此，在应用检测器数据提供的信息之前，应对数据进行检查，并对存在的问题进行校正。

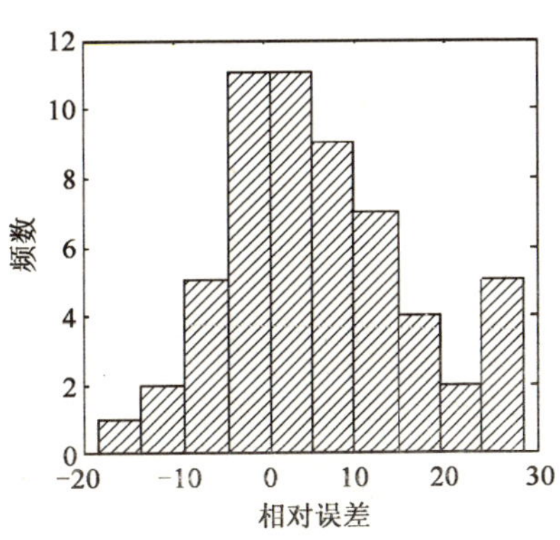

图2-1　固定检测器计数相对误差柱状图

2.1.1 数据质量问题类型

在论述数据检查和校正方法之前,首先应对实际应用中可能遇到的检测器数据质量问题进行分类。对于智能交通系统或其他交通管理系统而言,检测器提供的数据可能会有以下问题:数据缺失、误差较大或数据异常。为了叙述的方便,上述数据问题统称为数据误差。

输入数据存在误差的原因是多方面的。一般而言,按误差产生原因可分为三种情形(图 2-2)。第一种情形是由于交通检测器临时性的电源故障或通信故障引起的。这种情况下,交通数据会部分缺失,称为机器误差或机器故障。第二种情形是检测器或通信设备的物理损伤或因维修所引起的,导致观测到的数据与真实值偏离较大(数据异常或误差较大),称为系统误差。第三种情形是检测器设备自身固有的原因或环境原因引起的,如检测器本身的精度、环境温度、湿度等。第三种情形是无法避免的,称为固有误差或随机误差,是由于偶然因素引起的,是数据处理中需要重点解决的问题。一般情况下,第三种情形数据误差可应用多次测量取平均值的方法来消除,但这种误差并不能完全消除。例如应用固定检测器(如感应线圈)数据计算的时间平均速度来估计空间平均速度(单位路段内的平均速度)就是有偏差的。另外,一些常见的引起固定误差的原因有:重复计数或仪器的校正误差、舍入误差等。

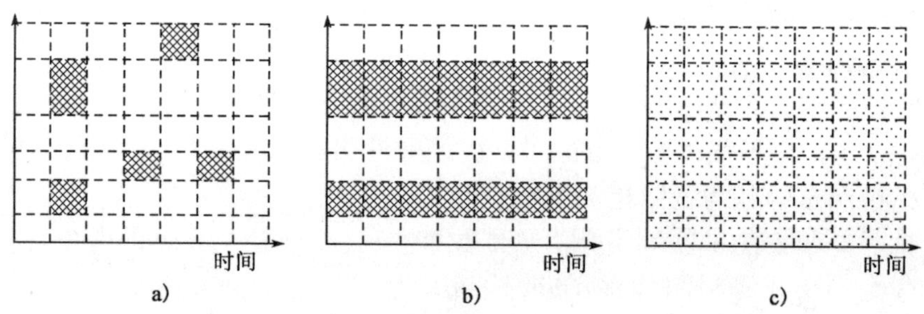

图 2-2 检测器数据质量问题类型

2.1.2 数据检查和校正的一般步骤

对采集到的数据进行检查和校正是为改善数据的质量,从而达到提高智能交通系统性能的目的。原则上,数据的检查和校正可遵循以下步骤:

(1)数据检查。发现可能存在的问题(如数据缺失或异常)。

(2)数据重构。用合适的数据来替代缺失数据或异常数据。

(3)数据校正。对重构后的数据的有效性和一致性重新检查,如果存在问题,则返回第二步,直到满意为止。

上述给出的数据检查和校正步骤是一般性的。对于不同的检测器数据,由于其数据质量问题不同,采用的检查和校正方法也会不同。因此,数据检查和校正过程中用到的方法需要根据数据特点来选择。本章的2.2节和2.3节分别针对线圈检测器数据、行程时间数据给出了相应的数据检查和校正的步骤与方法。

2.2 线圈检测器数据检查与校正

本节以线圈检测器数据为例,介绍固定检测器数据处理步骤和方法。

2.2.1 异常值诊断方法

检测器采集到的交通数据反映了一定条件下的交通时—空运行状态,这些状态可由交通流相关理论进行描述和识别。与之对应,检测器数据也应具有交通流相应的时—空特征。因此,可通过分析交通流的时—空特征与检测器数据特征的一致性来检查检测器数据。下面给出三种用于检查交通数据有效性和一致性的方法:

(1)车辆数守恒或质量守恒法;

(2)数据时空图法;

(3)统计学方法。

2.2.1.1 车辆数守恒法(质量守恒)

对于交通量数据,可以应用"车辆数守恒定律"来检查数据的有效性(当发生事故时,该方法不适用)。简单来讲,车辆数守恒定律是指进入某一路段的车辆数,在它们驶出该路段之前应满足:进入路段的车辆数 - 驶出路段的车辆数 = 路段驻留车辆数。换句话说,在一定的时间段内,进入高速公路某路段内的车辆数与驶出车辆数大致相当,两者之差为这一路段内的车辆数。车辆数守恒方法可以快速并容易地检查出由检测设备引起的数据失效问题。下面举例说明这种方法的有效性。

数据来自荷兰A13高速公路某路段上两个相邻线圈检测器,该路段为单方向3条车道,两个固定线圈检测器之间距离约为1000m。图2-3为这两个线圈检测器采集到的一定时段内的交通流率(换算为辆/h)数据时间序列图和基于不同统计时间间隔的交通流量数据时间序列图,数据统计时间间隔分别取1min、5min 和 15min。图 2-3a)顶部为以 1min 为统计时间间隔时所给出的交通流量时间序列图。图 2-3b)顶部是以 1min 为统计时间间隔时的两个检测器检测的交通流量差时间序列图。从图中可以发现,交通流量差甚至超过 2000 辆/h。通过检查统计时段内车辆数守恒情况,可以发现数据噪声是非常大的,这是由于统计时间间隔过短,突出了车辆到达和排队随机性对交通量数据的影响。因此,车辆数守恒定律对于检查统计时间间隔长度为 1min 的交通量数据没有太大意义。图 2-3a)底部给出了统计间隔较大情况下两个检测器流量差的时间序列图。从时间序列图上可以发现,当统计时间间隔增加到 30 ~60min 时,大的数据噪声就会消失。当统计间隔取 60min 时,两个检测器的流量差在 200 ~500 辆/h 之间,如图 2-3b)最底部图所示,要比统计间隔取 1min 时的流量差小得多。因此,统计时间间隔越长,两个检测器之间的流量差越小(数据平滑效果越好)。

统计时间间隔为 1min 时,各个观测时段内的交通流数据和累计交通流数据的噪声水平大体相同,在 20% ~50% 之间。如此大的数据波动是由于车辆到达的随机性和车辆间相互作用(排队、超车等)引起的;当统计时间间隔取 30min 或更长的时间时,噪声水平则下降到 5% 以下,大的数据波动被明显地平滑掉了,只有较小的数据波动保留下来。因此,可以得到一个重要结论:统计时间间隔长短对时间序列数据的噪声影响较大,对数据的集成度的影响是不能忽视的。

对图 2-3 进行观察还可以发现,上述例子中的线圈检测器数据没有出现严重的数据缺失,这说明两个检测器是正常工作的。表 2-1 中给出的统计结果也定量地说明了这一问题。根据表 2-1 中给出的计算结果发现在 6:00 ~20:00 这段观测时间内,经过区段 2 上的两个线圈检测器的车辆中大约有 1.5% 的车辆“消失”,这主要是由检测器固有误差(计数错误或重复计数等)所造成的。由表 2-1 还可以发现,区段 1 上的检测器数据存在异常情况,因为在如此短的一段里程内(约为 1000m),竟然有 9.5% 的“额外”交通量。这可能是由于检测器的检测误差所致,部分驶入的车辆没有被检测器检测到。

交通数据守恒情况　　表 2-1

项　目	区　段　1	区　段　2
驶入车辆数	64823	68357
驶出车辆数	71000	67368
质量守恒	-6177(-9.5%)	989(1.5%)

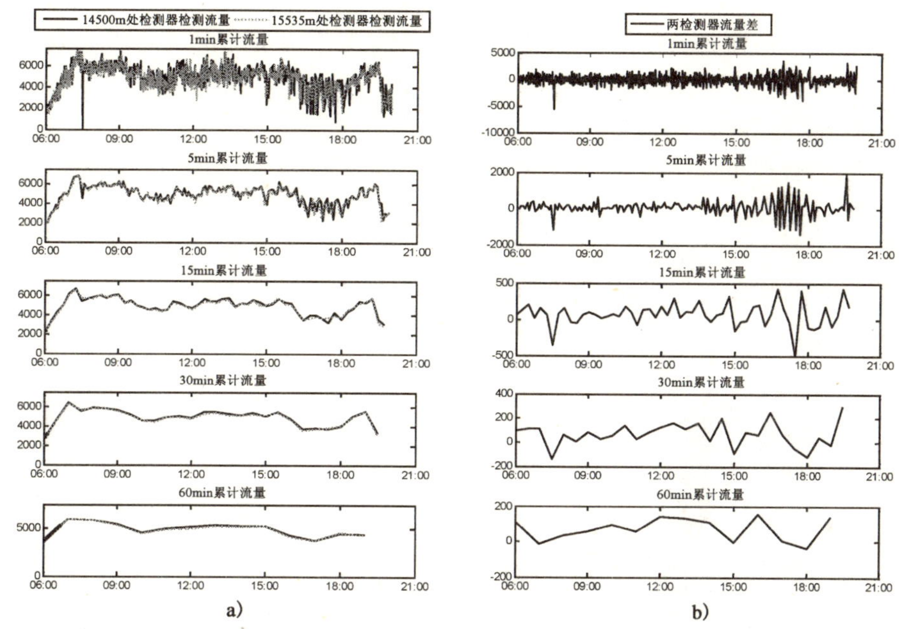

图 2-3 车辆数守恒情况

a)数据噪声水平;b)质量守恒情况

2.2.1.2 数据时空图法

交通流现象具有随时间与空间变化的特性。也就是说,交通流状态(车辆排队长度、车辆拥挤程度)会随时间与空间的变化而变化。把这种交通流随时间、空间变化的特性用图形的形式表现出来,就可得到交通流数据时—空分布图。通过对比上游和下游两个相邻检测器数据时—空分布图可发现数据的缺失或错误,从而达到检查断面交通数据的有效性目的。这种方法比分别检查各个检测器数据的时间序列更加快速。

图 2-4(见彩插图 2-4)为荷兰 A13 高速公路路段上所有检测器记录的原始交通流量和速度数据时空轮廓图,图中的白色区域表示数据缺失或数据不可靠。从图上可以发现,这一天交通数据时空图中,白色区域所占的比例高达 15%,表明分别位于 10000m 和 10510m 处的两个检测器发生了故障,并且多个检测器出现故障的时间并无规律可言。

图 2-4 同时也很好地说明了一个事实:交通流状态的确具有随时间和空间变化的明显特征。许多研究者基于微观交通数据证实了这一特征,并给出了很好的解释(尽管交通流的扰动可以以不同的方式在时间和空间上进行传播,但

是有两个主要的特征)：

(1)当交通流为自由流(没有发生交通拥堵)时，交通状态沿着与交通流相同的方向传播，速度约为最大允许速度的80% ~85%(在最高速度为100 km/h的高速公路上，传播速度为85 km/h)。

(2)当交通流为拥堵流时，交通状态沿着与交通流相反的方向传播。最明显的例子是高速公路上发生交通拥堵时交通波传播情况(图2-4)。图2-4中低流量(图2-4绿色显示部分)和低速度区域(图2-4红色显示部分)为交通拥堵发生时对应的时—空图，交通波传播速度为负值，交通波以15 ~20km/h的速度向上游传播。

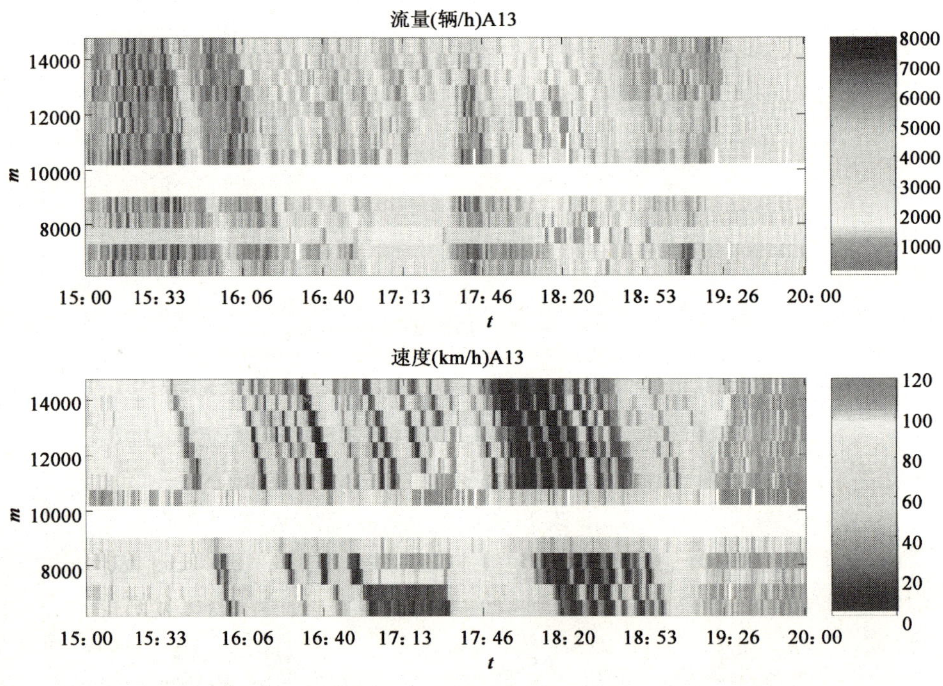

图2-4　检测器原始交通数据(图的顶部为流量数据，底部为平均速度数据)

2.2.1.3　统计学方法

用于检查时间序列“异常”数据的统计学方法非常多。理论上，这些方法都可以用于诊断固定检测器所采集到的交通数据中的异常。其基本原理是通过检查时间序列的统计量(如均值、方差、频率、自相关因子)是否发生了突变，当统计量发生突变，则表明数据可能出现异常，例如，异常的车辆数会导致时间序列的方差和均值显著增加。

有许多先进的方法是基于时间序列分析或者是在其上的拓展。其中,有的方法是应用了小波变换或傅立叶变换,有的方法则应用非线性回归分析技术(如人工神经网络法、支持向量回归法)。此外,聚类分析方法、模糊集和模糊逻辑或 D-Schafer 证据推理方法也常用于异常数据的诊断。

需要说明的是,交通数据在时间和空间上具有很大的相关性,在运用统计学方法诊断异常数据时,将交通数据定义为时空数据是非常重要的。仅仅用某一个检测器的交通数据进行时间序列分析(无论是应用简单的还是复杂的方法)未必能完全挖掘出用于评估交通数据质量或诊断数据异常所必需的信息。

2.2.2 数据校正方法

交通状态是随时间和空间的变化而变化的,这是检测器检测到的交通数据与其他领域的数据(如医学记录或消费者调查数据)的不同之处。主要表现在:

(1)来自固定检测器的交通数据(速度、流量),在时间和空间上表现出很强的相关性,这种相关性是交通流在时间和空间上变化的结果。

(2)检测器数据不会随意缺失。

因此,在多数情况下不能应用常见的统计学方法(时间序列/信号处理过程)来校正缺失或异常数据。下面给出两种常用于校正交通数据的方法:

①简单插值法;

②滤波法。

2.2.2.1 简单插值法

简单插值法是最常用的填充缺失数据的方法。简单说,就是用一个合理值来代替缺失的数值,如用回归预测值或样本均值或最新的观测值来替代缺失数据。但需要注意的是,简单插值可能会改变数据的方差,并产生新的偏差。例如:

(1)用检测器检测的 N 个历史数据的平均值来代替缺失值,测量值的方差会趋向于0,特别是当有大量的数据缺失时,会造成测量值是稳定和可靠的假象,误导分析人员。

(2)用回归或时间序列预测值(根据最邻近的 N 个观测值)来代替缺失值,会增加观测值序列的相关性,造成测量值比实际值更容易被预测的假象。

(3)简单插值法可能破坏交通数据的时—空特性,扭曲交通数据的特性和消除掉所谓的冲击波,这是最糟糕的情况。

尽管简单插值法存在上述问题，但由于该方法使用简单而被广泛应用。下面给出应用简单插值法校正缺失数据的两个例子。

1）离线插值

假设某路段上有 K 个检测器，其历史观测数据的每条记录就是这 K 个检测器在相同时间内所检测的交通参数（速度、流量）。用 $\Delta t = t_j - t_{j-1}$ 表示统计时间间隔；用 $z(t_j,x_i)$ 表示在 x_i 处（检测器所在位置）t_j 时刻所检测的流量或速度数据，假定测量值 $z(t_j,x_i)$ 缺失（或为异常值）。在空间纬度上，应用式(2-1)来替代缺失值：

$$z^{s}(t_j,x_i) = \begin{cases} z(t_j,x_a), & x_i = x_1 \\ z(t_j,x_{i-1}) + \dfrac{x_i}{x_a - x_{i-1}} z(t_j,x_a), & x_1 < x_i < x_K \\ z(t_j,x_{i-1}), & x_i = x_K \end{cases} \tag{2-1}$$

式中，x_a 是 x_i 下游第一个邻近的检测器所在位置，并且在 t_j 时刻该检测器数据是有效的。

同理，在时间纬度上，应用式(2-2)替代缺失值：

$$z^{t}(t_j,x_i) = \begin{cases} z(t_{a},x_i), & t_j = t_1 \\ z(t_{j-1},x_i) + \dfrac{\Delta t}{t_a - t_{j-1}} z(t_a,x_i), & t_1 < t_j < t_{p} \\ z(t_j,x_{i-1}), & t_j = t_{p} \end{cases} \tag{2-2}$$

式中：t_a——位于 x_i 处的检测器所检测到的第一个有效数据；

t_1——初始时刻；

t_{p}——结束时刻。

因此，对于缺失数据 $z(t_j,x_i)$，有两个替代值[式(2-1)和式(2-2)]。在这种情况下，应用最小值来代替缺失数据 $z(t_j,x_i)$：

$$z^{*}(t_j,x_i) = \min[z^{s}(t_j,x_i), z^{t}(t_j,x_i)] \tag{2-3}$$

2）在线插值

在线状态下，式(2-2)是不适用的。可用时间序列预测法来校正缺失数据。例如，应用简单的指数滤波法来预测，并用其代替缺失数据：

$$z^{t}(t_j,x_i) = f_z(t_j,x_i) \tag{2-4}$$

式中，$f_z(t_j,x_i) = f_z(t_{j-1},x_i) + \alpha[z(t_{j-1},x_i) - f_z(t_{j-1},x_i)]$是一个指数预测模型，$\alpha$ 为平滑参数，$\alpha \in [0,1]$（一般取 0.3）。当然，也可以用更复杂的自回归预测模型——AR(I)MA 模型来代替简单的指数预测模型。完整的算法流程与离线状

态算法流程相似，即依次用等式(2-1)、式(2-3)和(2-4)来校正缺失数据。

应用插值法和回归法对某一时间和空间(t, x)处的缺失值进行填充，这不仅能保证校正后的数据在时间和空间上的正交性，也保留了其所代表的交通状态特征。

2.2.2.2　滤波方法

前面提到交通状态具有随时—空变化的特征，可以利用这种特征对数据进行校正。Treiber 和 Helbing (2002)开发的时—空交通滤波算法就是应用了这种交通时空特征。Treiber-Helbing 滤波算法的一个重要的假设：交通量在时间和空间上传播存在两个主要的特征，即自由流状态下，交通波的传播速度为 85 km/h(自由流状态下主要特征)；拥挤状态下，交通波的传播速度为 -18 km/h (拥堵状态下的主要特征)。

基于上述假设，给出滤波算法如下：

$$\varphi(t,x) = \exp\left(-\frac{|x|}{\sigma} - \frac{|t|}{\tau}\right) \tag{2-5}$$

式(2-5)所表示的滤波算法平滑掉了交通流数据在时间和空间上的波动，空间上的波动比 σ 小，时间上的波动比 τ 小(对高速公路交通流检测设施而言，σ 和 τ 可分别取值为 300m 和 30s)。

其次，对自由流和拥堵交通状态下的两个典型特征进行坐标转换(图 2-5)：

$$\left.\begin{aligned} x &= x' \\ t &= t'_{\mathrm{c}} + \frac{x}{c_{\mathrm{c}}} = t'_{\mathrm{f}} + \frac{x}{c_{\mathrm{f}}} \end{aligned}\right\} \tag{2-6}$$

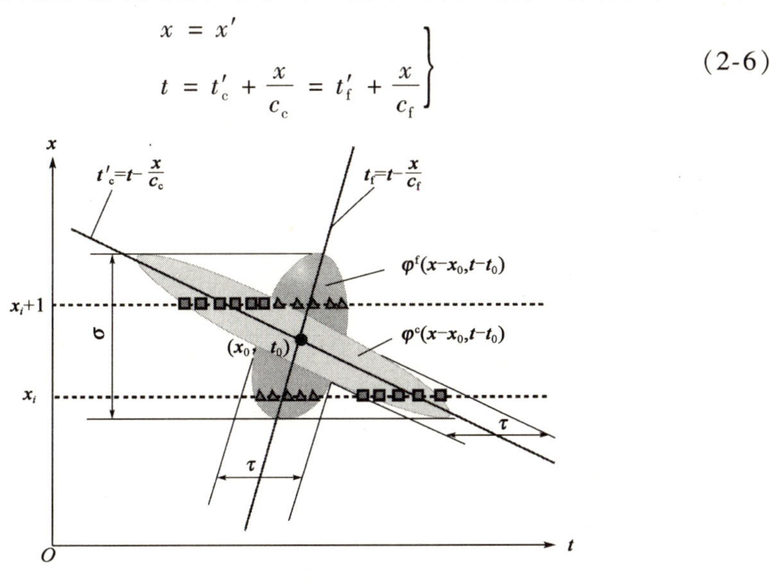

图 2-5　Treiber-Helbing 滤波算法

式中，c_f与c_c分别表示自由流状态和拥堵状态下交通波传播速度。在变换后的坐标系中，基于式(2-5)分别建立自由流和拥堵交通状态下的滤波算法如下：

$$\varphi_f(t,x) = \varphi(t'_f,x') = \varphi\left(t - \frac{x}{c_f},x\right) \tag{2-7}$$

$$\varphi_c(t,x) = \varphi(t'_c,x') = \varphi\left(t - \frac{x}{c_c},x\right) \tag{2-8}$$

假设z_{ij}为历史数据中位于x_i处的检测器在t_j时刻记录的交通数据，则应用式(2-7)和式(2-8)在x-t方格内($x_l \leqslant x \leqslant x_K, t_l \leqslant t \leqslant t_P$)对数据融合：

$$z(t,x) = z_f(t,x) + w(t,x)[z_c(t,x) - z_f(t,x)] \tag{2-9}$$

式中：

$$z_c(t,x) = \frac{1}{N_c(t,x)}\sum_{i=1}^{K}\sum_{j=1}^{P} z_{ij}\varphi_c(t_j - t, x_i - x) \tag{2-10}$$

$$z_f(t,x) = \frac{1}{N_f(t,x)}\sum_{i=1}^{K}\sum_{j=1}^{P} z_{ij}\varphi_f(t_j - t, x_i - x) \tag{2-11}$$

式中，$N_c(t,x)$与$N_f(t,x)$为标准化常数：

$$N_c(t,x) = \sum_{i=1}^{K}\sum_{j=1}^{P}\varphi_c(t_j - t, x_i - x)$$

$$N_f(t,x) = \sum_{i=1}^{K}\sum_{j=1}^{P}\varphi_f(t_j - t, x_i - x)$$

式(2-9)由两个滤波算法组成：一个表示拥堵状态[式(2-10)]，一个表示自由流状态[式(2-11)]，$w(t,x)$为权重因子，其表示这两个滤波算法的权重。

权重因子是检测变量函数。由式(2-10)可以发现，如果$w(t,x) = 1$，$z(t,x)$仅由拥堵状态下滤波算法来计算；反之，假如$w(t,x) = 0$，$z(t,x)$就由自由流状态下滤波算法来计算。因此，权重因子函数$w(t,x)$应满足在自由流状态下趋近于0，在拥堵状态下趋近于1。Treiber 和 Helbing (2002)提出应用双曲线函数(图2-6)计算权重因子：

$$w(t,x) = \frac{1}{2}\left[1 + \tanh\left(\frac{v_c - u(t,x)}{\Delta v}\right)\right] \tag{2-12}$$

式中，$u(t,x) = \min[u_f(t,x), u_c(t,x)]$为式(2-10)和式(2-11)计算的速度值中的最小者。只有在有速度观测值的条件下，才可以应用式(2-12)确定权重，否则，权重因子要通过其他交通指标(如占有率)来确定。

Treiber-Helbing 滤波算法最大的优点是能应用各种类型和精度的交通数据(如聚集的、基于事件的、局部和非局部数据)生成想要的时间和空间(x-t)的交通状态图。

根据前面的讨论，上述三个交通数据校正算法可简单汇总如下：

(1)简单离线插值算法，即式(2-1)、式(2-2)和式(2-3)；

(2)简单时间序列法,即用式(2-4)进行平滑处理;

(3)Treiber-Helbing 滤波算法,算法参数缺省值为:

$c_f = 80\text{km/h}, c_c = -18\text{km/h}, \Delta v = 10, v_c = 80\text{km/h}, \sigma = 300\text{m}, \tau = 30\text{s}$。此外,空间纬度精度为 300m,时间纬度精度为 30s。

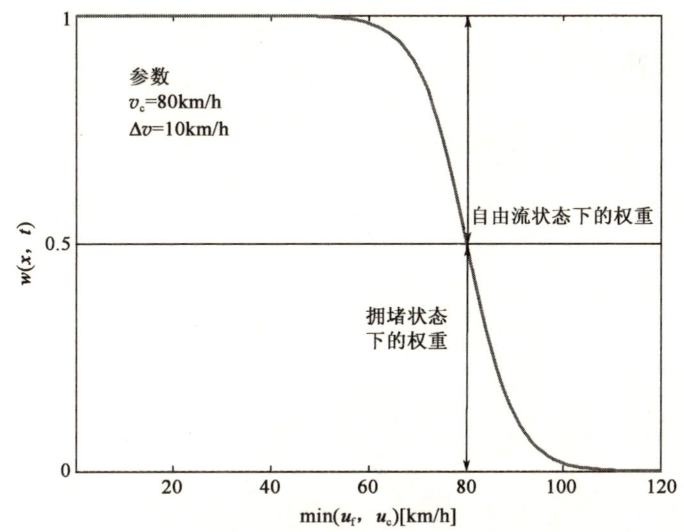

图 2-6　自由流和拥堵状态下的权重因子

为了说明如何应用前面介绍的两种简单插值法与 Treiber-Helbing 滤波算法来估计交通状态并对上述算法的效果进行比较,分别应用上述算法处理荷兰 A13 高速公路上两个线圈检测器数据。假设数据存在两种质量问题:

(1)“中等程度的破坏”:约 30% 的数据缺失(检测器偶然失效或因设备维修引起)。

(2)“严重破坏”:超过 60% 的数据缺失。

图 2-7(见彩插图 2-7)给出了三种方法分别在处理“中等程度的破坏”和“严重破坏”两种数据质量问题时生成的交通状态轮廓图。观察图 2-7 可发现,Treiber-Helbing 滤波算法[图 2-7d)]比其他方法表现出更加优越的性能,甚至在数据“严重破坏”的情形下(>60% 数据缺失),该方法也能重新构建出整个路线的交通状态,并且结果比较“合理”;时间序列方法效果最差[图 2-7b)],这比较容易理解,因为在大量数据缺失的情况下(极端情况是检测器发生故障),整个交通数据的时间序列逐渐被去掉或用一个常数代替掉了(在这种情况下,应用最大允许行驶速度作为替代值);简单插值法[图 2-7c)]表现稍稳健一点,但当大量数据缺失时,仍会导致交通特征失真。

需求是决定应用先进的滤波方法还是简单的插值方法对数据校正的主要因素。对许多科学研究（如模型校正和验证），应该采用先进的方法；对于一些应用，如行程时间预测，简单的插值方法也是可以的。对于要求运算速度快、精度要求不高的实际应用或基于更大集成度、实时性要求高的应用，简单的插值法可满足要求。但一般来说，往往采用更先进的方法，这不仅可以保证数据质量不会变坏，而且能提高数据质量，并且有助于挖掘出数据中隐含的交通规律。

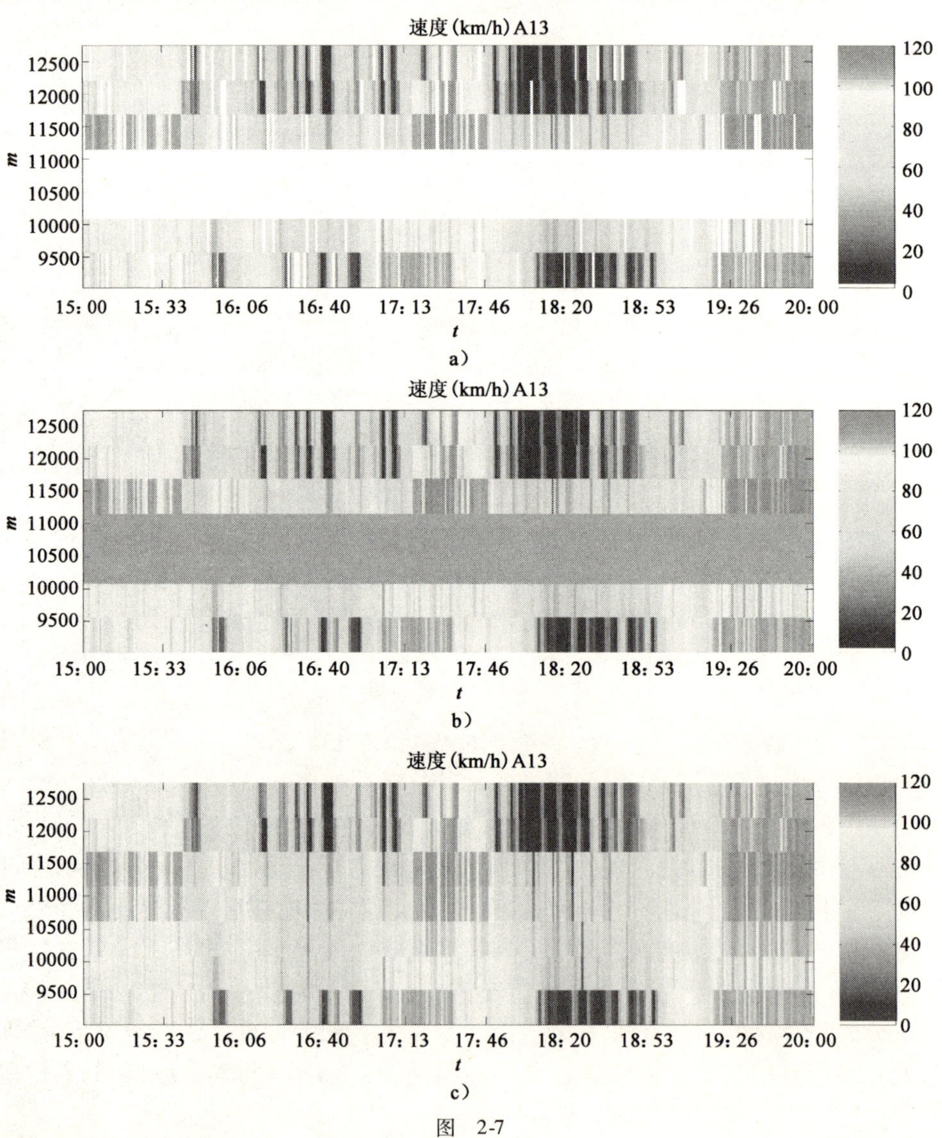

图 2-7

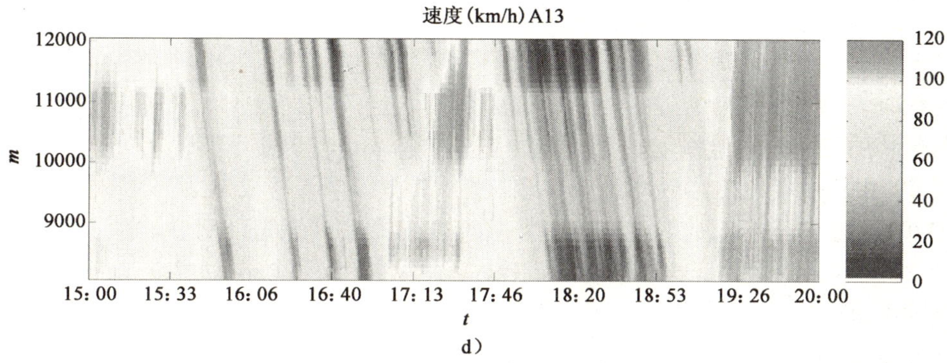

d)

图 2-7　数据处理结果

a)原始的速度数据;b)平滑处理后的速度数据;c)离线插值法处理后的速度数据;d)Treiber-Helbing 滤波方法处理后速度数据

注:该图所示为用不同的插值方法对沿 A13 高速公路在 Delft-Noord 和鹿特丹之间一段道路上的感应线圈采集的"中等破坏"的原始速度数据的处理结果。白色区域表明数据缺失或不可靠。

2.3　行程时间数据检查和校正

本节主要以基于车牌照行程时间数据处理为例,说明如何对非固定检测器数据进行预处理。

利用车牌照比对法采集到的行程时间会产生以下几种数据问题:

(1)车牌照识别出错。车牌照识别的核心技术是图像处理技术。由于天气原因、光线强弱以及某些字母的相似性,可能会导致车牌照号码识别出错。例如,"Q34221"可能会被错误地被识别为"O34221"。

(2)车辆行驶二义性路径无法识别。在城市道路网络里,从起点到终点之间存在有较多的可选路径。如果设置车牌照照相机的起点和终点之间存在两条以上路径,那么很难断定出车辆是通过哪条路径行驶的。

(3)非正常行驶车辆的数据不具备代表性。某些特殊车辆(例如警车、救护车、救援车等)在紧急情况下,可能会不遵守最高限速,公交车、出租车等运营车辆会经常性出现停站、待客等情况,这些非正常行驶状态下的数据不具备代表性。

2.3.1　行程时间噪声检查

基于牌照数据采集点在路网中的设置情况,由用户选择出发和到达地点,通过对这两个地点的牌照识别数据进行匹配,得到相应车辆的行程时间检测数据。从 O 点(起点)到 D 点(终点)的行程时间数据可按照式(2-13)计算:

$$TT = t_D - t_O \tag{2-13}$$

式中,t_O 和 t_D 分别为车辆(有相同车辆牌照)经过 O 点和 D 点的时刻,TT 为在时刻 t_O 出发的从 O 点到 D 点的行程时间。将经过 O 点和 D 点的每辆车的车辆牌照号和时刻分别记录在集合 OX 和 DX,并以时间序列进行排序。然后,从 OX 中依次提取出车辆牌照号和经过时刻,并以该车牌照号为检索词在集合 DX 中寻找相同的记录进行匹配。数据的对应关系可能是一对一,也可能是一对多。一对一的情况下,直接得到行程时间。一对多的情况下,通常是因为同一辆车多次经过 D 点造成的。这种情况选择车辆第一次通过 D 点并晚于 O 点的时间记录进行匹配,得到该车辆的行程时间检测数据集,记为 IX,IX 中对应的数据项如表 2-2 所示,记为[VID,t,TT]。

行程时间检测数据集数据项表 表 2-2

车辆牌照 ID	经过 O 点的时间戳	OD 之间的行程时间
VID_1	t_{O1}	TT_1
VID_2	t_{O2}	TT_2
…	…	…

图 2-8 为荷兰代尔夫特市车牌照照相机位置示意图,共计 11 个采集点(每个采集点安装了一台或多台照相机)。以编号为 256 和 257 采集点之间的路段为例,该路段的总长度为 2.05km,包含了 3 个平面交叉口(两个十字型交叉口和一个 T 型交叉口)。

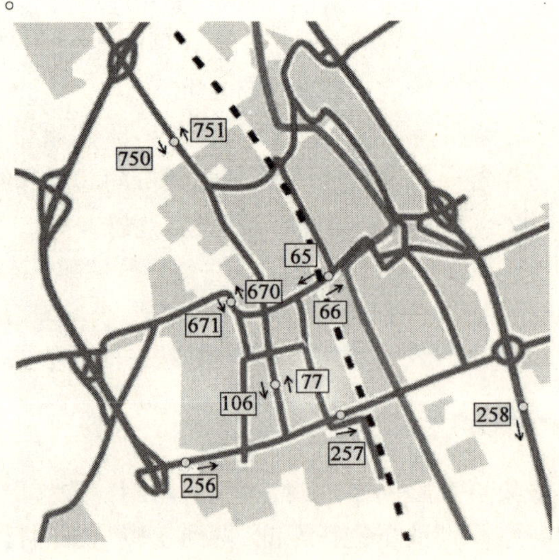

图 2-8 荷兰代尔夫特市车牌照照相机安装位置示意图

经过车牌照匹配后，可得到编号为256和257采集点之间的行程时间原始数据。图2-9给出了行程时间散点图，从图中显示结果可以发现，在这条约2km长的道路上，自由流状态下的行程时间大约为200s，拥堵状况下的行程时间达到1200s左右，最长的行程时间甚至超过3500s（这些数据为噪声数据）。

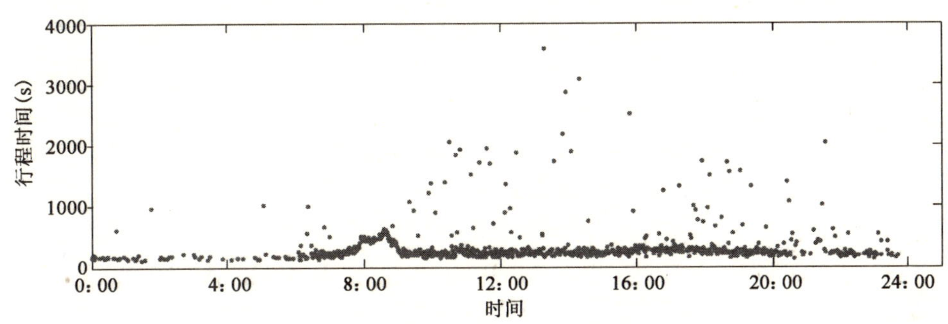

图2-9 2004年11月17日行程时间原始数据

2.3.2 基于交通信息提取计算的二义性路径噪声剔除

如果用户选择的OD两点之间存在多条路径，按用户指定OD对车辆牌照数据进行初步匹配得到的行程时间检测数据，在很大程度上存在二义性路径噪声。为剔除噪声，可根据路网拓扑结构及前端数据采集装置的设置情况，生成该OD之间的若干条可行（沿途结点有数据采集装置的）路径，供用户进一步选择确认。根据用户所选定的路径，通过一种基于交通信息提取计算的二义性路径噪声剔除算法，在初步匹配得到的行程时间检测数据中剔除二义性路径数据。该算法的核心步骤如下：

假设路网覆盖范围内有n个数据采集点，用户所选定的路径在OD之间有m个数据采集点，如图2-10所示。

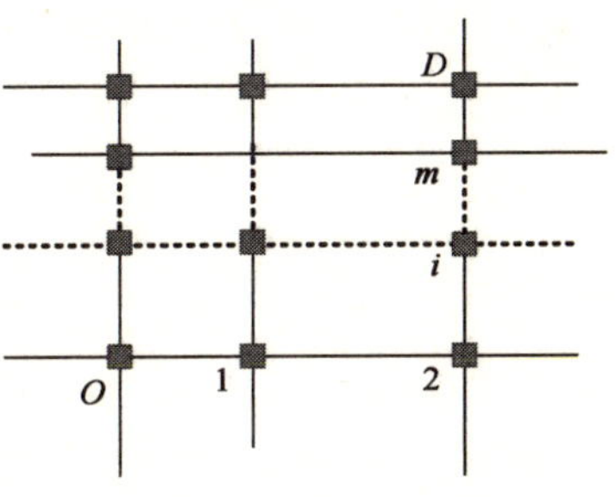

图2-10 用户选定路径示意图

注：■为数据采集装置布设点。

步骤1：构建判别二义性路径的信息颗粒。

（1）构造n维标识向量V_C，其中每个前端数据采集点为向量中的一个元素。

$$V_C = [M_1, M_2, \cdots, M_k, \cdots, M_n], \forall M_k = 0 \text{ 或 } 1 \tag{2-14}$$

（2）将用户所选路径用向量$V_C(OD)$表示，并进行赋值。

$$M_i = \begin{cases} 1, i \in [1,m] \\ 0, i \in [1,n] \text{ 且 } i \notin [1,m] \end{cases} \tag{2-15}$$

(3)定义向量运算规则。

加法法则:两个向量相加时,相同下标的元素按如下法则运算(即逻辑并运算):

$$\begin{cases} 1+1=1 \\ 1+0=0+1=1 \\ 0+0=0 \end{cases} \tag{2-16}$$

(4)定义向量的势。

对于向量 V,该向量的势为向量 V 中所有非零元素的个数,记为 $D(V)$。

(5)构建路径判别向量 VC(VID)。

根据 IX 中车辆牌照 VID,在 IIX 中索引出相同的 VID,以及对应的时间戳 t^{p} 在 $[t, t+TT]$ 之间的所有记录,记为 VID(OD)。根据 VID(OD)中每条记录的 DCL 值,相应的将向量 V_{C}(VID)中对应位置的元素值赋为 1,其他没有对应的元素值为 0。遍历 VID(OD)中的所有记录,生成该 VID 在 OD 对应的时间戳之间轨迹标识向量 V_{C}(VID)值,用于进一步判断 IX 中的该 VID 是否为二义性路径数据噪声数据。

(6)定义判别二义性路径的信息颗粒。

将 $D[V_{\mathrm{C}}(OD)+V_{\mathrm{C}}(\mathrm{VID})]$ 作为信息颗粒的判别量,定义信息颗粒如下:

若 $D[V_{\mathrm{C}}(OD)+V_{\mathrm{C}}(\mathrm{VID})]=m$,则认为该路径不是二义性路径;

若 $D[V_{\mathrm{C}}(OD)+V_{\mathrm{C}}(\mathrm{VID})]>m$,则该路径被判别为二义性路径。

步骤 2:基于上述信息颗粒进行二义性路径噪声剔除。

(1)数据定义与初始化。

$L_{ix}=IX$ 中的数据记录数;

X 为 IX 剔除二义性路径后生成的数据集,初始值为空集;

i 为循环变量,取值在 $[1, L_{ix}]$ 之间,初始值 $i=1$;

F 为 n 维向量,元素初始值为 0。

(2)取 IX 中的第 i 条记录 IX_i,根据该记录的 $[\mathrm{VID}_i, t_i, TT_i]$,按照步骤 1 第(5)条所述在 IIX 中进行索引,计算向量 $V_{\mathrm{C}}(\mathrm{VID}_i)$。

(3)$F=V_{\mathrm{C}}(OD)+V_{\mathrm{C}}(\mathrm{VID}_i)$。

计算 $D(F)$;

如果 $D(F)=m$,则 $X=X+IX_i$;

否则,$X=X$。

(4)如果 $i<L_{ix}$,则 $i=i+1$,返回步骤 2 的第(2),否则,循环结束。

经过处理之后,即得到了剔除二义性路径噪声之后的行程时间检测数据集 X。

2.3.3 基于交通信息提取计算的行程时间噪声剔除

经过二义性路径噪声处理,可将确认不是用户选定路径的二义性路径噪声数据剔除,但要达到行程时间应用服务的数据要求,还需进一步剔除其他原因造成的噪声数据。目前已有的剔除行程时间噪声数据的方法大致分为两类:分位值法和偏移值法。分位值法采用上下分位值剔除数据,会把很多有效数据判断为噪声数据剔除。偏移值法的关键在于合理地确定偏移值的大小。其基本假设是:行程时间是对称分布的。然而,很多研究表明,行程时间在不同的交通状态下,分布是不对称的,因此偏移值法也存在很大的局限性。

行程时间噪声数据剔除采用的是一种基于交通信息提取计算理论的新型方法。该方法的核心思想是对行程时间数据颗粒化,通过合理构造行程时间信息颗粒,来判断行程时间数据是否为噪声数据。其改善了现有方法基于行程时间概率分布先验假设带来的局限性问题,避免了出现在一个时间间隔内由于行程时间本身具有的上升或下降趋势而导致的数据问题。其主要的算法步骤如下:

步骤1:构造行程时间信息颗粒。

本步骤的目的是针对行程时间数据集中的每一个行程时间数据,构造信息颗粒,确定该数据点所处的时间窗内行程时间值的可接受范围。

通过二义性路径噪声剔除,得到的行程时间数据集为 X,X 中的任一记录用 $T_i(t)$ 表示,其中 t 为该行程时间数据对应的出发时刻,i 为该数据在所处的时间段内的序列号。

(1)初步构造行程时间信息颗粒。

设定时间区间半径值 T_w。对行程时间数据集 X 中的每一个元素 $T_i(t)$,以这个数据对应的时刻 t 为中心,确定一个时间窗[$t-T_w$, $t+T_w$]。利用这个时间窗里的行程时间数据,可得到行程时间的上下分位值 λ_i^u 和 λ_i^l。鉴于行程时间数据分布的非对称性,这两个分位值可以取成不对称的(如一个为 80 分位值,另一个为 15 分位值)。于是可初步构造 $T_i(t)$ 的行程时间信息颗粒为[λ_i^l,λ_i^u]。

(2)确定行程时间信息颗粒。

为了使 $T_i(t)$ 的行程时间信息颗粒更具普遍性,将数据考查面拓展到整个行程时间数据集 X。将 X 中所有与 $T_i(t)$ 等值的行程时间数据,均按照本步骤的第(1)条,构造对应的行程时间信息颗粒。对全部得到的 λ_i^u 和 λ_i^l 分别取上、下分位值,分别记为 P_k^u 和 P_k^l,则 $T_i(t)$ 的行程时间信息颗粒为[P_i^l,P_i^u]。

这意味着对于 $T_i(t)$ 而言,时间窗[$t-T_w$, $t+T_w$]内的所有行程时间数据中落在[P_i^l,P_i^u]内的数据不是噪声数据。

步骤2:以第一个时间窗对应的行程时间数据集为对象判断噪声数据。

行程时间数据集 X 是一个时间序列的数据集。从起始时间点(记为0)开始,以 T_w 为时间区间半径,考虑以 T_w 时刻为中心点的时间窗[0,$2T_w$]。

(1)初步判断该时间窗内是否有噪声数据。

考查时间窗[0, $2T_w$]内的所有行程时间数据。如果样本量很小,那么就先标记出来,直接转入本步骤(2)。如果,样本量充足,就采用如下的原则判断该时间窗内是否有噪声数据:

$$\text{有噪声数据} = \begin{cases} \text{是}, & \sigma > \sigma_c \\ \text{否}, & \sigma \leqslant \sigma_c \end{cases}$$

式中:σ——该时间窗内所有行程时间数据的方差;

σ_c——判断是否有噪声数据的临界值(需要标定的参数)。

(2)逐点判断标记噪声数据。

如果在本步骤(1)中判断为有噪声数据,那么针对在该时间窗内的所有行程时间数据,逐点判断是否在时间中心点 T_w 对应的行程时间值的信息颗粒[P_i^l, P_i^u]内,置信区间[P_k^u,P_k^l]里。如果在信息颗粒内,那么标记为0(表示为有效数据);如果不在信息颗粒内,那么标记为1(表示为噪声数据)。

步骤3:确定并剔除噪声数据。

将指针移到第 $i+1$ 条记录,重复步骤2,直至数据集对应的时间段结束。累计各行程时间数据点被标记为噪声数据的次数,记为 N_j。

最后,根据下面的原则判断该数据点是否为噪声数据,如果是噪声数据,即将其剔除:

$$\text{噪声数据} = \begin{cases} \text{否}, & N_j \leqslant N_c \\ \text{是}, & N_j > N_c \end{cases}$$

其中,N_c 表示判断是否为噪声数据的标记累计次数临界值(需要标定的参数)。

经过上述处理之后,即得到了满足行程时间应用服务需要的可靠的行程时间数据集。

2.3.4 结果分析

根据对数据的粗略分析可知,每天采集的数据中平均有8% ~15%的噪声数据,而且,大部分的噪声数据都出现在白天。分别应用新方法和传统方法对数据进行噪声处理,分析结果见表2-3(只给出3天的数据计算结果)。

噪声数据剔除的方法对比(单位:个)　　表2-3

项　目	新 方 法	分 位 值 法	偏移值法(Fowkes)	偏移值法(Clark)
2004年11月17日				
总数据量	893	893	893	893
错误1	10	80	6	8
错误2	4	57	32	31
2004年11月18日				
总数据量	939	939	939	939
错误1	7	86	11	10
错误2	6	55	33	32
2004年11月19日				
总数据量	964	964	964	964
错误1	5	87	9	7
错误2	12	58	34	34

由表2-3可见,分位值法的错误率比较大(错误1和错误2),3天的错误率分别为15.34%、15.02%和15.04%。两种偏移值法(Fowkes和Clark)之间并没有太大的区别,其错误率在4.5%左右。相应地,应用新方法得到的错误率分别为1.57%、1.36%和1.78%。

错误2的严重性比错误1大。实际情况下,很难避免两种错误的发生,但错误1的可接受程度相比错误2可接受程度要高。换句话说,在严格控制错误2出现的同时,可以允许错误1的产生。当把错误2的出现次数降为零的时候,四种方法的效果见表2-4。

噪声数据剔除的方法对比(单位:个)　　表2-4

项　目	新 方 法	分 位 值 法	偏移值法(Fowkes)	偏移值法(Clark)
2004年11月17日				
错误1	24	168	47	52
2004年11月18日				
错误1	28	159	54	54
2004年11月19日				
错误1	25	166	48	52

注:此时错误2为零。

表2-4的结果显示,新方法能够更好地剔除噪声数据,降低了错误1和错误2的出现频率。图2-11给出了原始检测数据和剔除噪声后数据的对比结果(2004年11月17日)。从图2-11b)中可以发现,新的方法具有良好的降噪效果。

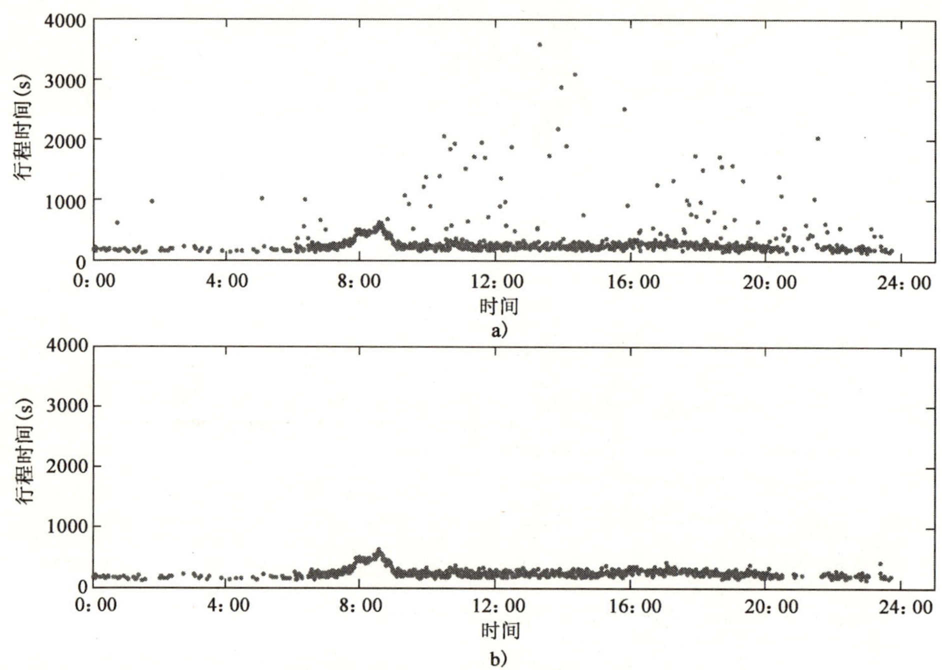

图2-11　原始数据和剔除噪声后的数据对比

a)原始检测数据;b)噪声剔除后的数据

2.4 小　　结

本章简要论述了交通检测数据中出现的噪声、数据缺失、异常值等问题,进一步用实例说明了如何处理和使用这些数据取决于应用的目的。需要指出的是,数据处理不仅与交通专业知识有关,还涉及多学科的知识。正因为如此,我们需要掌握交通流理论、系统动力学、数学控制理论等多种理论工具。此外,数据处理技术也是海量交通数据的动态分析处理的有效工具之一,将为实现交通系统的动态感知提供有力的技术支撑。

3 行程时间估计及预测技术

3.1 概　　述

本章主要围绕行程时间进行分析，首先介绍行程时间的相关定义。然后针对行程时间的两个重要定义，即行程时间估计和行程时间预测进行深入探讨。值得强调的是，本章提出了一种结合了神经网络模型和卡尔曼滤波模型的混合模型，能够有效地进行行程时间预测，并分别针对高速公路和城市道路的行程时间预测进行建模，用仿真数据进行应用验证。

定义 1　行程时间 TT 是指车辆从某一地点（起点）出发，经过特定的路径，到达另一地点（终点）所经过的时间。数学表达式为：

$$TT = t' - t \tag{3-1}$$

式中：t——出发时刻或时段；

t'——到达时刻或时段。

行程时间作为反映交通状况的重要指标之一，既能为交通管理部门提供交通管理与控制的数据支持，也能为出行者选择出行路线或调整出行计划提供依据。对于先进的交通管理系统和先进的出行者信息服务系统，短期行程时间预测是构建这两个系统的核心基础之一。

下面通过示例（图 3-1）来详细描述几个行程时间的相关定义。

定义 2　单车行程时间是指一辆车的行程时间。如图 3-2a）所示，第 i 辆车的行程时间为：

$$TT_i = t'_i - t_i \tag{3-2}$$

定义 3　平均行程时间是指在一个时间间隔内全部车辆行程时间的平均值。如图 3-2b）所示，出发时间在$[t_1, t_i]$内的车辆的平均行程时间为：

$$TT = \frac{1}{i}\sum_{n=1}^{i} TT_n \tag{3-3}$$

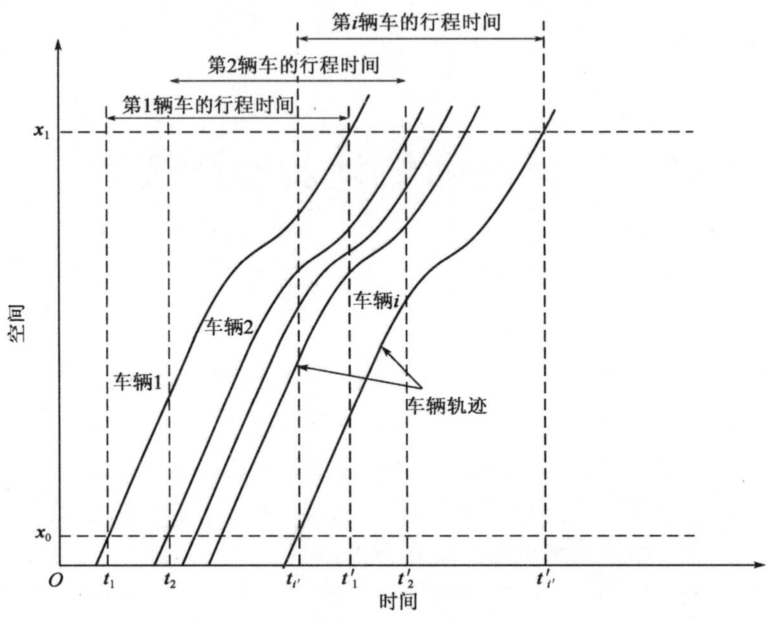

图 3-1　车辆轨迹时空图

定义 4　行程时间 TT 的上标可以分别用出发时刻或者到达时刻表示。如图 3-2 所示，可以得出式(3-4)：

$$TT_i^d(t_i) = TT_i^a(t'_i) \tag{3-4}$$

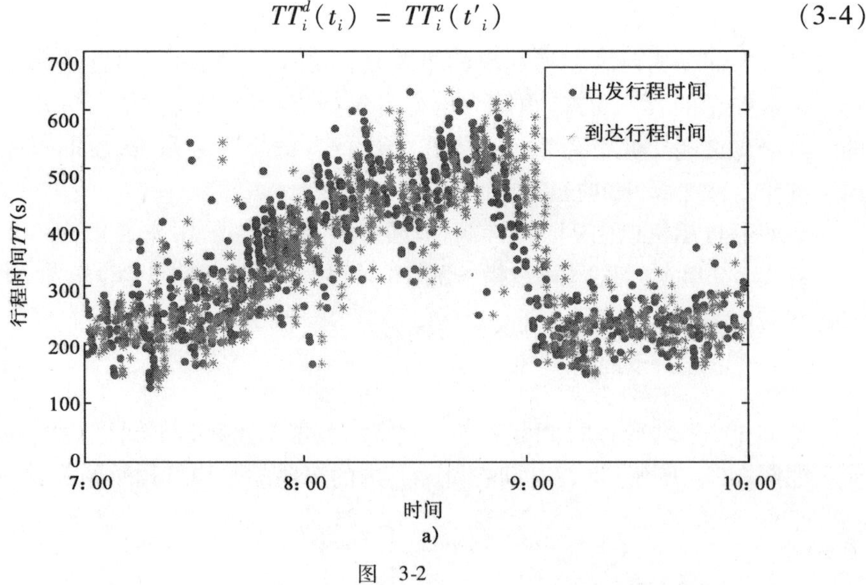

图　3-2

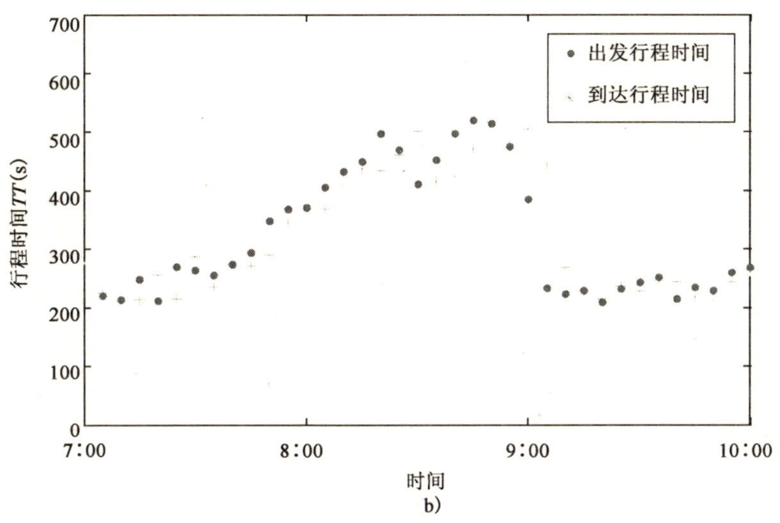

图 3-2 行程时间数据

a)单车行程时间;b)5min 间隔的平均行程时间

定义 5 行程时间测量是指用仪器设备直接采集行程时间(图 3-3)。

定义 6 行程时间估计是指利用已知的测量数据(除行程时间以外的参数,例如流量、速度等),推算出行程时间(图 3-3)。

定义 7 行程时间预测是指对未知的行程时间进行计算(图 3-3)。

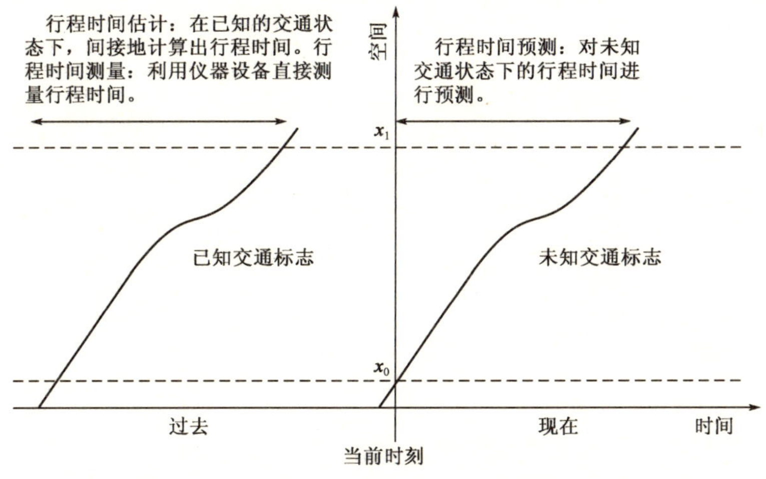

图 3-3 行程时间估计、测量、预测的定义

3.2 行程时间采集技术

行程时间采集技术包括:人工采集、行驶记录仪、车辆牌照识别、GPS 定位、自动车辆识别、手机定位、遥感及高空摄像、车辆特征信息提取技术。

(1)人工采集:人工采集行程时间。采集人员携带秒表,乘坐测试车,在经过起点时按下秒表,等到达终点时再次按下秒表,读出秒数即为行程时间。

(2)行驶记录仪:在车辆上安装特定的行驶记录仪,能够记录下车辆行驶的距离、时间和速度。这样就能方便地计算出起点和终点间的行程时间。

(3)车辆牌照识别:通过记录下经过起点和终点的车辆牌照号码,进行匹配后,同一车辆的两个记录时间之差即为行程时间。例如,由图 3-4 可见,车辆 GHW678 的行程时间为 21min。通常有两种识别方式:

①人工识别,在起点和终点分别安排人员记录下经过这两个地点的全部或部分车辆的牌照号码。

②自动识别,在起点和终点布设视频监控设备,记录下经过这两个地点的全部或部分车辆牌照的图像,然后利用图像识别技术判别出车辆牌照号码。

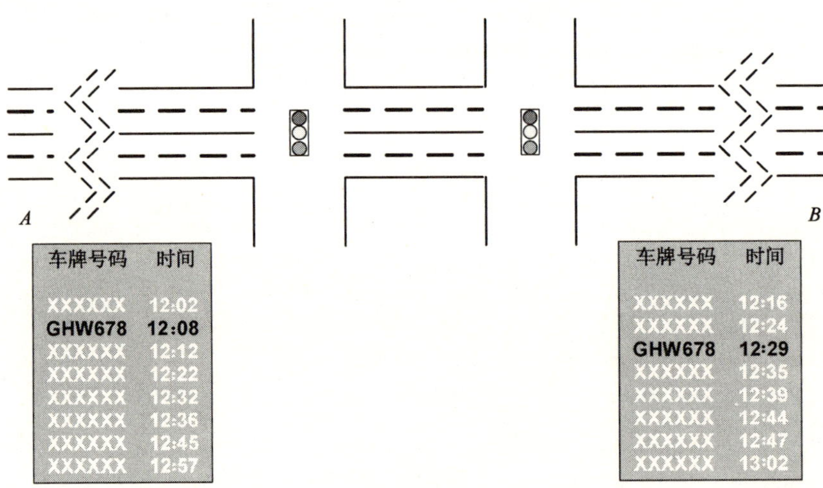

图 3-4 车牌照识别技术用于行程时间采集

(4)GPS 定位仪:通过车载 GPS 定位仪记录下车辆每个定位数据(经度和纬度)和时间。通过地图匹配,就能够方便地计算出起点和终点间的行程时间。例如,由图 3-5 可见,车辆从点 1 行驶到点 6 的行程时间为:$t_6 - t_1$。

（5）自动车辆识别：通过利用类似于电子收费的专用短程通信技术，在起点和终点分别安装识别设备。安装了电子标签的车辆经过这两个地点时，就能够被自动识别和记录下来。然后，经过简单的计算，便可得出车辆的行程时间。

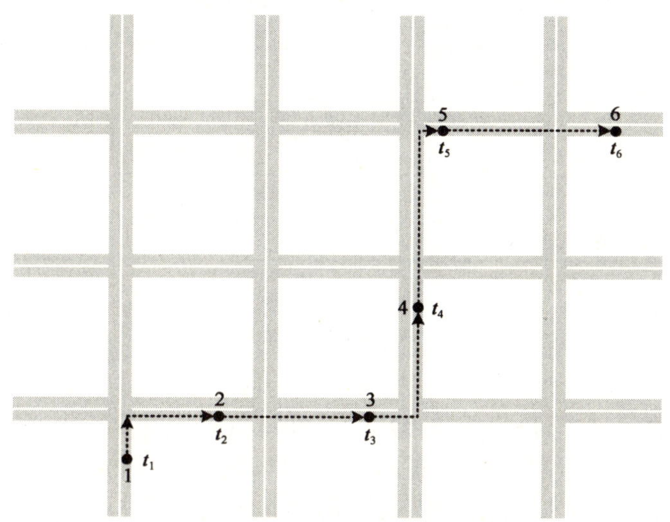

图 3-5 单车 GPS 定位信息匹配到地图

注：● 表示将单车 GPS 定位信息匹配到地图上的点。

（6）手机定位：利用手机信号得到手机的位置信息，通过地图匹配，能够计算出起点和终点间的行程时间。可以看出，手机定位技术与前面提到的 GPS 定位技术有相似之处。

（7）遥感及高空摄像：通过卫星或者航空飞机对特定路段进行摄像或拍照。然后，通过图像识别技术，识别出车辆，并记录下车辆每个更新时刻的位置信息。最后，通过计算能够得出单车的行程时间。

（8）车辆特征信息提取技术：在起点和终点均布置感应线圈，通过对车辆经过感应线圈产生的特定脉冲的匹配，找出同一个脉冲特性在这两点的时刻，就能计算出车辆的行程时间。

表 3-1 所示为各种行程时间采集技术的优缺点对比。

各种行程时间采集技术优缺点对比 表 3-1

采集技术	优点	缺点
人工采集	简单、操作方便	效率低、难以大规模采集数据
行驶记录仪	简单	需要人工辅助记录路径
车辆牌照识别	精度高	起点和终点为固定位置

续上表

采集技术	优点	缺点
GPS定位仪	应用范围广、精度高	采集频率高且费用昂贵,采集频率低,难以排除二义性路径
自动车辆识别	精度高	难以辨别采集点之间二义性路径,费用昂贵
手机定位	投资少、数据量大、采集覆盖范围广	定位精度不及GPS,需要排除大量的非车载手机信号的干扰
遥感及高空摄像	精度高	费用昂贵
车辆特征信息提取技术	投资少	精度不高

3.3 行程时间估计技术

在无法直接采集行程时间的情况下,可以利用采集的其他类型交通数据进行行程时间估计。通常情况下,道路上广泛布设的是线圈或微波检测器,这两种检测器都能够提供速度信息。因此,下面将介绍两个基于速度推算行程时间的估计算法:PCSB和PLSB。这两个算法的核心是:把时间和空间$\{p,k\}$划分为单位长度。假设空间单位长度两端为检测器,时间单位长度为检测器数据更新周期。根据检测器测得的速度,按照一定的换算函数计算出整个单位长度的行驶速度,就能够推算出车辆的轨迹,然后从起点到终点不断更新,最后估计出车辆经过整个路径的行驶轨迹,从而得出行程时间。

3.3.1 行程时间估计算法——PCSB

PCSB[Lindveld等(2000),Kraan等(1999),Van der Zijpp和Lindveld(1999)行程时间估计算法]有两个基本假设,如图3-6所示:

(1)在一个单位时间里速度是恒定不变的。

(2)在单位空间的上半段,即$\left[x_0,\frac{x_0+x_1}{2}\right]$,速度为在$x_0$处检测器$d$采集的速度值$\hat{u}_{p,M}^{d}$。在单位空间的下半段,即$\left[\frac{x_0+x_1}{2},x_1\right]$,速度为在$x_1$处检测器$d+1$采集的速度值$\hat{u}_{p,M}^{d+1}$。

从图3-6中可以看出,单位时间$p=[t_0,\ t_1]$,单位空间$k=[x_0,\ x_1]$。因此,一个单位时间空间区域可以用两个矩形的顶点表示,即为$[x_0,\ t_0]$和$[x_1,t_1]$。

假设一辆车从$\{x_{ikp}^0, t_{ikp}^0\}$进入到时间空间区域$\{k,p\}$。在进行计算车辆轨迹时，关键就是要求出车辆离开这个区域的点。利用简单的几何学，不难求出离开这个区域的点为$\{x_{ikp}^*, t_{ikp}^*\}$。

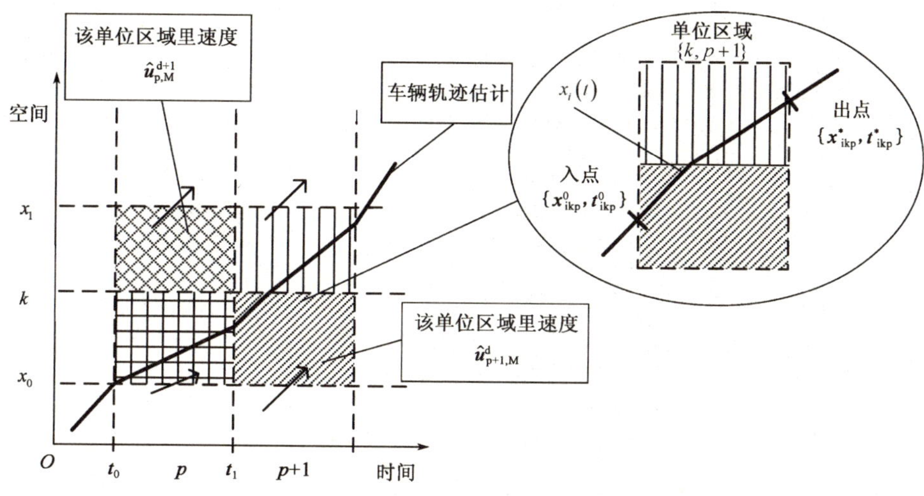

图 3-6　PCSB 行程时间估计算法

车辆轨迹在单位空间的上半区的计算公式如式(3-5)、式(3-6)所示：

$$\hat{u}_{p,M}^{d}(t_1 - t_{ikp}^0) + x_{ikp}^0 > \frac{1}{2}(x_1 - x_0) \tag{3-5}$$

$$\{x_{ikp}^{1/2}, t_{ikp}^{1/2}\} = \begin{cases} \left\{x_1, \dfrac{(x_1 - x_{ikp}^0)}{\bar{u}_{p,M}^{d}} + t_{ikp}^0\right\}, \text{式(3-5) 成立} \\ \{\hat{u}_{p,M}^{d}(t_1 - t_{ikp}^0) + x_{ikp}^0, t_1\}, \text{其他} \end{cases} \tag{3-6}$$

车辆在单位空间下半区的计算公式如式(3-7)、式(3-8)所示：

$$\hat{u}_{p,M}^{d+1}(t_1 - t_{ikp}^0) + x_{ikp}^0 > \frac{1}{2}(x_1 - x_0) \tag{3-7}$$

$$\{x_{ikp}^*, t_{ikp}^*\} = \begin{cases} \left\{x_1, \dfrac{(x_1 - x_{ikp}^{1/2})}{\bar{u}_{p,M}^{d}} + t_{ikp}^{\frac{1}{2}}\right\}, \text{式(3-7) 成立} \\ \{\hat{u}_{p,M}^{d+1}(t_1 - t_{ikp}^{1/2}) + x_{ikp}^{\frac{1}{2}}, t_1\}, \text{其他} \end{cases} \tag{3-8}$$

3.3.2　行程时间估计算法——PLSB

从 PCSB 的假设可以看出，驾驶员在从一个单位空间进入另一个单位空间的时候，其速度变化是跳跃性的。但是，从实际情况看，驾驶员的驾车速度改变应该是一个渐变的过程，即驾驶员行驶过程中速度的改变是根据下游的交通状态而决定的。因此,PLSB 算法提出了一个合理的假设:车辆在一个单位空间某点的速度与其距离上下游检测器的距离成线性关系(图 3-7),如式(3-9)所示:

$$v_i(t) = \hat{u}_{p,M}^{d} + \frac{x_i(t) - x_0}{x_1 - x_0}\left(\hat{u}_{p,M}^{d+1} - \hat{u}_{p,M}^{d}\right) \tag{3-9}$$

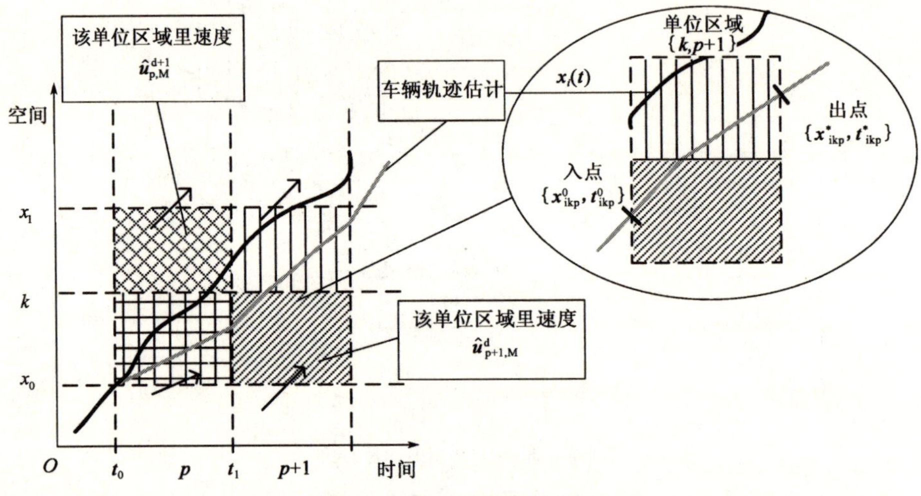

图 3-7 PLSB 行程时间估计算法

假定上下游检测器采集的是时间平均速度。那么在整个区域$\{k,p\}$里,交通状态将不再是均匀态。为了简化,我们假设$[x, x+\mathrm{d}x] \in k$,其中 $\mathrm{d}x \to 0$,在这样一个区域里,可以认为交通状态是均匀态。那么,在这个区域里的行程时间可以认为是线性函数。

为简化表达,我们假设 $u^- = \hat{u}_{p,M}^{d}$ 和 $u^+ = \hat{u}_{p,M}^{d+1}$。因此,在区域$[x, x+\mathrm{d}x]$和 $t \in p$,空间平均速度为:

$$\begin{aligned}
\langle v \rangle_M &= \frac{u^- + \dfrac{x - x_0}{x_1 - x_0}(u^+ - u^-) + u^- + \dfrac{x + \mathrm{d}x - x_0}{x_1 - x_0}(u^+ - u^-)}{2} \\
&= u^- + \frac{1}{2}\left(\frac{x - x_0}{x_1 - x_0} + \frac{x + \mathrm{d}x - x_0}{x_1 - x_0}\right)(u^+ - u^-) \\
&= u^- + \left(\frac{x - x_0}{x_1 - x_0}\right)(u^+ - u^-) + \frac{1}{2}\left(\frac{\mathrm{d}x}{x_1 - x_0}\right)(u^+ - u^-)
\end{aligned} \tag{3-10}$$

假定 $\mathrm{d}x \to 0$,式(3-10)可简化为:

$$\langle v \rangle_M = u^- + \left(\frac{x - x_0}{x_1 - x_0}\right)(u^+ - u^-)$$

因为假定交通状态为均匀态，在 x 处 p 时刻的时间平均速度为：

$$< \frac{1}{v} >_L = \frac{1}{u^- + \dfrac{x - x_0}{x_1 - x_0}(u^+ - u^-)}$$

因此，对区域 $[x,\ x + \mathrm{d}x]$，下面的公式成立：

$$< v_i(x) >_{\mathrm{M}} = \frac{1}{< \dfrac{1}{v_i(x)} >_{\mathrm{L}}} = u^- + \frac{x - x_0}{x_1 - x_0}(u^+ - u^-)$$

根据上面的假设和推导，在区域 $[x, x + \mathrm{d}x] \in k$，行程时间可以表示为：

$$t_i(x) = \int_{x_{\mathrm{ikp}}^0}^{x} \frac{\mathrm{d}x}{v_i(x)} = \int_{x_{\mathrm{ikp}}^0}^{x} \frac{\mathrm{d}x}{u^- + \dfrac{x - x_0}{x_1 - x_0}(u^+ - u^-)}$$

取变量 Δx，上面积分可以近似表达为：

$$t_i(x_1) = \sum_{j=(x_{\mathrm{ikp}}^0 - x_0)/\Delta x}^{j = x_1/\Delta x} \frac{\Delta x}{u^- + \left(\dfrac{j\Delta x - x_0}{x_1 - x_0}\right)(u^+ - u^-)}$$

进一步，可以简化为：

$$x_i(t) = x_{\mathrm{ikp}}^0 + \left(\frac{\hat{u}_{\mathrm{p,M}}^{\mathrm{d}}}{A} + x_{\mathrm{ikp}}^0 - x_0\right)(\mathrm{e}^{A(t - t_{\mathrm{ikp}}^0)} - 1) \tag{3-11}$$

$$A = \frac{\hat{u}_{\mathrm{p,M}}^{\mathrm{d+1}} - \hat{u}_{\mathrm{p,M}}^{\mathrm{d}}}{x_1 - x_0},\ |A| > 0$$

变量 A 可以被解释为在区域 $\{k,p\}$ 的平均加（减）速度。当 A 趋近于 0 时，式（3-11）就变为：

$$x_{\mathrm{ikp}}^0 + \hat{u}_{\mathrm{p,M}}^{\mathrm{d}}(t - t_{\mathrm{ikp}}^0)$$

在实际应用中，当上、下游检测速度值接近的时候，就可以应用这个简化公式。

与 PCSB 方法相似，可以用轨迹方法计算在区域 $\{k,\ p\}$ 的行程时间：

$$x_{\mathrm{ikp}}^0 + \left(\frac{\hat{u}_{\mathrm{p,M}}^{\mathrm{d}}}{A} + x_{\mathrm{ikp}}^0 - x_0\right) \cdot (\mathrm{e}^{A(t_1 - t_{\mathrm{ikp}}^0)} - 1) > x_1 \tag{3-12}$$

$$\{x_{\mathrm{ikp}}^*, t_{\mathrm{ikp}}^*\} = \begin{cases} \left\{x_1, t_{\mathrm{ikp}}^* + \dfrac{1}{A}\ln\left(\dfrac{\dfrac{\hat{u}_{\mathrm{p,M}}^{\mathrm{d}}}{A} + x_1 - x_0}{\dfrac{\hat{u}_{\mathrm{p,M}}^{\mathrm{d}}}{A} + x_{\mathrm{ikp}}^0 - x_0}\right)\right\}, \text{式(3-12) 成立} \\ \left\{x_{\mathrm{ikp}}^0 + \left(\dfrac{\hat{u}_{\mathrm{p,M}}^{\mathrm{d}}}{A} + x_{\mathrm{ikp}}^0 - x_0\right) \cdot (\mathrm{e}^{A(t_1 - t_{\mathrm{ikp}}^0)} - 1), t_1\right\}, \text{其他} \end{cases} \tag{3-13}$$

具体计算轨迹穿过单位区域的点可以参考上面的计算方法,这里不再赘述。

3.3.3 长路段行程时间估计

实际情况下,需要对长路段(包含多个单位区域)的行程时间进行估计。关于对一个特定的单位区域{k, p}内的行程时间估计,前面已经介绍了 PCSB 和 PLSB 两种估算方法,这里将介绍如何进行长路段($k=1,2,\cdots,K$ 和 $p=1,2,\cdots,P$)的行程时间估计。简单地说,在初始的单位区域里采用 PCSB 或 PLSB,计算出离开这个单位区域的时刻和地点{x_{ikp}^*,t_{ikp}^*},然后以这个时间和地点作为进入下一个单位区域的进入点,再采用 PCSB 或 PLSB 计算出离开点。如此循环计算下去,直到车辆离开最后一个区域。最后,将离开最后一个单位区域的时刻与进入第一个单位区域的时刻进行比较,就能得出长路段行程时间(图 3-8)。

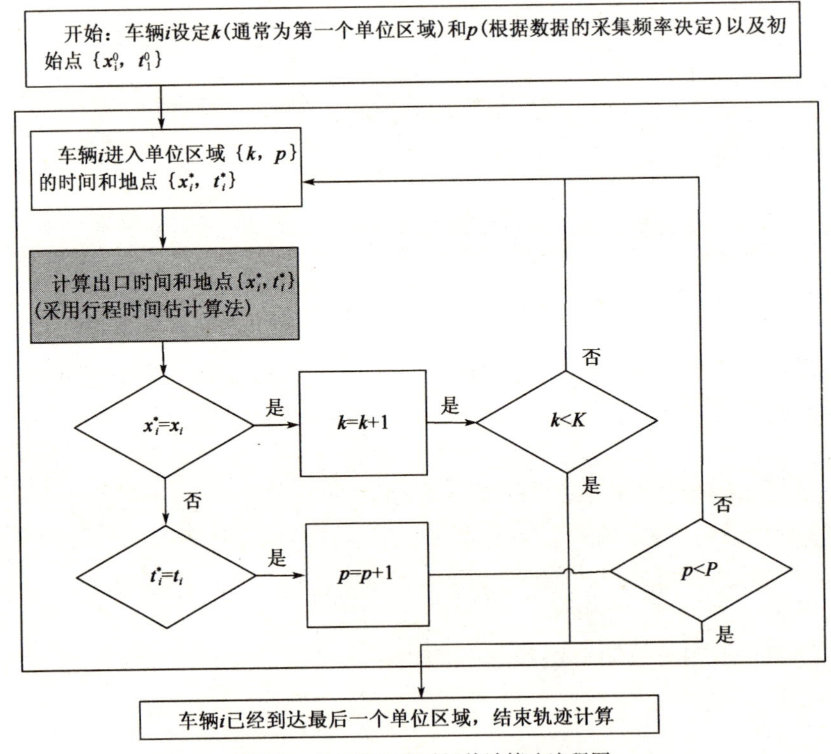

图 3-8 长路段行程时间估计算法流程图

3.3.4 PCSB 和 PLSB 方法对比评估

本节将对 PCSB 和 PLSB 两种轨迹线计算方法进行对比评估。首先,假设交通状态在一个长周期内都是均匀态，评估这两种方法的不同。然后用仿真数据进行一系列的评估。

1）理论计算

图 3-9 给出了 PCSB 和 PLSB 两种方法在一条假设长为 3000m 的路段上的计算结果。图中竖线表示检测器的位置。假设这些检测器采集的速度是均匀的。从图 3-9 中可以看出，PLSB 方法估计出的轨迹线总是在 PCSB 方法估计的轨迹线上方。这表明，用 PLSB 方法计算的车辆速度比用 PCSB 方法计算的车辆速度高。

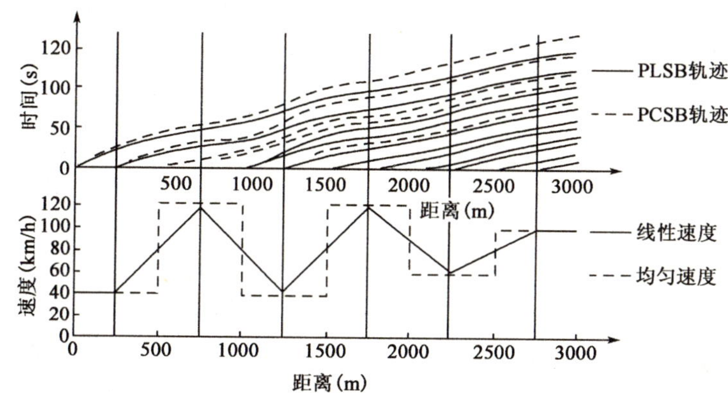

图 3-9　在均匀态交通状态下 PCSB 和 PLSB 方法计算的轨迹对比图

2）仿真数据验证

本部分用微观交通仿真软件 FOSIM（Vermijs，Schuurman，1994）进行交通模拟，产生供验证用的数据。仿真中用的路网是模拟连接代尔夫特和鹿特丹之间的 A13 高速公路。为了进行仿真测试，模拟了多种交通需求，并采用了多个随机种子，以保证能产生足够的数据。

图 3-10a）为 PCSB 和 PLSB 方法与真实值的对比，为 3-10b）所示为这两种方法的误差。由图可以明显地看出，采用 PCSB 方法的估计值比采用 PLSB 方法的估计值高，产生的误差较大。值得注意的是，当交通状态为拥挤时，PCSB 产生的误差也会相应增大。

表 3-2 列出了 PCSB 和 PLSB 方法的误差计算结果。由于从图 3-10 中可以看出自由流状态下两种方法的误差都较小，因此，在这里专门以拥挤状态（行程时间大于 450s）的数据进行分析。总体上看，PLSB 方法的误差要小于 PCSB 方法。

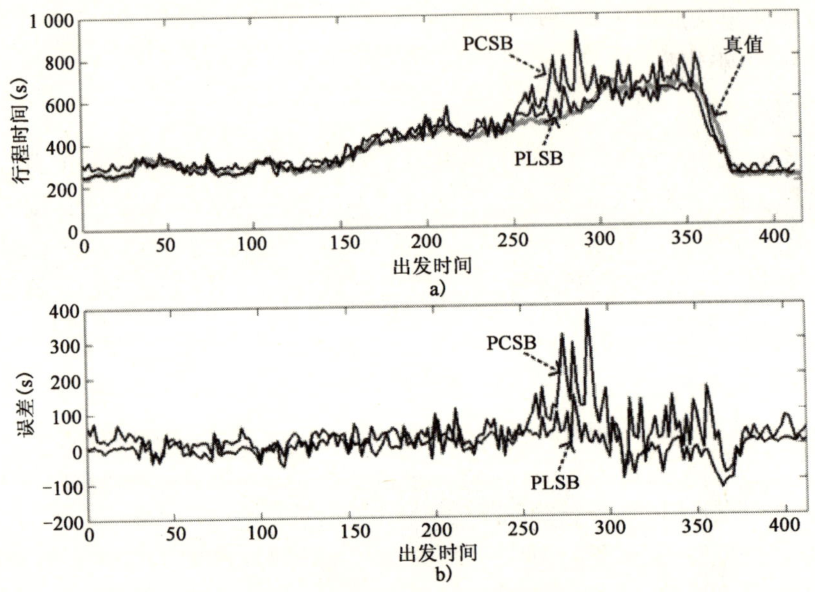

图 3-10 PCSB 与 PLSB 方法的对比结果

PCSB 与 PLSB 方法的计算结果 表 3-2

项　　目	PCSB 方法	PLSB 方法
MRE(%)	3.9	−2.5
SRE(%)	7.5	6.6
RMSEP(%)	8.1	6.3

3.4 行程时间预测技术

3.4.1 行程时间预测相关特性分类

在全世界范围内,各国的研究者已经对行程时间预测进行了广泛的研究。根据不同的特性及属性,可以对行程时间预测模型进行如下分类。

(1)预测周期:短期行程时间预测和长期行程时间预测。通常,短期行程时间预测是指预测周期在未来的 1h 以内。超过 1h 以上的预测周期,就可以称为长期行程时间预测。当然,这里指的 1h 不是绝对的。短期和长期行程时间预测之间的根本区别在于:预测周期越长,预测模型越依赖统计分析(例如回归分析和时间序列等)和理论假设(例如动态用户最优)。因此,目前的长期行程时间预测多是基于统计分析建立的模型。

（2）建模方法：物理模型和数据挖掘模型。这里的物理模型是指根据对交通现象的形成机理，建立具有物理意义的数学模型，从而预测未来的交通状况，最终得到行程时间。数据挖掘模型把交通系统看成一个黑盒子，对采集到的各种交通参数（例如流量、速度、天气等）和行程时间通过统计方法建立相应的函数关系。毫无疑问，物理模型是对交通系统的物理性描述，所建立的模型比较容易理解；然而，数据挖掘模型只是采集数据之间的一种关系函数，不一定具有物理意义。但是，在现实情况下，交通系统涉及的因素众多，建立一个完善的物理模型几乎是不可能的；即使模型能够建立，数据验证所需要的观测数据也几乎不可能全部采集得到；另外，物理模型都涉及边界条件的预测（例如动态 *OD*、通行能力等），而这些边界条件也很难被准确预测。相反，采用数据挖掘的方法，能够简单而有效地解决所设定的问题。因此，选择采用物理模型还是数据挖掘模型，或者选用混合模型，需要视具体情况而定。

（3）预测途径：直接预测和间接预测。直接预测是指直接计算出行程时间（例如时间序列模型、神经网络等）。间接预测是指先对交通状态进行预测，然后根据交通状态推算出行程时间。

（4）空间范围：路网、路径、路段。简单来看，路段的组合构成了路径，路径的组合构成了路网。空间范围与建模方法密切相关。路网层面的行程时间预测需要基于整个路网的交通状态。目前，大多数的数据挖掘模型还都是基于路径或路段层面。

（5）交通流类型：间断流和非间断流。在广义道路上行驶的车辆，构成了交通流。不同类型和等级的道路，由于技术等级和设施不同，将产生不同的交通流。通常来说，间断流是指交通流由于道路的属性变化（例如道路几何形状的改变、交叉口设置、信号灯控制等），使得交通流在经过这条道路时相应的改变。通常情况，我们认为在城市道路上的交通流为间断流；在高速公路上的交通流为非间断流。

（6）应用类型：出行前和在途中。在途中的行程时间预测模型（例如车载交通信息服务系统、可变情报板等），需要预测行程时间信息与当前时刻交通状态的关联性。出行前行程时间预测模型（例如基于网站的信息服务系统）提供的是用户设定的出行时刻的短期或长期行程时间。对于短期的在途中行程时间预测，路段或路径层面的预测就足够了；但是，对于长期的出行前行程时间预测则需要整个路网层面的预测。

（7）影响因素：网络特性、时间因素、人口分布、交通信息系统、交通事故、交通事件、道路施工、天气情况、道路特性等。毫无疑问,这些因素都将影响到预测周期、建模方法。例如,数据挖掘模型需要所有能采集到的影响因素(导致行程时间变化),而不考虑这些因素之间的物理关系能否用函数表达。然而,物理模型则需要时间序列的交通数据(例如动态 *OD*)作为影响因素。如果要将天气情况考虑在物理模型中,那么必须在物理函数中加入天气变量。

(8)建模数据:速度、流量、占有率、车辆位置、单车行程时间。尽管影响行程时间变化的因素很多,但是从建模数据的现实情况来看,速度、流量、占有率是最常用的交通数据。通过 GPS 系统,现在越来越多的城市能够得到车辆位置信息。利用车牌照比对,能够得到单车行程时间。采集越多的数据,就能够更好地建立物理模型,并进行验证。而在数据比较缺乏的时候,多采用数据挖掘方法。

上面所列举出来的各种情况,都将影响到行程时间预测建模。由于篇幅有限,在这里只对实际应用中普遍遇到的情况进行详细的描述。首先,简要介绍短期行程时间预测模型的特性分类(图 3-11)。在接下来的几节中,将重点介绍短期行程时间预测技术。

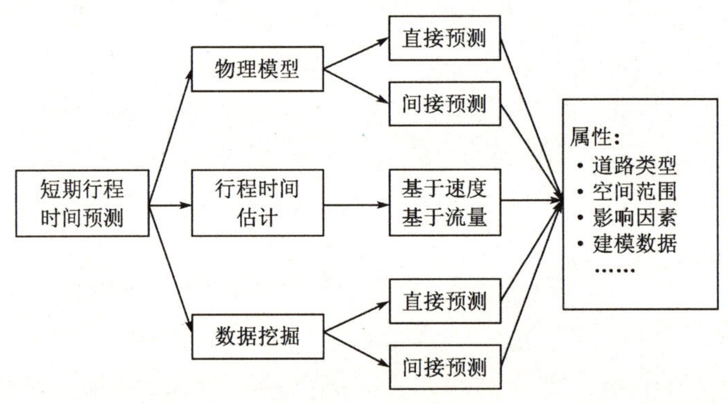

图 3-11　短期行程时间预测模型特性分类

3.4.2　短期行程时间预测模型综述

各国的研究者们已经采用了很多方法用于短期行程时间预测,例如时间序列模型、卡尔曼滤波模型、马尔可夫链模型、非参数回归模型以及神经网络模型等。

交通系统是由人、车、路构成的复杂系统,通常我们可以把一个交通系统看成为动态的非线性系统。时间序列法对交通状态的依赖性很强,它假设交通系统的变化具有一定的规律性(周期性、递差性等)。然而,尽管交通系统在长期

(周、月、季等)有一定的规律性,但是在短期内,交通系统具有很强的随机性。马尔可夫链模型通过一个简单的一步转移矩阵来描述行程时间中的延误部分构成的概率,但是对实际情况,该模型需要进行标定的参数是很难在有限的试验条件中得到的。非参数模型的理论是比较简单的,但是对于特征状态向量的选择却没有一个明确的原理,因此在进行实际系统建设时,其可操作性还有待研究。

3.4.3 基于神经网络的短期行程时间预测模型

最早,研究者们采用反向传播神经网络,这种网络结构简单,使用方便。但是,Adeli 和 Hung 于 1994 年指出这种网络的收敛速度很慢,学习效率随机性大等缺点。随着人们对交通研究的不断深入,很多学者开始对传统的神经网络进行改进,以适用于行程时间预测,其方法分为两种:改进输入层和改进网络结构。

1)改进输入层

改进神经网络的输入层能大大提高神经网络的预测能力,可以分为两大类:输入聚类和输入映射。输入聚类就是将原先复杂的输入层分解为相对简单的几个输入层组合。输入映射就是对原先非线性的输入层通过转换函数将其转换成线性属性。

1998 年,Park 采用聚类方法、Kohonen 自组织特性图谱和模糊 C 平均,设计了一个模块神经网络。尽管模块神经网络表现出了高效的预测能力,同时也遇到了存在于传统神经网络中的缺陷,如容易陷入局部最小和异常数据的敏感性。另外,对输入层的聚类分析也大大增加了计算过程的工作量。

为了进一步提高神经网络的应用,Park 根据输入映射原理,于 1999 年提出了谱分析神经网络,用于进行行程时间预测。该神经网络通过三角正弦函数将输入参数的属性由高阶转变为线性可分,其目的是将复杂的非单调函数转变为单调函数。

同年,Prasad 提出了模糊逻辑神经网络,用于预测城市道路间断流情况下的行程时间。这种神经网络的预测能力得到了明显的提高,但是由于其输入层只采用了流量和占有率,并没有考虑信号配时的因素,所以还有进一步提高预测能力的空间。

2004 年,Chi 提出了多变量输入神经网络。同年,S. Ishak 提出了混合拓扑神经网络,该神经网络引入了长期记忆,为输入数据建立内部的循环表征。这种神经网络大大提高了行程时间预测的精确度,尤其是对未来交通状况不依赖于短期记忆的情况下。

2）改进网络结构

1993 年，Peter 设计了反传递神经网络，用来预测主干道行程时间。多源数据融合也被应用到了这个项目中，其中数据来源包括探测车、检测线圈、历史数据以及仿真数据等。为了进一步提高这种神经网络的预测能力，Abhijit 于 2003 年提出了改进型的反传播神经网络。改进型的反传播神经网络引入了竞争层，同时采用两阶段训练方法。这种网络的计算速度明显比反传递神经网络训练方法要快，且收敛速度快。

3.4.4 状态空间神经网络模型

状态空间神经网络的构建是基于 Elman 提出的回归神经网络（图 3-12）。回归神经网络能够有效地表达出时空模式的变化性。它的基本特征是增加了一个状态层进行短期记忆的存储。这个状态层把前一个时刻的内部状态存储起来，这样就能够跟踪整个系统的时空变化模式。这种基于前一时刻状态的跟踪，与马尔可夫链很相似。在每一个计算时刻，各神经节点按照前向神经网络的计算方式，计算出各自的阈值。然后，通过状态层将内部的状态再反馈到节点中，这样就使得神经网络能够识别这样一个有时间延续性的模式。目前，根据网络连接的形式不同，可分为全连接状态空间神经网络和部分连接状态空间神经网络。

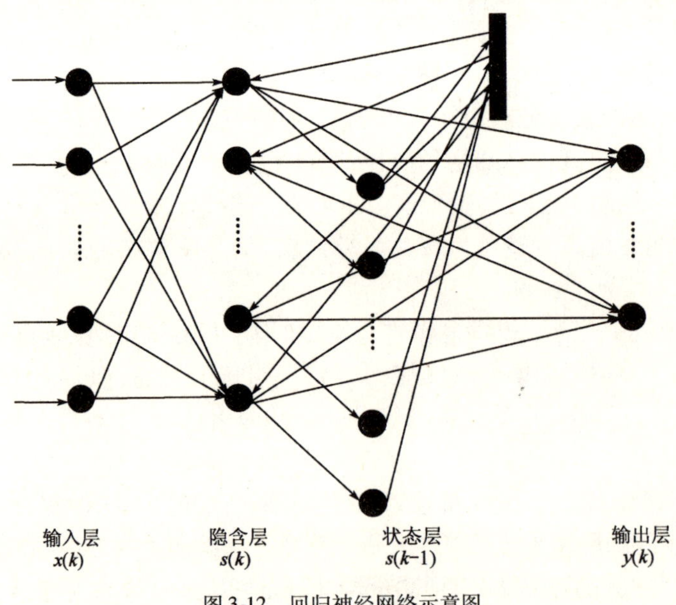

图 3-12　回归神经网络示意图

状态空间神经网络数学描述：

如图 3-12 所示，根据输入层向量 $x(k)$，经过计算后得到隐含层向量 $s(k)$。其计算过程为，将加权后的输入量和阈值代入传递函数，然后得到新的隐含层数值，见式(3-14)。

$$\begin{bmatrix} s_1(k) \\ s_2(k) \\ \vdots \\ s_m(k) \end{bmatrix} = \begin{bmatrix} h[\sum_{i=1}^{n} w_{i,1}^{il} x_i(k) + \sum_{e=1}^{m} w_{e,1}^{ll} s_1(k-1) + v_1^{il} b_1] \\ h[\sum_{i=1}^{n} w_{i,2}^{il} x_i(k) + \sum_{e=1}^{m} w_{e,2}^{ll} s_2(k-1) + v_2^{il} b_2] \\ \vdots \\ h[\sum_{i=1}^{n} w_{i,m}^{il} x_i(k) + \sum_{e=1}^{m} w_{e,m}^{ll} s_m(k-1) + v_m^{il} b_m] \end{bmatrix} \tag{3-14}$$

式中：s_m——第 m 个隐含层节点值；

$w_{i,m}^{il}$——连接第 i 输入节点与第 m 隐含节点的权重；

$w_{e,m}^{ll}$——连接第 e 隐含节点与第 m 状态节点的权重；

v_m^{il}——连接第 m 隐含节点的阈值；

b_m——第 m 隐含节点的阈值；

$h(.)$——传递函数。

通常情况，传递函数采用非线性的 Sigmoid 函数，见式(3-15)。这个传递函数将输入值转变为 0 ~ 1 之间的一个值。

$$h(z) = \frac{1}{1 + \mathrm{e}^{-z}} \tag{3-15}$$

与隐含层的计算过程相同，输出层的计算见式(3-16)。

$$\begin{bmatrix} y_1(k) \\ y_2(k) \\ \vdots \\ y_l(k) \end{bmatrix} = \begin{bmatrix} h[\sum_{i=1}^{m} w_{i,1}^{lo} s_i(k) + v_1^{lo} b_1] \\ h[\sum_{i=1}^{m} w_{i,2}^{lo} s_i(k) + v_2^{lo} b_2] \\ \vdots \\ h[\sum_{i=1}^{m} w_{i,l}^{lo} s_i(k) + v_l^{lo} b_l] \end{bmatrix} \tag{3-16}$$

式中：$w_{i,l}^{lo}$——连接第 i 隐含节点和第 l 输出节点间的权重；

v_l^{lo}——连接第 l 输出节点的阈值权重；

b_l——第 l 隐含节点的阈值。

3.5 高速公路状态空间神经网络模型

3.5.1 案例分析

以荷兰西部两个重要城市——海牙和鹿特丹之间的高速公路 A13 南向路段作为原型，选定 8.5km 的高速公路作为模拟路段，如图 3-13 所示。

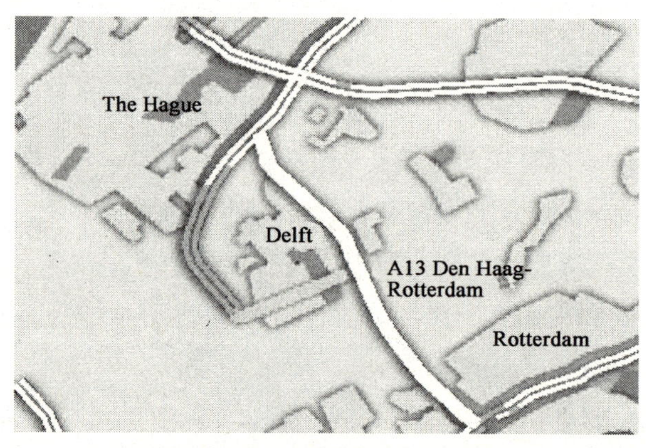

图 3-13　海牙与鹿特丹之间的 A13 高速公路

在 FOSIM（高速公路运行模拟软件，Vermijs & Schuurman，1994）测试中，该路段为三车道，包含 4 个入口、5 个出口，以及 3 个快速路交织区。任该路段之多置了 13 个线圈感应检测器用于检测交通流以及每 60s 的时间平均速度。模拟路段被分为 12 节，每两个相邻检测器间的上下行路段为一节。表 3-3 列出了这 12 节路段的分布及其相关的检测器，同时，图 3-14 给出了路线走向的大体示意图。

根据状态空间神经网络（SSNN）的拓扑结构（图 3-12），现已得到足够的信息来建立 SSNN 模型，该模型含有 12 个隐含节点，每个节点标志一节路段的开始，同时该节点接收该路段相关的输入信号（表 3-3）。状态层同样包含 12 个节点，而输出层包含 1 个神经元。模型中参数的数量（权重或偏差）因而初始化为 228。

3.5.2 数据输入与输出

FOSIM 的数据，即所谓的动态 *OD* 矩阵，包括每个起点（主要车道和入口）与终点（主要车道和出口）间的时间变化需求模式。基于历史数据，道路上货车的平均比例在15%～20%之间。这里选择调节上述需求到与A13高速公路上采集到的真实数据大体相等的程度。但是,考虑到本模型的首要目的是采集详细数据(速度、检测器间的交通流,以及平均行程时间),这里没有引入复杂的*OD*估计算法来训练和测试模型,而是用真实数据与模拟数据进行完全的匹配。尽管如此,本模型已经建立起针对该路网的3个不同而又真实的交通需求模式。

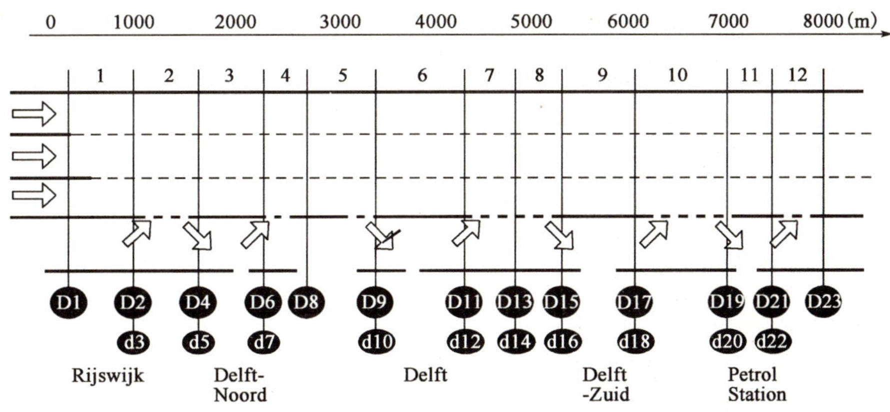

图3-14　模拟程序中海牙与鹿特丹之间的A13高速公路检测器布置

3.5.2.1　交通需求模式

1)模式一:常发性拥堵

第一个模式是在该高速公路路段上特别是每个周末下午发生的正常交通流运行的情况。

表3-3所示是FOSIM高速公路路段的划分概况。节点$\{u,q\}^{up}$和$\{u,q\}^{down}$分别表示上行与下行检测器检测到的(时间平均)速度和交通流量,q^{on}和q^{off}分别表示进口、出口的交通流量。最右边的一列描述了每节路段的检测器代码。

拥堵发生在大约100min之后由Delft—Zuid(表3-3中的路段10)的入口处,由交通需求突增引起。由于上游路段的交通量需求同样在增加,因此排队情况就渐渐地向上游方向回溢[见图3-15b)],最终在130～250min内堵塞至上游下一个出入口(Delft)。与此同时,在Delft—Rijswijk入口发生交通堵塞,并回溢至Rijswijk入口和Delft—Noord出口之间的快速路交织区,并保持静止直到第210min。在第130～180min之间的平均行程时间大约是17min[见图3-15a)],这是自由流平均行程时间的3倍。

路段划分及输入参数　　表 3-3

序号	起点(m)	终点(m)	车道数	输入	检测器代码
1	500	1120	3	$\{u,q\}^{up}\{u,q\}^{down}$	1,2
2	1120	1800	3＋交织区	$\{u,q\}^{up}\{u,q\}^{down}q^{on}q^{off}$	2～5
3	1800	2450	3	$\{u,q\}^{up}\{u,q\}^{down}$	4,6
4	2450	2925	3＋进口匝道	$\{u,q\}^{up}\{u,q\}^{down}q^{on}$	6,7,8
5	2925	3640	3＋出口匝道	$\{u,q\}^{up}\{u,q\}^{down}q^{off}$	8～10
6	3640	4555	3	$\{u,q\}^{up}\{u,q\}^{down}$	9,11
7	4555	5065	3＋交织区	$\{u,q\}^{up}\{u,q\}^{down}q^{on}$	11～14
8	5065	5540	3＋交织区	$\{u,q\}^{up}\{u,q\}^{down}q^{off}$	13～16
9	5540	6305	3	$\{u,q\}^{up}\{u,q\}^{down}$	15,17
10	6305	7245	3＋交织区	$\{u,q\}^{up}\{u,q\}^{down}q^{on}q^{off}$	17～20
11	7245	7735	3	$\{u,q\}^{up}\{u,q\}^{down}$	19,21
12	7735	8255	3＋进匝道	$\{u,q\}^{up}\{u,q\}^{down}q^{on}$	21～23

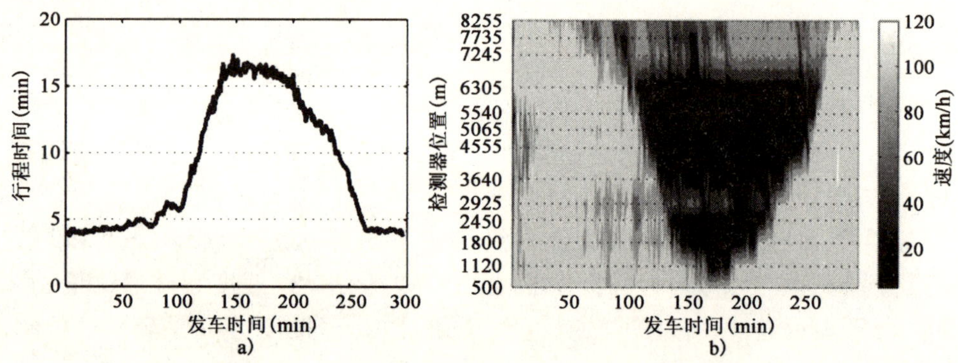

图 3-15　FOSIM 测试实例 2(Delft—Zuid 常发性拥堵)

a)平均行程时间测试数据;b)平均速度分布图

2)模式二:周日下午

第二个模式是关于周日下午发生的特殊的交通流运行状况。从周日 17:00～18:20(第 120～200min),Delft—Zuid 入口下行再次发生拥堵,这主要是由结束休闲活动回家吃晚饭的返程人群造成的持续一段时间的过饱和现象,但是,行程时间只在排队情况发展和结束的短暂时间的间隔内有所增加,如图 3-16 所示。

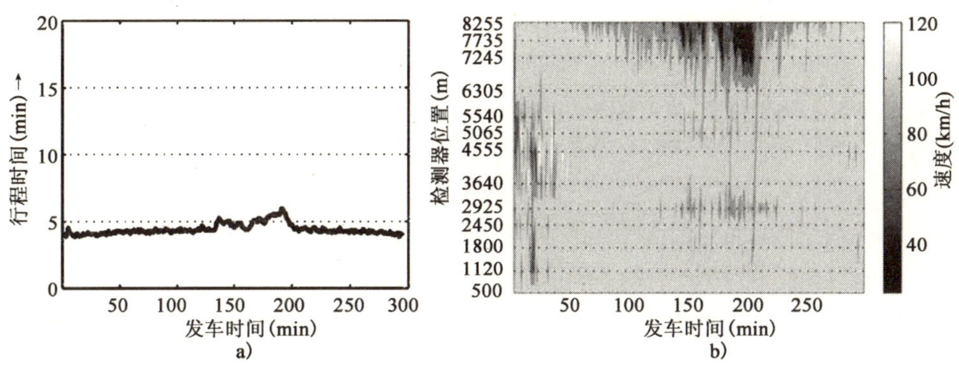

图 3-16 测试实例 8(周日下午)的 FOSIM 模拟结果

a)平均行程时间;b)速度分布图

3)模式三:Delft—Zuid 入口交通事故

第三个模式是关于工作日正常交通流的情况下,Delft—Zuid 入口在第 140min 发生一起交通事故的状态。此时,Delft—Zuid 入口发生堵塞,且交通流重新寻路去 Delft 入口或者 Delft—Noord 入口,又或其他路径。因此,在事故发生后入口下行主路上的拥堵开始减弱[图 3-17b)]。但是,入口上行路段由于交通需求的增加开始产生拥挤,直到 160min 后 Delft—Zuid 入口重新开放,这种情况才得以缓解。之后,拥堵排队现象很快重新形成并回溢到 Delft—Noord 入口。由于 Delft—Noord 入口的暂时封锁,使得平均行程时间比通常低,最高大约在 14min[图 3-17a)]。但是拥堵的消散时间却增加了。

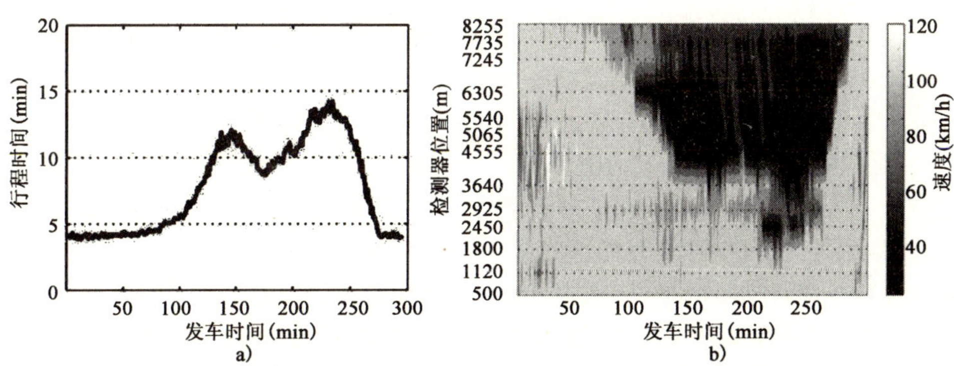

图 3-17 测试实例 8Delft—Znid 入口交通事故的 FOSIM 模拟结果

a)平均行程时间;b)速度分布图

3.5.2.2 行程时间变化

对上述每种模式，都用不同的随机种子执行了 6h 的仿真模拟，共计 15 个数据集合，每个集合又包含 300 多条以时间为顺序的记录作为输入（平均速度和检测器检测到的交通流量）和输出（相应时间出发车辆的平均行程时间）。这里用奇数序列（8 个）进行训练，并用偶数序列（7 个）作为测试数据。即使输入的需求模式是相同的，不同的随机种子或不同的车辆行驶行为也会在每个不同仿真试验运行后产生不同的动态变化的交通需求。图 3-18 所示为交通模式一的 FOSIM 模型运行得到的平均行程时间。

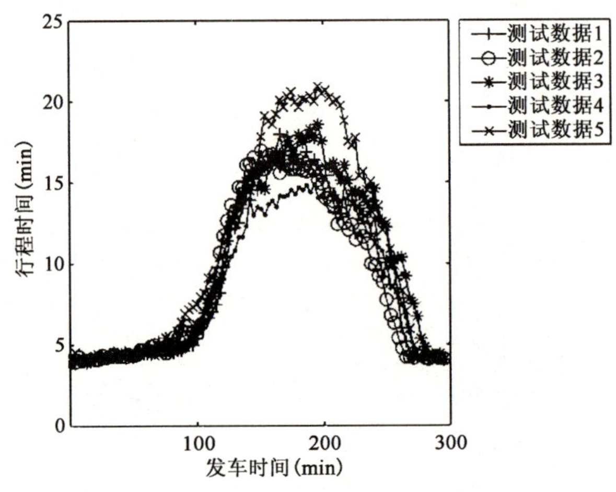

图 3-18 平均行程时间的仿真结果

注：图中为 5 组交通需求模式一（常发性堵塞）的 FOSIM 模型运行得到的平均行程时间仿真结果。这 5 组数据应用不同的随机数据集，并产生了不同的仿真结果。

3.5.3 SSNN 训练结果

图 3-19 所示为 SSNN 模型的训练记录，包括经过 200 次训练的误差平方和（SSE）、权重平方和（SSW）以及参数个数（γ）。在刚开始的几次训练中，Bayesian Levenberg-Marquardt 算法迅速降低了误差平方和（SSE）、参数 γ 的有效数字和权重平方和（SSW）的错误。γ 与 Hessian（参数的协方差矩阵）的逆成正比，开始时下降较快，后又有所增长，这与权重的初始化有关。经过几次学习后，在 SSE 持续下降的同时，γ 和 SSW 缓慢上升。经过 200 次的学习后，结束了训练。

一个有趣的现象是在初始的 228 个变量中，经过训练，有 66 个成为“有效”或“较固定”的数字。也可以初步理解为“相关”变量。这表明根据特别的模型设置,经过训练,最终在228个参数中只有66个称得上是“有效的”,或者说对输出有影响作用。这样的话,模型复杂度可以降低70%。

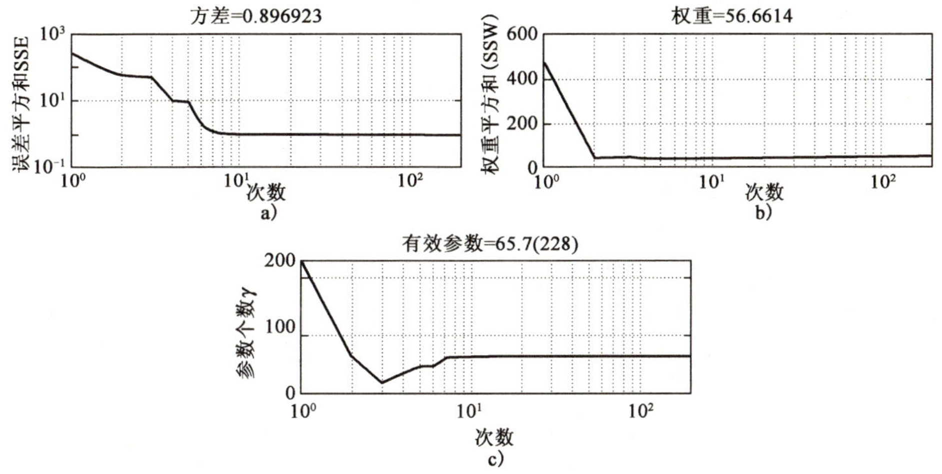

图3-19 SSNN模型的训练记录

SSNN参数的方差/协方差矩阵见式(3-17):

$$\Theta_{ij} = \frac{C_{ij}}{\sqrt{C_{ii}C_{ij}}}, C = H^{-1} \tag{3-17}$$

由式(3-17)可知,互相关矩阵与元素Θ_{ij}指出了SSNN模型在很少冗余的情况下已经产生了映射。只有与隐藏神经元“相邻的”参数有较大的相关性(如图3-20中对角线上下的深色区域),与“远距离”神经元的参数几乎没有相关性。这是比较合理的,因为中间层神经元一般共享同一个检测器的信号。最后一行(或列)表现了输出权重和隐藏神经元权重的互相关性。

对5个不同的权重初始化集合进行训练,产生了几乎数量相同的有效参数。另外,还产生了基本相同的权重方差、协方差矩阵。这与如下两种现象有关。

第一个与Levenberg-Marquardt算法有关,它的有效部分是Gauss-Newton算法(对于μ值较低的情况),该算法在计算本地梯度信息方面有较强的鲁棒性。

第二个原因则是参数空间的不确定性。在参数空间有一个比较特殊的区域,在该区域,参数的概率密度对数据和模型是最高的,或者说是相同的,而性能却是最低的。可以把这个区域想象为一片广阔浅海中的深海海槽。从交通流理论的角度来讲,这是有道理的,因为交通状态信息(比如平均时间)是随着时间和空间的变化不断改变的,所以总会存在一些很特别的值域(Helbing,1997)。

值得注意的是,根据不同的权重分配,例如之前产生较大的初始权重,

LM-BR算法可能还是会导致不同的权重设置。然而，保持初始权重在较低值（约为零）这是沿用已久的神经网络训练策略，从而大大提高了算法的性能和收敛性[MacKay(1995),Nguyen 和 Widrow(1990),Thodberg(1991)]。

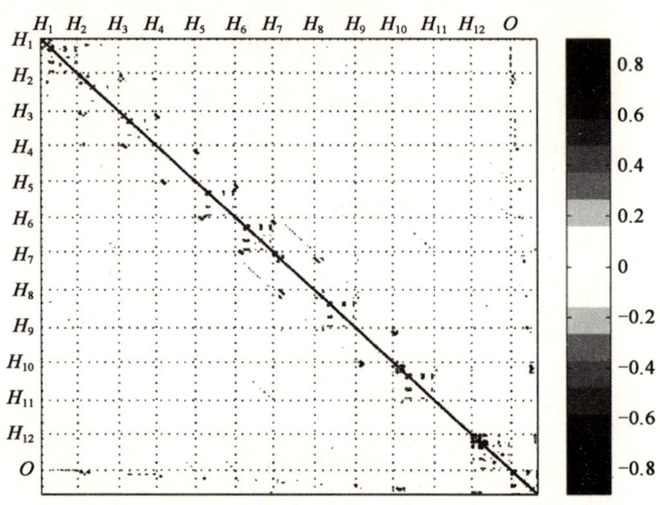

图 3-20 SSNN 参数的互相关矩阵

注：图中阴影部分表示相关性高的参数（正或负）。坐标 H_m（$m=1,2,\cdots,12$）表示与隐藏神经元 m 相关的参数，同时 O 表示与输出神经元有关的参数。

3.5.4 SSNN 的预测性能

表 3-4 显示了在所有 7 个由仿真得到的测试数据集中，均方根误差比例（RMSEP）、平均相对误差（MRE）和相对错误的标准差等的性能。正如预期，动态 SSNN 优于静态瞬时行程时间预测，它预测出了几乎无偏差的行程时间（少于 0.5% MRE），SRE 仅为 6%。这实际上是小于从模拟中得到的实际行程时间（目标）的标准偏差，也低于所有（7 个）测试数据集 8.7% 的偏差。

SSNN 模型和瞬时行程时间预测的预测性能（%） 表 3-4

预测方法	RMSEP	MRE	SRE
SSNN	7.7	0.49	6.0
PCSB	17	3.7	13.3

图 3-21 ~ 图 3-23 所示为 3 个测试数据集在前面所述的三种交通模式下运行产生的预测结果。正如所料，瞬时行程时间预测模型在预测动态交通情况时（模式一和三）不如利用 SSNN 的预测效果好，但在自由流或接近自由流的交通

条件(模式二)下能产生良好的效果。需要注意的是,瞬时行程时间预测模型的问题主要是高估了行程时间,因为它不能跟踪拥堵车辆队列的消散。SSNN 模型能够相当准确地预测拥堵车辆队列的形成和消散,但仍然会产生(可以预期到)在拥堵条件下的最大误差。总之,SSNN 模型被证明是在自由流和拥堵两种条件下都比较准确的行程时间预测方法,仅产生几乎为零均值残差和平均 6% 以下的可以接受的标准误差。SSNN 模型优于瞬时行程时间预测模型,因为瞬时行程时间预测是基于假设的固定条件,而不是基于拥堵情况的。

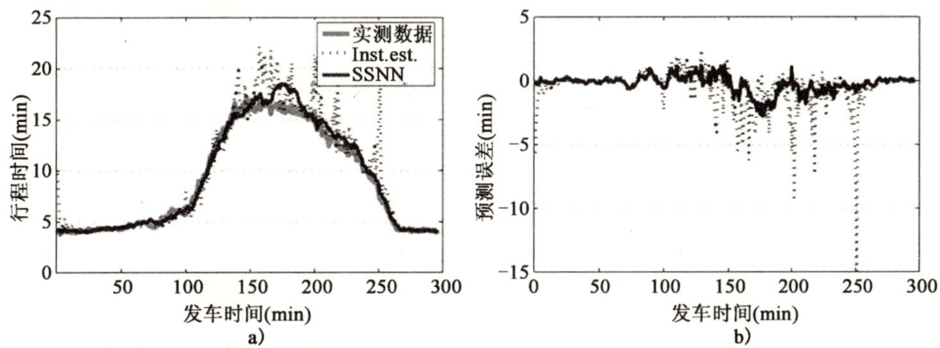

图 3-21　基于测试数据集 2 的 SSNN 模型预测性能(交通模式一:普通工作日拥堵)

a)测试数据 2 的预期效果;b)测试数据 2 的预测误差

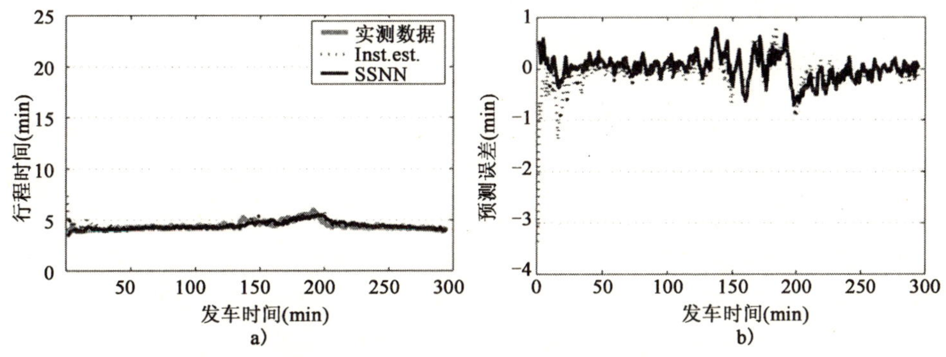

图 3-22　基于测试数据集 8 的 SSNN 模型预测性能(交通模式二:周日下午)

a)测试数据 8 的预期效果;b)测试数据 8 的预测误差

3.5.5　SSNN 模型构造分析

这里需要强调的一个重要问题是关于 SSNN 短期记忆的初始化设置(状态层)。我们选择了这层中一个与 SSNN 在自由流情况下的内部状态匹配的初始化激活过程[实际上,内部状态的值是 $x(t=0)$]。设置这些状态层神经元以任意初始值(如零)激活导致 SSNN 需要一段时间(一般只有 2 ~5 个步骤),以得到稳定结果。下面将详细分析,就内部状态而言,SSNN 模型从数据中了解到了什么,及其短期和长期记忆,也就是它的状态层和它的参数。我们首先分析该模型内部状态的变化。

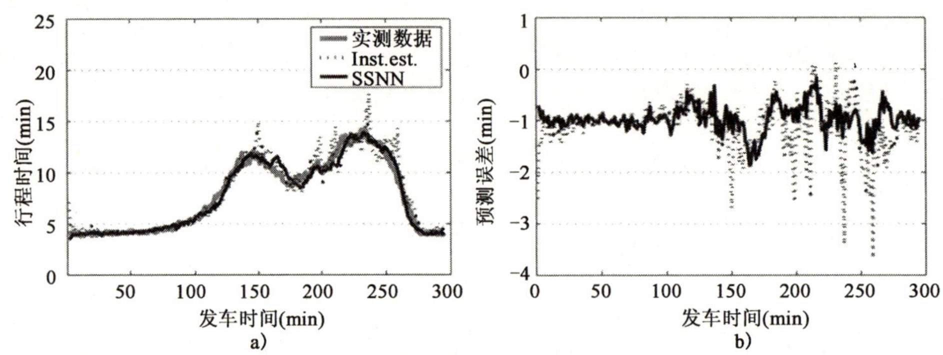

图 3-23 基于测试数据集 14 的 SSNN 模型的预测性能(交通模式三:Delft—Zuid 入口事故)

a)测试数据 14 的预期效果;b)测试数据 14 的预测误差

3.5.5.1 内部状态和交通情况之间的相关性

SSNN 的加权内部状态可以解释为对 SSNN 输出的影响,即在加权的情况下,预测平均行程时间。图 3-24 显示了经过加权后,试验数据集 2 内部状态的变化(交通模式一)。注意,部分常数信号是不相关的。

从图 3-24 可以看到,显然并不是所有的隐藏神经元在整个 5h 内都是活跃的。事实上,一些神经元只提供与交通状态无关的不变量(例如状态 4,9 和 11),而另一些神经元(例如状态 6,7,8 和 10)则产生与 SSNN 输出非常相似的活动。定性地说,这是很有道理的,因为“代表”了高速公路路段的交通堵塞的传播(或延误)的最活跃的神经元是确定的。例如,神经元 10 代表了下游 Delft—Zuid 入口路段,这里可作为在大多数模拟时段内拥堵排队队首的初始瓶颈,而神经元 6 代表 Delft—Noord 入口和 Delft 出口之间 1.2km 的一条路段,在模拟运行期间这里产生了最高的密度。

图 3-25 显示了一个加权内部状态和路段密度的互相关联的等高线图。为了方便易识别,将所有加权内部状态的偏差去除。在一般情况下,加权内部状态与相关路段的密度的相关性是最强的。而且,其与“周边”路段的密度也是高度相关的。例如,内部状态 6 与路段 5 ~9 的密度都有相关性。这从神经网络和交通工程的角度来讲都是有道理的。首先,邻近神经元的输入信号来自同样的检测器;其次,由于交通变化过程的动态性,相邻路段之间的交通状态密切关联。

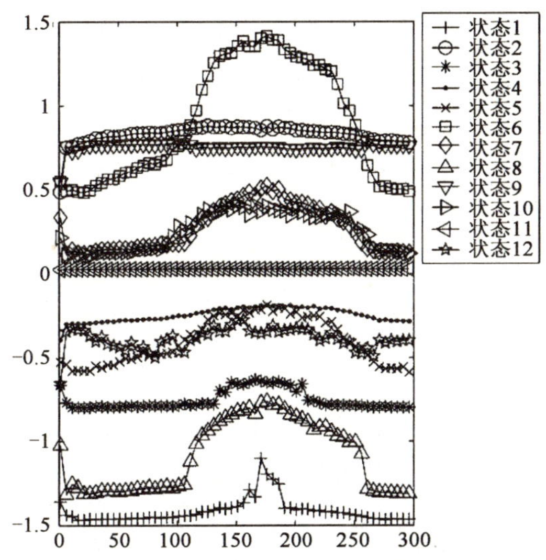

图 3-24　测试数据集 2(交通模式一)加权内部状态的演变

注:不变状态对 SSNN 输出没有影响。

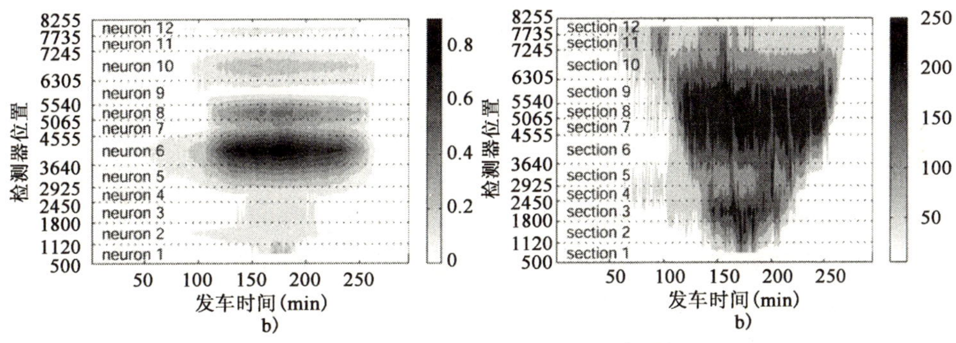

图 3-25　测试数据集 2 加权内部状态的等高线图

a)测试数据 2 中的内部状态分布;b)测试数据 2 中的密度(vtg/km)分布

注:深色区域表示较活跃的神经元活动。

3.5.5.2　单个神经元与输入的相关性

从图 3-26 可以看出,所有的加权内部状态都与 SSNN 输出相关。但是,其自身内部的相关性信息却比较有限。最重要的是,相关性并不意味着因果关系($A \rightarrow B$),因为 A 和 B 很可能完全没有关系,而一些不可观测变量 C 具有 $C \rightarrow A$ 和 $C \rightarrow B$ 的关联。

(1)内部状态的相关性。

我们提出一个每个内部状态与相应 SSNN 输出之间相关性(敏感性)的表达式。对于 ANN 回归问题,比如预测行程时间,已有多种方法(神经元或输入),例如迭代训练法(如 Setiono 和 Liu,1997;Setiono 和 Gaweda,2000),双扩展卡尔曼滤波(Leung Chi 和 Chan Lai,2003)。第一种方法需要很多次迭代来稳定相关性指标。后者为值得推荐的方法,因为它从网络的层面上决定相关性。但是,这种算法并不能直接与我们所用的 LM-BR(不联网)算法结合起来。因此,我们提出了一个相关度的量化方法——计算神经网络输出对于其本身权重的一阶导数,类似于反向传播训练算法中的权值更新过程。

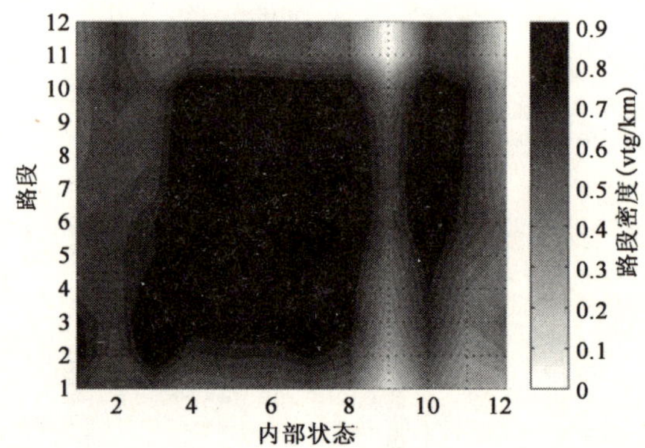

图 3-26 路段密度和 SSNN 内部状态之间的绝对相关性

注:除了神经元 9,所有内部状态都与路段密度中度或高度相关。

如果一个特定隐藏神经元 m_1 的灵敏度高于另一个神经元 m_2,那么 m_1 内部状态的改变会比 m_2 对 SSNN 输出造成更大的影响。内部状态的等级直接决定着对敏感性的影响。在训练的计算中,不反馈输出误差而仅仅反馈输出给 SSNN,我们可以用同样的方法计算神经元相关度。因此,计算每个神经元的敏感性类似于将反向传播学习算法倒过来运行的过程。

$$s_m(t) = \varphi'[\omega_0 + wx(t)]w\varphi'[I_m(t)],$$
$$I_m(t) = v_+ v_{u,m} um(t) + v_{x,m} x(t-1)$$

这里 φ' 表示相对于它的输入的逻辑转化函数的导数。对于输入值序列 P 和输出值序列,我们可以用敏感性来表达隐藏神经元 m(产生内部状态 m)的相关度,如式(3-18)所示:

$$S_m = \sum_{t=1}^{P} S_m(t)^2 \tag{3-18}$$
$$S_m(t) = s_m(t)[x_m(t) - x_m]$$

需要注意的是，我们减去了每个隐藏神经元的“自由活动”。其原因是如果神经元敏感性高且对输出影响(从延迟的角度来说)较大的话，式(3-18)相关计算结果也会较大。因此，如果隐藏神经元在整个过程都很活跃，但是无论交通状态如何变化都只产生一个恒定值，这个神经元被认为是不相关的。

图3-27显示了SSNN内部状态与SSNN输出(绝对)相关性以及由式(3-18)启发计算得到的相关度的对比条形图。虽然所有的SSNN内部状态都与SSNN输出是中度到高度相关的[图3-27a)]，但它们的相关度[图3-27b)]却是有很大不同的。实际上，神经元2,9和11都没有任何关联，而神经元的5~8和10显然对SSNN行程时间预测(测试数据集2)帮助最大。这是很自然的，因为拥挤就集中在与这些神经元相关的路段上。因此，相关性量化法至少在这个问题上产生了符合预期的结果。

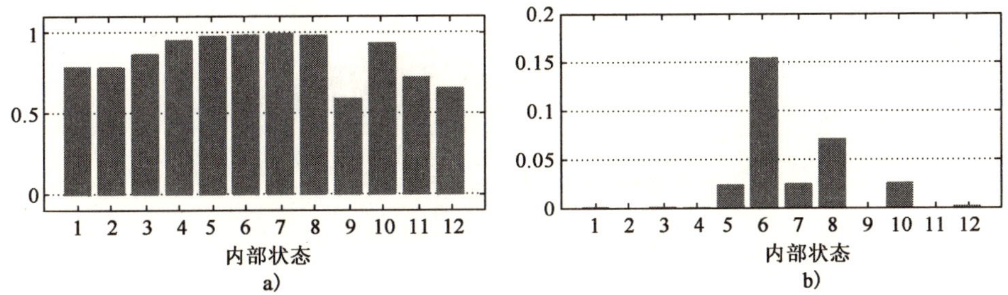

图3-27 测试数据之中SSNN内部状态与SSNN输出相关性的绝对相关度

a)内部状态与输出值的绝对相关性；b)内部状态与输出相关性的绝对相关度

图3-28比较了两个不同测试数据集各自内部状态的相关性，每个测试数据集反映两个不同的交通模式之一，即通过SSNN训练的交通模式一(正常工作日的下午高峰期)和模式三(Delft—Zuid入口处发生交通事故)中的一种。对于这两种不同的交通模式，出现了相同的关联性模式。而对于模式二(某周日下午，这里并没有显示)，产生了非常低的关联性，是其他模式的10^{-4}。由于模式二几乎没有发生拥堵而其他两种模式出现了严重堵塞，因此模式二下的测试中只有少量的神经元活动。

(2)利用相关性分析SSNN的记忆深度。

利用相关性量化法，还可以研究SSNN的记忆深度。为此，我们计算了$S_m(t)$的样本自相关函数(SACF)，即$S_m(t)$和$S_m(t-k)$之间的关系，这里$k=\{1,2\cdots\}$。图3-29显示了6个神经元[图3-29a)]和8个神经元[图3-29b)]的SACF(k)。这两个图都用近似于$1/(P-k)$的虚线描绘了找到的自相关显著性。对于这两种神经元，SACF的稳定衰减都是可见的。然而，在这两种情况下，

SACF(k)随着 k 的增加缓慢衰减,30 ~ 40 步后,仍然有明显的自相关量。也就是说,前 40 步内,内部状态的相关度仍与现在的相关度存在正向相关关系。这表明,过去的内部状态(截至前 40 步),仍然影响到当前的预测。

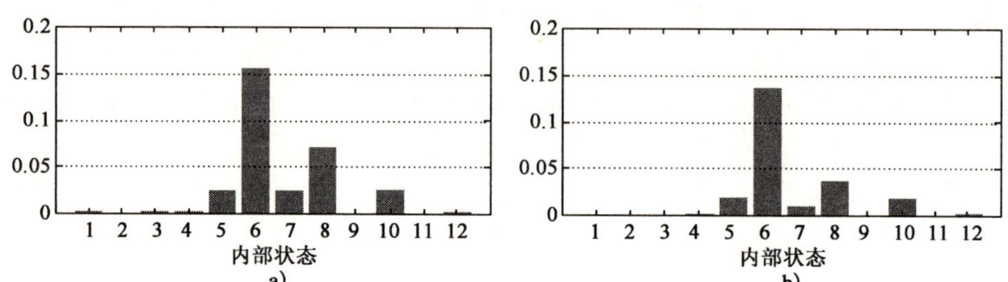

图 3-28 两种不同交通模式的数据测试集 SSNN 输出的内部状态(隐藏神经元活动)相关度

a)测试 2;b)测试 14

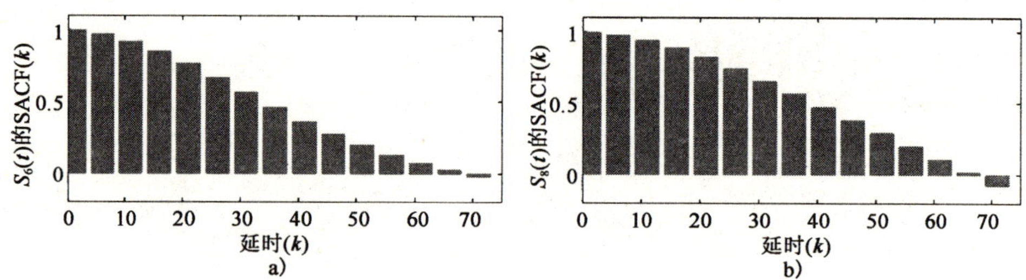

图 3-29 隐藏神经元预测延迟和敏感性延迟之间的相关实例

a)6 个神经元;b)8 个神经元

(3)独立输入信号与状态层神经元的相关度。

采用与计算内部状态相关度类似的方式,还可以计算每个状态层神经元和每个独立输入与 SSNN 输出的相关度。状态层没有转换函数,但是存储了隐藏层前一个状态的活动。这样结合起来就相当于一个转换函数,它的导数对于它的输入 $x_m(t-1)$ 是一个常量。设 $S(t) = [\cdots, S_m(t), \cdots], m = \{1, \cdots, M\}$ 表示隐藏神经元相关度在时间步长 t 上的向量,$\boldsymbol{\nu}_{x,m}^{T}$ 是与状态层神经元相关的隐藏层的权重。状态层的敏感度可描述为:

$$S_m^c = (t) = \boldsymbol{\nu}_{x,m}^{T} S(t)$$

而对于每一个状态层神经元的相关度,可以写成:

$$S_m^c = \sum_{t-2}^{P} [S_m^c(t)]^2 \tag{3-19}$$

$$S_m^c(t) = s_m^c(t)[x_m(t-1) - x_m]$$

当时间 $t = 1$ 时,假设内部状态与自由流状态 x_m 相等。式(3-19)可计算出与内部状态相关度几乎相同模式的状态层相关度。图 3-30 证实了这一点，显示了两个数据集中每个状态层神经元在相同的两个数据集内的相关度，如图3-30所示。这意味着，相关神经元的反馈也有非常大的相关性。

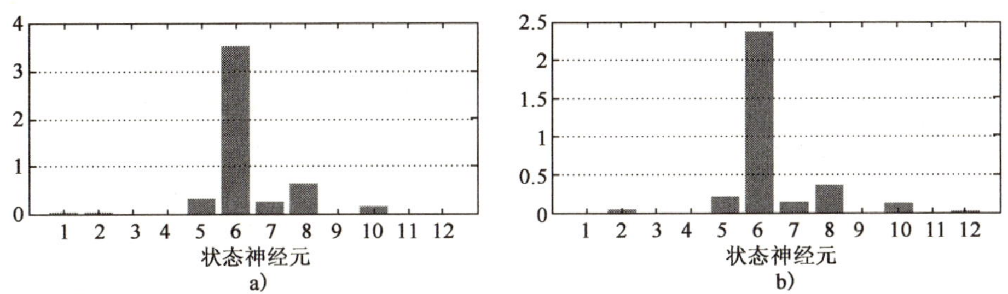

图 3-30　在两个反映不同交通模式的两个测试数据集中中间层神经元内部状态的相关度

a）测试数据 2；b）测试数据 14

最后，我们还可以计算每个检测器输入数据与 SSNN 输出的相关度。在一些人工神经网络（ANN）的教材中（如 Hecht-Nielsen，1990），每个输入数据由一个输入神经元来代表，该神经元只负责将输入信号传递到下一层（隐含层）。因此，输入向量可以被看作是一个含有转换函数、类似于状态层的输入层。同样，我们再次将每个输入数据与拥堵情况下的延迟（行程时间）之间的关系以相关度的形式来表达，因此，我们可以从输入向量中去掉检测器的自由流信号。

设 $\boldsymbol{v}_{u,n}^{\mathrm{T}}$ 表示与输入层连接的隐含层的权重。输入层的敏感度可以表示为：

$$s_n^u(t)=\boldsymbol{v}_{u,n}^{\mathrm{T}}s(t)$$

因此，对每一个独立的检测器的输入数据，得到下面的相关度表达式：

$$S_n^U=\sum_{t=1}^{P}[S_n^U(t)]^2 \tag{3-20}$$

$$S_n^U(t)=s_n^u(t)[u_n(t)-u_n]$$

根据图 3-14 所示的 A13 高速公路检测器布置示意图，其大致描绘了 FOSIM 中的高速公路路段、子路段和检测器编码。图 3-31 显示了在上面使用的两个相同的测试数据集中，每个输入数据的相关度，这里按检测器编码排列（水平轴）。需要注意的是，主线检测器可检测速度和流量，匝道检测器只能检测流量。

从图 3-31 中首先观察到的是，绝大多数主线检测器测量到的速度数据相关性是最高的，但在最下游，特别是最后一个路段，流量被认为是最相关的。最相关的三项输入实际上是检测器 13，15 和 17 的速度（这些检测器分别布设在相关性最高的路段 6，8 和 10）。其原因是，SSNN 模型检测了相关性最高的几个路段的平均速度，以及最下游部分的流量。例如，在测试数据集 2，路段 5 ~ 10 的密度增加导致了神经元6活跃性的稳步增加。当路段10的交通被中断,由于Delft—Zuid入口有大量的交通需求,神经元10活跃性的略微增长引起了神经元6,7和8活跃性(与中间层连接的三项反馈)的激增,这代表了这些路段的交通堵塞。虽然Delft—Zuid的大量交通需求是问题的根本原因,但特定的输入信号(检测器20)几乎没有被SSNN使用过。然而,通过了解速度上游(检测器17)和流量下游(检测器21和23)这些信号,可以推断出交通中断的位置在路段10。

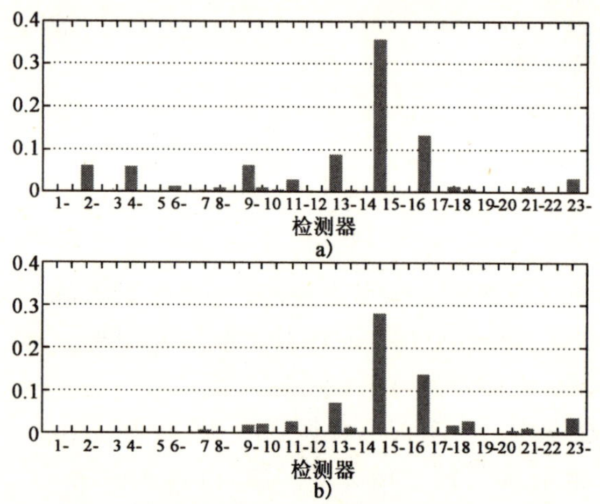

图3-31　每个检测器输入数据与SSNN输出的相关度

a)测试数据2;b)测试数据14

3.5.5.3　简化的SSNN模型

在上一小节计算隐藏神经元相关性的基础上,本小节将介绍如何通过去除不相关的神经元来简化SSNN模型。如上所述,不相关的神经元只会影响总偏差(无论交通状况如何都为常量的值)。

简化SSNN的权重有利有弊。首先,模型改进的好处有两个(对于已经经过正规训练的模型也是如此)。第一,一个较小的神经网络会比较大的有更好的普适能力(Setiono和Liu,1997)。另外,参数数量(权重)越少,涉及的SSNN所使用的矩阵乘法复杂度也会越低。第二,简化的SSNN有利于充分利用一个全连接SSNN模型。最重要的是,一个全连接SSNN模型是比较容易进行解释和分析的。对于该SSNN模型的内部变化可以进行深入的分析,找出最可能导致延误的路段。然而,不相关的神经元在SSNN的输出(至少在测试数据集)中,只产生非常微弱的干扰。因此,假设这些不相关神经元产生的干扰较微弱且并不影响模型的普适能力。最终,按照目前的个人电脑处理器和记忆能力,简化模型的计算时间的减少也将很微弱(以千秒计算)。尽管如此,消除无关神经元使我们能够证明前文所述的相关度启发式算法的实用性。

图 3-32 显示了当不相关神经元从模型中被删除后,SSNN 对测试数据集 2 的预测性能。我们通过设置其输入(输入值为 0.5,代表一个空信号)来进行改进。图中显示了总共 13 次 SSNN 模型修正的结果,通过逐个地修改神经元,将含有所有隐藏神经元的模型修改为没有任何有效隐藏神经元的模型。其中,删除神经元 11,9,2 和 4 对 SSNN 性能的影响是比较轻微的。通过适当地设置模型的偏差和进行模型再训练,很容易使没有这 4 个神经元的 SSNN 模型保持原状。删除相关度高的神经元则会较大程度地改变输出结果。最终,当 SSNN 模型的所有神经元被删除,输出就成为一个无论输入如何改变都不受影响的恒定值,这个值实际上就等于整个训练数据集的平均行程时间,即 580s。即使超过 70% 的神经元被删除,SSNN 模型仍然能相当准确地预测拥堵的发生和消散。因此,该模型对于不相关检测器的输入信号产生错误的情况,从本质上来说有很强的鲁棒性。鉴于此,这些信号甚至可以由适当的空值(这里是 0.5)所取代。

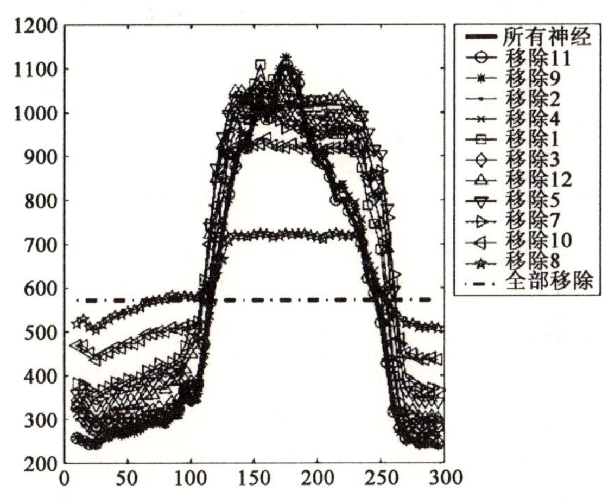

图 3-32 按相关度由低到高的顺序删除不相关神经元后 SSNN 模型的预测结果

3.5.6 隐藏神经元和输入相关度的探讨

正如在前面几节所述,SSNN 模型是空间状态神经网络,更具体地说是一阶连接记忆神经网络(FOC),它不同于前馈神经网络,因为它包含一层短期记忆,该短期记忆只存储前一个时刻的内部状态值。

内部状态是与相应路段的交通状态密切相关的。这意味着 SSNN 利用其记忆存储跟踪过去的交通状态,进而融合相应路段过去的交通状态来估计检测器的最新输入的数据。事实上,在超过30个时间步长之前的记忆仍然与SSNN的输出有关,这表明了SSNN拥有相当可观的记忆深度。如前所述,SSNN模型不同于前馈神经网络(FNN)或使用输入移位寄存器(固定时间窗口)的时滞神经网络(TDNN),递归神经网络(比如SSNN)以MA(移动平均)方式处理输入和输出的时间依赖性问题。鉴于这项研究结果,可以推断出,用FNN或TDNN来预测的高速公路交通状态将需要相当大的移位寄存器来捕捉足够的交通变化信息。

其次,并不是所有的神经元与它们预测的行程时间都有关系。从实际情况来看,那些与拥堵路段相关的神经元的相关度是最高的,因为SSNN模型的结构就是每个神经元只接收某一特定高速公路路段相关的输入。不过,由于SSNN有一个全连接的递归层反馈隐藏神经元以前的信号,它可以很容易地将与交通状态完全无关的权重进行特殊设置。在228个维度的参数空间和不限制权重配置数量的原则下,在训练数据集中可能会重现各种交通模式。尽管如此,训练的过程产生出一致的权重设置,从交通工程的角度来看,这也是符合常理的。

我们假设这种特别的权重设置是行程时间预测问题的本质。预测行程时间在一定程度上相当于预测交通状态,特别是预测车辆平均速度。根据交通流理论,交通状态信息(平均速度、密度)在空间和时间轴上是沿着一定的轨迹变化的(Hoogendoorn,1999;Helbing,1997)。因此,考虑到SSNN模型的状态空间结构,可以想象其参数空间中也存在着一个特殊的区域,可以最有效地重现交通方式。其次,权重初始化过程和Bayesian正规化的Levenberg-Marquardt训练算法可以防止SSNN参数向量寻优到参数空间其他也可以产生交通模式但需要更大权重的区域。如上所述,经过正规化训练程序,228个参数中只有66个被认定为“有效”。

在某种意义上讲,SSNN就像一个宏观的交通流模型。这种相似不是偶然的,而是SSNN状态空间结构所致。但二者有两个明显的区别:

(1)SSNN的内部状态没有交通变量的直接物理意义,虽然它们与密度呈正比关系。尽管如此,他们可以显示出在特定交通状态下,哪些高速公路路段对行程时间(延迟)有更大的影响。

(2)由于SSNN使用内部状态$x(t)$来进行预测,设路段r上在时间点$t=t_0$出发的车辆的行程时间是$\tau(s)$,内部状态也许应该被视为时间点$t\in[t_0,t_0+\tau]$的瞬时交通状态的指标。

3.5.7 小结

本节介绍了一种面向短期行程时间预测的新的模型，即状态空间神经网络(SSNN)。它实际上是一阶连接状态神经网络，是一个时空神经网络的特定类。它不同于众所周知的Elman递归神经网络(也是FOC)，在输入层和隐含层之间存在部分的连接。也就是说，每个高速公路路段，由一个隐藏层神经元来代表，这个神经元只接收该路段检测器的输入信息。时间动态由一个短期记忆存储处理，这使得SSNN可以根据当前测量结果及其先前的内部状态来预测行程时间。在某种意义上，SSNN原理像一个宏观交通流模型。它在设计上，参考了高速公路路线的几何结构以及检测器的配置，从而在简化繁琐的输入选择程序设计的同时简化了神经网络模型网络设计。

通过实际数据验证，SSNN模型表现出其不仅能够准确预测行程时间，而且其参数设置是与实际交通过程产生的行程时间密切相关的。这是它的状态空间结构和Bayesian正则应用程序在训练中产生的直接结果。我们提出了一个基于启发式的反向传播公式来计算每个神经元与输入的相关度。使用此相关启发式，SSNN可修剪最不相关的神经元，在不降低预测性能的情况下，产生了含有较少权重的简化模型。尽管从现在的计算机技术发展情况来看，简化的SSNN模型对一个小的网络来说影响不大，但简化的过程清楚地展示了相关度启发式的实用性和有效性。

3.6 城市道路状态空间神经网络模型

3.5节描述了用状态空间神经网络模型对高速公路的行程时间进行预测。高速公路上的车辆在一个封闭的环境行驶，可以将车流看作为连续流。但是，城市道路由于受到交通信号灯控制的影响，车流是间断流。本节将介绍如何利用状态空间神经网络模型对城市道路行程时间进行预测。

为了检验模型的准确性，首先利用微观交通仿真工具VISSIM(PTV AG，2003)得到的仿真数据进行验证。采用仿真数据的优点主要有：①能灵活地生成各种交通场景(如自由流状态、中间状态、拥挤状态)，否则，实地采集交通数据将需要较高的费用并耗费大量的时间；②提供无噪声、无异常的数据。

针对三种典型的交通状态(轻度饱和、中度饱和和重度饱和)，对提出的模型进行了验证。在提出模型的基础上，进一步研究了敏感性和鲁棒性问题。通过对仿真环境的研究，提出实际应用中的研究思路。

3.6.1 仿真场景描述

图 3-33 为根据荷兰代尔夫特市南部 Kurithuisweg 的一条长 2.05km 的城市主干道模拟的 VISSIM 中的城市道路示意图。由于仿真数据仅仅用于评估模型的性能,因此,我们模拟了一条与实际道路几何形状一致但忽略了人行横道和有轨电车轨线的城市道路。这个仿真的城市道路包含三个信号交叉口(两个十字交叉口,一个丁字形交叉口)。

如图 3-33 所示,在这条城市道路上及与其交叉的路段上安装了用于检测交通流量的单线圈检测器。两台摄像机分别安装在道路的起点和终点,用于检测单个车辆的行程时间。

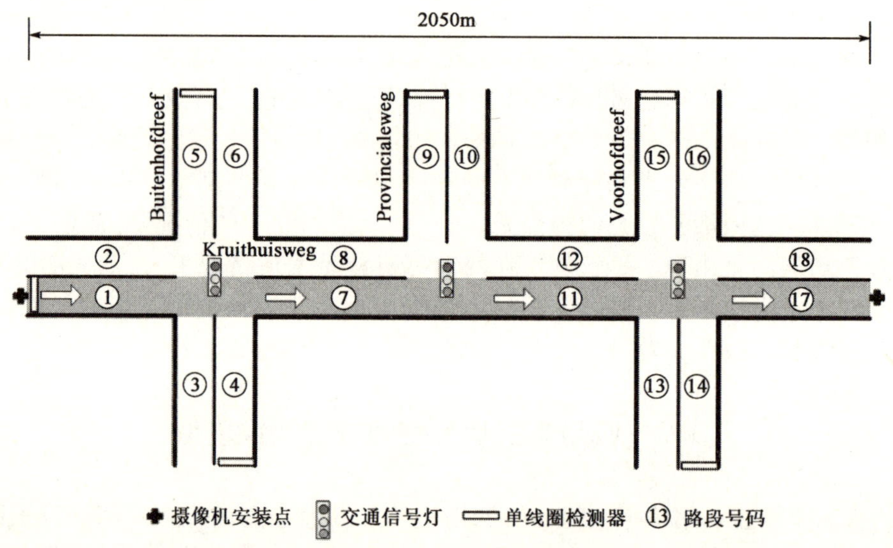

图 3-33 用 VISSIM 模拟的荷兰代尔夫特市的一条城市主干道示意图

3.6.2 信号控制设计

对于城市道路,除固定周期信号和每个阶段每个交叉口的定时信号外,相位差(相邻两个绿灯时间的开始时间点的差值)在设计控制措施中是非常重要的。

在仿真环境中,采用固定配时的信号灯控制策略。采用两种不同设计的相位差:绿波和红波。绿波是相位差的最优设计,即,当车队在绿灯时段穿过上游交叉口到达下游交叉口时,也为绿灯时段。红波适用于逆向设计,即当车队到达下游交叉口时车队遇到的是红灯时段。

图 3-34 分别为自由流状态和拥挤状态下，红波行程时间与绿波行程时间比值的柱状图。图 3-34a）中的柱状图稍微偏向中心点（比率等于 1）的右侧。这表明在自由流状态下，相当数量的车辆在红波控制下的行程时间比绿波控制下的行程时间长。然而，在拥挤状态下，比值几乎对称地分布在 1 的左右。这表明在拥挤状态下，无论是绿波控制还是红波控制，车辆的行程时间都比较长。在下面的分析中，信号控制策略采用绿波控制。

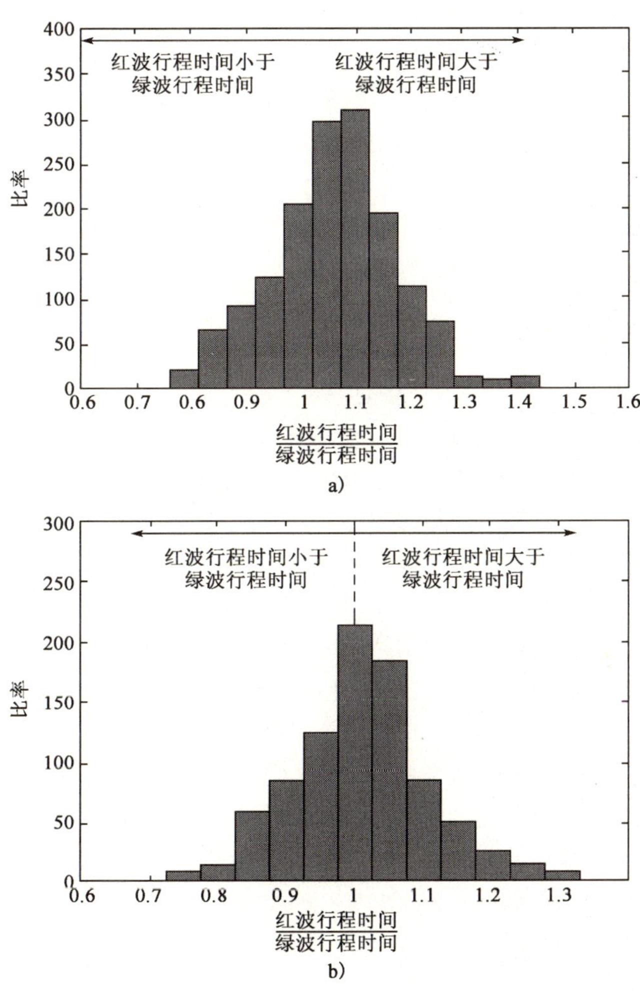

图 3-34　红波行程时间与绿波行程时间比值柱状图

a）自由流状态；b）拥挤状态

3.6.3 输入输出数据

首先需要指出的是，仿真中没有采用试验数据进行标定，其原因是：①微观仿真模型涉及具体的驾驶员行为（如车辆跟驰、车道变换），利用仅有的单线圈数据标定微观仿真模型是很困难的；这是由于微观数据与实际线圈检测器检测的数据相比，微观仿真模型有更多的自由度，即大量的参数需要进行标定。②在以验证模型可行性为目的的仿真中，主要是进行模型理念设计的验证。

为了在不同场景中对模型进行验证，我们通过选择不同的交通需求模式，模拟几个仿真试验。因为没有可利用的 *OD* 矩阵，故在仿真中将转向比例用于城市道路的交通分配。仿真中的交叉口的每个分支，转向比例是固定的，即左转10%，右转 10%，直行 80%。仿真能够按照实际设置线圈的位置和车牌比对照相机的位置，输出相应的检测数据。

3.6.4 交通需求模式

仿真过程中，设定运行时间为 3h，即上午 7:00 ~ 10:00 的一个早高峰。对于三种基本的交通状态（轻度饱和、中度饱和和重度饱和），生成三种交通需求模式。在这些仿真中，采用定时控制和绿波相位差。因此，我们设计三个基本的场景，对每个场景采用不同的随机种子分别运行 10 次。总共得到 30 组输入（检测器的流量数据）和输出（在一定时间间隔内出发车辆的平均行程时间）的数据集。

应注意到，SSNN 模型的训练是在城市道路一条路段上进行的，而验证模型预测行程时间的性能则在城市道路多条路段层面上进行。这些数据集中，将 18 组路段数据用于训练，12 组路段数据用于测试。

仿真中，车辆从路网的边界点进入（车辆不能从中间路段进入）。所有的边界路段都有相似的交通需求，开始时，交通流量低（7:00 ~ 8:00），随后增加到较高流量（8:00 ~ 9:00），最后回落到较低流量（9:00 ~ 10:00）。构建了三种不同的交通需求模式：轻度饱和、中度饱和和重度饱和状态。通过每 30min 间隔的阶梯式交通流量进行交通需求设置。

模式 1：轻度饱和状态

表 3-5 给出了分配给每个边界路段（图 3-33 所示路段 1、4、5、9、14 和 15）的交通流量。每个边界路段都有相似的交通需求模式，即在 8:00 ~ 9:00 时间段内，流量稍微超过饱和流量，其余 2h 交通流量都低于饱和流量，可以看作自由流

状态。轻度饱和流在短时间内能产生排队现象。因此,出现了一个行程时间为200s左右的轻度拥堵(图3-35)。

轻度饱和状态下边界路段的时变交通流量(veh/h)　　表3-5

时　间	路段号					
	1	4	5	9	14	15
7:00~7:30	200	50	50	50	50	50
7:30~8:00	400	300	400	400	250	300
8:00~8:30	800	700	750	750	550	650
8:30~9:00	800	700	750	750	650	650
9:00~9:30	400	600	500	400	250	300
9:30~10:00	200	200	200	200	50	50

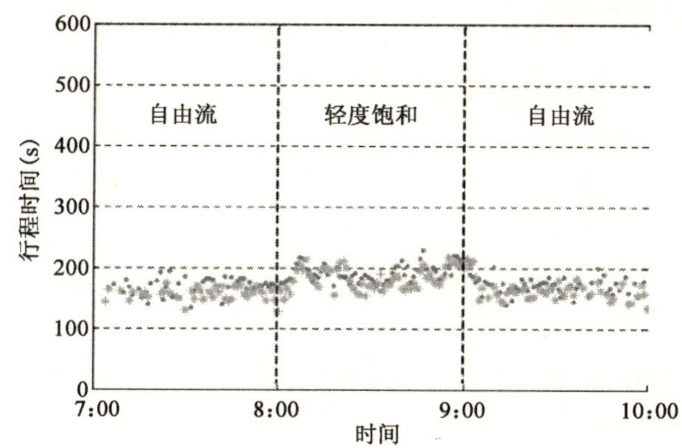

图3-35　轻度饱和状态下VISSIM仿真的行程时间分布图

注:• 表示红波控制的结果;* 表示绿波控制的结果。

模式2:中度饱和状态

与模式1比较,模式2在8:00~9:00时间段内流量有所增加(表3-6)。在中度饱和状态下,道路出现较长的排队现象,这使得要穿过交叉口的车辆必须等待两个或更多信号周期。如图3-36所示,出现两个行程时间高峰。这是由于虽然路段4在8:30~9:00之间流量在降低,但是主路上的流量仍然在增加的原因。这说明来自交叉路段的交通流量对主干路有一定的影响。其中高峰的行程时间高达300s,是自由流状态下平均行程时间的2倍。

中度饱和状态下边界路段的时变交通流量(veh/h)　　表 3-6

时　间	路　段　号					
	1	4	5	9	14	15
7:00~7:30	200	50	50	50	50	50
7:30~8:00	400	200	350	400	250	300
8:00~8:30	800	800	650	800	450	500
8:30~9:00	1000	600	900	800	450	500
9:00~9:30	500	200	350	400	250	300
9:30~10:00	200	200	200	200	50	50

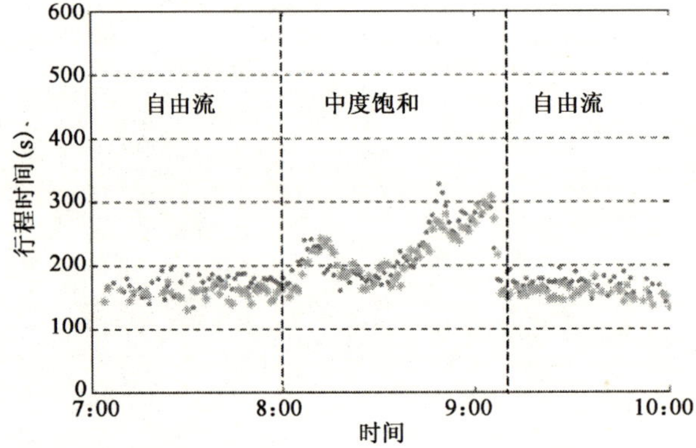

图 3-36　中度饱和状态下 VISSIM 仿真的行程时间分布图

注：• 表示红波控制的结果；* 表示绿波控制的结果。

模式 3:重度饱和状态

该模式在 8:00~9:00 之间的交通流量较高。此时道路上的排队现象迅速出现,并影响到上游交叉口。道路的所有交叉口都出现严重的排队现象。车辆在一个信号周期内不可能穿过交叉口,这对整个行程造成较大的延误。在这段时间内,主干路发生了严重拥堵。由于严重的交通阻塞,行程时间增加到大约 450s,是自由流状态下平均行程时间的 3 倍。见表 3-7 和图 3-37。

输出结果:

对于三个场景,用不同的随机种子运行 10 次 3h 的仿真过程,得到 30 组数据集。即使仿真环境一样,每次仿真过程中不同的随机种子也会产生不同的行程时间。图 3-38 展示了在严重拥堵的状态下,采用绿波信号控制过程的情况下的仿真结果。由图可以看出,高峰时间段内行程时间的波动性比非高峰时间段的要大。变化最大的是在 9:06,此时相差大约 250s。

重度饱和状态下边界路段的时变交通流量(veh/h) 表 3-7

时间	路段号					
	1	4	5	9	14	15
7:00～7:30	200	50	50	50	50	50
7:30～8:00	500	300	400	400	250	300
8:00～8:30	1100	950	950	850	650	600
8:30～9:00	1100	950	950	850	650	600
9:00～9:30	600	400	500	600	250	300
9:30～10:00	200	200	200	200	50	50

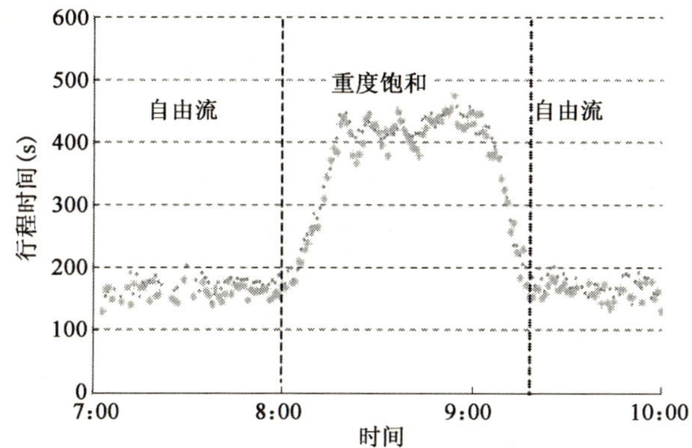

图 3-37 重度饱和状态下 VISSIM 仿真的行程时间分布图

注:• 表示红波控制的结果;* 表示绿波控制的结果。

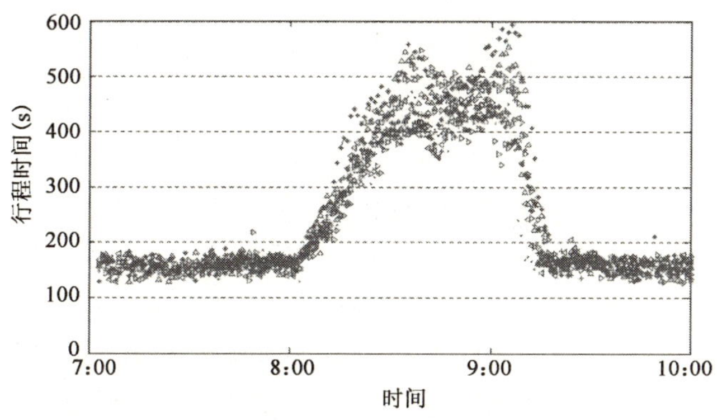

图 3-38 在严重拥堵的状态绿波信号控制下 10 次仿真的平均行程时间分布图

3.6.5 结果分析

根据查阅文献资料发现，在城市道路行程时间预测方面的研究较少。因此，为了与提出的模型进行预测性能对比，这里采用了广泛用于实际的基准模型。基准模型即简单地利用到达时刻的行程时间 TT^{a} 作为预测下一离开时刻的行程时间，表达式如下：

$$TT(p+1)=\frac{1}{n}\sum_{i=1}^{n}TT_{i}^{a}(p) \tag{3-21}$$

式中，n 表示在时间段 p 内到达终点的车辆数。

通过表 3-8 所示基准模型的平均相对误差（MRE）、平均绝对相对误差（MARE）、相对误差的标准差（SRE）这三项指标，展现了其预测性能。

基准模型的预测性能　　表 3-8

性能指标	MARE（%）	MRE（%）	SRE（%）
	20.4	4.7	17.9

正如预期的那样，基准模型预测的行程时间有较大偏差，平均相对误差为 4.7%，相对误差的标准差为 17.9%，平均绝对相对误差为 20.4%。简单地说，到达时刻的行程时间是离开时刻的行程时间平移路段行程时间后的值，因此简单地用到达时刻的行程时间预测离开时刻的行程时间将有如下问题：

（1）在拥堵状态下会低估行程时间（预测误差为负）；

（2）在拥堵消散状态下会高估行程时间（预测误差为正）。

1）训练敏感性分析

训练的过程是试图找出 SSNN 的最优参数。影响 SSNN 的结构，进而影响预测性能的几个重要因素有：隐含层神经元的数量、激活函数、初始权重、初始内部状态。前面两个因素决定 SSNN 的结构，后面两个初始化是 SSNN 训练的开始。选择 Sigmoid 函数为激活函数，令所有的初始内部状态为 0。因此，下面研究 SSNN 对隐含层神经元数量变化和初始权重变化的敏感性。

（1）隐含层神经元数量。

为了研究训练过程对隐含层神经元数量变化的敏感性，分别构建了 6 种不同的 SSNN 结构（隐含层神经元个数分别为 2、3、4、6、8、10）进行研究。对于每个 SSNN，根据对初始权重进行优化（Nguyen 和 Widrow，1990）。表 3-9 是对于路段 1、7、11，隐含层神经元个数不同时的训练结果。误差随学习次数的增加而降低，经过 100 次学习后，误差降低的幅度减小，甚至保持不变。

不同学习次数和不同隐含层神经元个数的平均相对误差结果(%)　表 3-9

项　目	训　练　次　数						
	20	40	60	80	100	150	200
路段 1							
2	22.1	18.3	17.7	13.5	11.4	11.4	11.4
4	26.3	21.3	16.7	12.3	8.6	7.2	7.2
6	29.5	22.4	17.5	13.7	7.1	6.8	6.8
8	30.6	24.9	19.6	12.8	8.9	7.7	7.7
10	2.4	26.9	18.3	13.4	9.4	6.2	6.2
路段 7							
2	30.6	22.6	18.5	16.7	14.3	14.2	14.2
4	27.2	22.1	16.9	12.3	7.1	7.1	7.1
6	28.6	23.1	19.2	14.7	6.3	6.2	6.2
8	28.2	21.3	17.5	12.2	6.2	6.2	6.2
10	30.6	25.8	20.6	14.9	8.7	6.7	6.7
路段 11							
2	26.2	23.4	20.9	16.4	15.3	15.3	15.3
4	28.3	22.9	16.2	11.3	8.6	7.5	7.5
6	31.7	26.4	20.5	15.1	9.7	6.3	6.3
8	30.6	27.5	22.4	16.5	10.1	8.4	8.4
10	34.9	29.8	22.4	17.2	12.5	7.4	7.4

训练后,利用验证数据对不同结构的 SSNN 进行评估,这里用于验证的数据不同于前面训练所用数据。

训练过程中,隐含层神经元个数越多,得到的误差越小,这说明,相对于简单的模型,复杂的模型(神经元个数多)更适于数据的拟合。然而,由表 3-10 可看出,复杂的模型有时也不适于后期的数据拟合。从三个路段来看,隐含层神经元个数为 4 个、6 个的 SSNN 的性能优于其他的。

基于以上分析,下面选择隐含层神经元个数为 4 的 SSNN 进行研究。其主要原因是:

①对于路段 1、7、11 来说,隐含层神经元个数为 2 的 SSNN 的 MARE 指标分别为 13.4%、15.7%、16.2%,结果比隐含层神经元个数多于 2 的路段性能差;

②隐含层神经元个数为4个和6个的SSNN的性能没有显著差异；

③隐含层神经元个数为4的SSNN性能优于隐含层神经元个数为3、8、10的。

不同的隐含层神经元个数的MARE结果(%)　　表3-10

项目	隐含层神经元个数					
	2	3	4	6	8	10
路段1	13.4	13.1	10.2	9.3	15.2	12.3
路段7	15.7	11.3	8.4	7.5	11.5	12.9
路段11	16.2	15.4	9.5	13.8	8.2	17.3

(2)初始权重。

值得注意的是,前面的训练过程是基于初始权重参数设置的。如前所述,虽然神经网络的输出结果类似,但是初始权重不同的神经网络训练得到的权重结果不同。另外,采用的训练方法不同,得到的权重也会不同。实际中,在多维权重空间中绘制整个权重的分布图是非常耗时的,甚至是不可能完成的。

这里,我们初步探讨其可能的权重解,初始权重取自服从均值为0的正态分布随机值。选取均值为0,方差分别为0.1,0.5,1,5,10,100的正态分布随机值。对于每个分布,随机选取10组权重参数。针对路段1,共有60组初始权重用于训练,学习次数超过200次时停止训练。

由表3-11观察到,初始权重取自方差较小(0.1,0.5)的正态分布的SSNN的误差指标(MARE)均小于9%,初始权重取自方差较大(10,100)的正态分布的SSNN性能也较好。仔细观察表3-11,发现有48组初始权重对应的SSNN结果MARE小于9%。

不同权重设置的训练结果(MARE)　　表3-11

项目 / 方差	10组初始权重结果									
	1	2	3	4	5	6	7	8	9	10
0.1	6.8	7.3	7.9	7.4	7.3	7.5	7.4	7.3	7.3	7.5
0.5	8.2	7.6	7.4	7.2	7.3	7.5	7.4	7.3	7.6	7.3
1	8.7	11.3	7.4	9.2	7.3	7.6	10.6	12.7	8.6	7.4
5	7.9	10.2	7.3	7.5	7.3	8.3	7.5	7.2	8.9	6.1
10	7.5	10.3	11.8	7.3	8.4	8.4	7.2	8.3	9.2	6.1
100	10.3	10.2	17.4	8.4	7.3	7.5	7.4	10.4	8.2	8.5

图 3-39 为 48 组初始权重的柱状分布图。虽然少部分权重超出了区间[-50,50],但是,大部分权重都集中于区间[-10,10]。特别是出现在 0 左右的权重频率最高。这可能是由两种原因引起的:首先,输入和输出被标准化到[0.1,0.9]之间的数值;其次,与非线性处理过程相关的试验数据在一个广泛的范围内变化。因此,最小值趋于 0,数据标准化后,训练数据之间的差距就会缩小。虽然,用 60 组初始权重参数代表整个权重解的分布是不充分的,但是这项研究至少为以后的实际应用奠定了一定的基础。

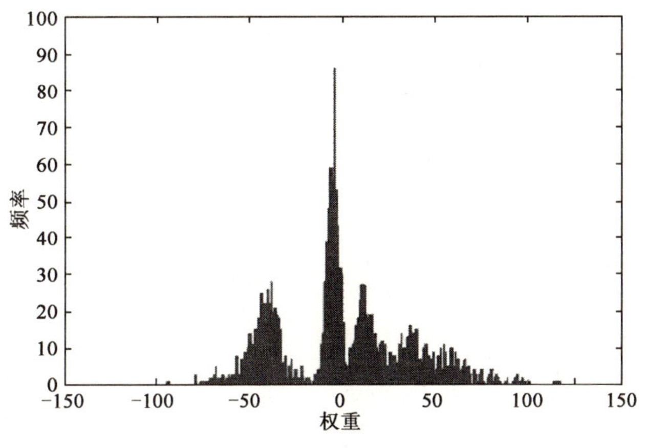

图 3-39　权重柱状分布图

2)预测性能分析

经过训练后,SSNN 就可以作为描述路段交通过程的模型。下面将分析 SSNN 模型预测的整体性能。首先,给出经过批量训练算法训练的 SSNN 的性能。批量训练后,确定了前面提出模型的参数值,给出不同的行程时间预测结果。然后对批量式训练算法和增量式训练算法的性能进行了比较。

(1)批量式训练结果。

表 3-12 给出了前面提出的模型前 30min 以内的预测结果,其性能明显优于基准模型结果。最差情况的 MARE、MRE、SRE 指标分别为 14.8%、4.2%、12.9%。在仿真中,我们认为该模型能预测前 30min 以内的行程时间,证明模型能准确预测城市路网的行程时间。然而,在实际中,很难得到边界交通流量和转向率数据。因此,实际情况下的城市道路行程时间预测,将会更复杂和困难。

(2)增量式训练结果。

表 3-13 给出了该模型增量式算法训练后的结果。增量式训练算法与批量式训练算法的主要差别是每次学习后都更新权重值。显然,批量式训练的模型

性能明显优于增量式训练的模型。增量式训练的模型的所有性能指标(MARE、MRE、SRE)大约是批量式的2倍。在增量式训练的情况下,当预测20min及20min以上的行程时间时,该模型性能甚至比基准模型更差。这说明,由增量式训练得到的权重不适于在线行程时间预测。这是由于观测的行程时间值只有在车辆行程完成后才能作为有效数据。显然,增量式训练的模型只能跟踪到达时刻的行程时间,而不能离开行程时间曲线。特别地,在拥挤产生和消散的过程中,该模型的预测结果是明显滞后的。

模型对于不同预测时间内的预测性能 表3-12

性能指标	预测时间(min)						
	1	5	10	15	20	25	30
MARE(%)	6.9	6.3	7.6	7.9	12.3	13.4	14.8
MRE(%)	2.7	1.9	3.2	3.6	3.7	2.8	4.2
SRE(%)	7.7	7.2	8.1	9.9	10.4	11.8	12.9

增量式训练的模型的预测性能 表3-13

性能指标	预测时间(min)						
	1	5	10	15	20	25	30
MARE(%)	13.4	14.6	17.9	19.1	21.2	25.7	29.2
MRE(%)	4.5	4.8	6.1	6.7	8.2	8.1	10.3
SRE(%)	14.3	13.2	15.8	15.9	18.2	22.3	26.4

3)鲁棒性分析

前面我们用准确率为100%的仿真数据对提出的模型进行了验证。然而,在实际情况下,由实时交通检测系统采集到的数据经常含有异常值和缺失值。异常数据是指由设备测量误差产生的不准确数据。这里,行程时间预测模型的鲁棒性是指处理含有异常数据和缺失数据情况的能力。更确切地说,鲁棒性是指模型处理异常数据和缺失数据的一种性能。一个好的预测模型是:对于含有异常数据和缺失数据的输入,模型仍然能得到合理准确的预测值。

显然,那些异常数据直接影响模型的离线训练和在线运行。在训练过程中,异常数据导致权重参数落入错误的权重区间,因此将产生错误的模型。通常,训练过程是在离线状态下运行的。在离线的状态下,我们有足够的时间重构缺失数据、修正异常值。然而,在线运行时,要求在很短的时间内计算出行程时间,而且在在线运行情况下,输入模型的数据中很可能包含缺失值和异常值。下面研究训练好的模型,在线运行中输入数据包含缺失数据和异常数据情况下的性能。

(1)缺失数据。

从前面12组验证数据中，选出28个作为缺失数据，7个作为异常数据。如果考虑全部线圈检测器及所有缺失数据和异常数据的可能组合情况，则需要的验证数据量是非常大的。因此，这里我们只针对布设在路段1、4和9的检测器进行研究。根据4种不同的数据缺失严重程度（5%、10%、15%和20%）生成缺失数据。例如，第一种严重程度为5%的意思是验证数据集合中缺失数据的比例占5%。以生成5%缺失数据的过程为例，具体步骤如下：

步骤1：在每个时间点，取一个在[0,1]区间服从均匀分布的数据；

步骤2：如果这个值小于等于0.05，则这个时间点的数据标记为缺失数据；

步骤3：用一个错误值代替真实值（为了比较，本文分别用0.2、0.5和0.8代替）。

共有84组人工制造的缺失数据集。表3-14是SSNN对于所有的人工制造的缺失数据集的MARE性能指标结果。无论采用哪个值（0.2、0.5或0.8）代替缺失数据，模型的性能都随缺失数据所占比例的增加而降低。明显地，用0.5代替缺失数据产生的效果最好。结果表明，对于缺失数据比例在10%以内时，简单的方法就能使得SSNN保持很好的效果。分析原因可知，这是由于0.5代表所有输入的平均值的原因。选择0.5作为代替值，原因是它不至于偏离正确值太远，从而降低模型的性能。

表3-14表明，出现缺失数据的检测器个数越多，模型的性能越差。在3个检测器都出现缺失数据的极端情况下，当缺失数据所占比例为5%时，MARE达到40%以上。

由此得出初步结论：在只有一个检测器出现缺失数据且缺失比例低于10%时，SSNN的行程时间预测可以保持一定的鲁棒性和稳定性，其他数据缺失严重的情况则需慎重考虑。

缺失数据情况下UROU性能指标MARE的结果 表3-14

检测器编号	用0.2替换				用0.5替换				用0.8替换			
	5%	10%	15%	20%	5%	10%	15%	20%	5%	10%	15%	20%
1	26	38	54	62	11	20	34	48	22	36	52	78
4	24	42	58	71	10	18	36	51	21	37	48	86
9	28	37	49	65	10	19	34	46	26	41	56	81
1,4	37	53	72	84	25	44	57	73	31	48	68	85
1,9	34	47	65	86	27	49	62	81	29	52	72	86
4,9	36	532	69	78	31	43	59	78	32	55	74	91
1,4,9	48	62	81	97	42	68	86	98	41	58	72	96

(2)异常数据。

生成异常数据的步骤与生成缺失数据的过程相似。选定标记了要替换数据的时间点后,我们用在正确值的基础上增长一定比例(-10%、-5%、5%、10%)后的值代替正确值,作为异常数据。表3-15和表3-16和表3-17分别为同时有1个、2个和3个检测器出现异常数据并预测10min内的行程时间时,SSNN的性能指标MARE的结果。仅仅当异常数据所占比例低于10%且为正确值增长比例为-5%或5%的异常值时,MARE才低于20%。随着异常数据比重的增加或正确值增长比例的增加,SSNN的性能迅速降低。

路段1采集的数据中包含异常数据时模型的MARE性能指标 表3-15

异常数据比例	增长比例			
	-10%	-5%	5%	10%
5%	23	11	12	22
10%	28	19	18	32
15%	42	33	29	48
20%	68	46	56	74

路段1、4采集的数据中包含异常数据时模型的MARE性能指标 表3-16

异常数据比例	增长比例			
	-10%	-5%	5%	10%
5%	34	21	26	41
10%	58	38	45	63
15%	73	52	61	79
20%	84	68	72	89

路段1、4和9采集的数据中包含异常数据时模型的MARE性能指标 表3-17

异常数据比例	增长比例			
	-10%	-5%	5%	10%
5%	49	36	34	46
10%	62	48	45	75
15%	78	64	66	82
20%	96	73	82	98

3.7 小　结

本节用准确率为100%的仿真数据对提出的模型进行了评价。在实际应用之前，利用仿真数据对该模型进行验证，是因为我们能控制仿真环境中的交通状态类型，能在设计的各种交通场景中对模型进行测试。交通仿真为该模型的评估提供了较好的数据基础。

在三种交通状态（轻度拥挤、中度拥挤和重度拥挤）下，对提出的模型进行了验证。结果表明，该模型能准确地预测行程时间，性能优于基准模型。

本节主要对SSNN关于隐含层神经元数量的改变和初始权重的变化的敏感性进行了研究。仿真结果表明，隐含层神经元个数为4的与大于4的结果之间没有明显差异。初始权重取自方差较小正态分布的，训练结果较好。

最后，对该模型在存在缺失数据和异常数据时的性能进行了测试。结果表明，当缺失数据和异常数据所占比例低于10%时，该模型的性能仍保持较高水平。由此证明，该模型能满足目标要求，可以提供鲁棒的、准确的行程时间预测。

4 行程时间可靠性预测技术

可靠度是一门发展完整的工程学科。可靠度理论已经在电子工程、软件工程、机械工程以及运输系统中得到了广泛运用。一个国家和地区的经济发展很大程度上依赖于既有效又可靠的交通系统来提供可达性。事实上,在发生诸如地震、洪灾、飓风等自然灾害的情况下,交通系统已经被认为是最重要的生命线,其他生命线(如供水系统、电能系统、排水系统、通信系统等)的修复也很大程度上取决于交通系统的运送能力。不可靠的交通系统将延误救援过程,不仅会增加经济损失,也将增加难以估计的伤亡。

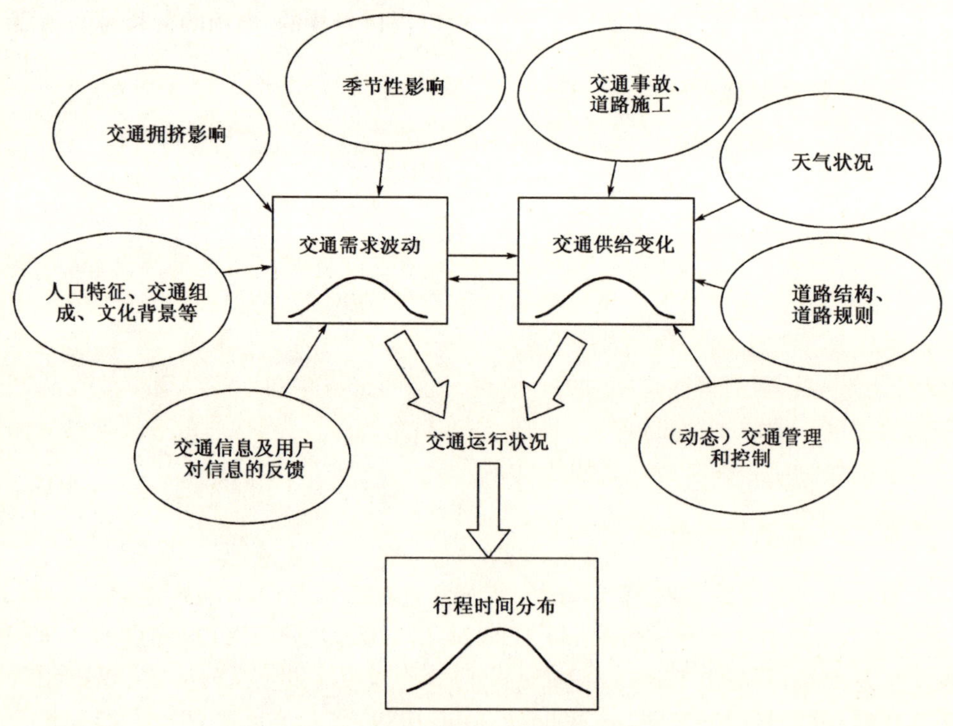

图 4-1 行程时间可靠度影响因素示意图

交通系统的可靠度不仅要考虑自然灾害的破坏,还需要考虑常规性的交通拥挤所造成的影响。由于地震、恐怖袭击、洪灾、恶劣的天气、交通事故、汽车抛锚、信号灯故障等造成的道路条件变化会影响交通可靠度;每天高峰时段固定的、居高不下的交通量也会影响交通系统可靠度。路网可靠度是由多种因素综合作用形成的。图4-1列出了行程时间可靠度的影响因素示意图。由图可以看出,如何定量、定性地分析各种因素对路网可靠度的影响是交通工程研究人员面临的一个挑战。

本章介绍了路网可靠度研究的背景,综述了国际上已有的对路网可靠度的研究方法,最后对现有的方法进行了简单的分析,提出了新的行程时间可靠度的量化方法。

4.1 可靠度研究概述

在交通领域,关于可靠度,不同的研究人员给出了不同的定义。下面列出了常见的几种定义方法:

(1)出行者能在预定时间内完成出行的概率。

(2)给定路径内行程时间的变化范围。

(3)突发事件对路网的影响,如交通拥挤的程度等。

这些定义认为可靠度是系统性能的重要指标之一。与可靠度接近的几个概念有:变异性(Variability)、路网鲁棒性(Robustness)和路网脆弱性(Vulnerability)。变异性是指一个过程(如交通)的结果(如行程时间)的变异程度,或者说是(统计)分布的离散程度。变异性不能反映可预测性,但其反映了可预测性中的不确定性。在运输工程领域中,路网鲁棒性是指路网不受事故等干扰影响的程度,通常与路网脆弱性是相对的。路网脆弱性是指路网性能易受事故等干扰影响的程度。通常来说,鲁棒性和脆弱性是指系统特性本身,而可靠度和变异性侧重于提供测定一种服务水平稳定性的方法。

4.1.1 可达性可靠度

可达性可靠度是指路网节点之间能相互连通的概率(Iida and Wakabayashi, 1989; Bell and Iida,1997;Asakura, Hato et al. ,2001)。可达性可靠度的一个特殊例子是终端可靠度(Terminal Reliability)。终端可靠度定义为给定 *OD* 的情况下存在路径的可能性(Iida and Wakabayashi,1989)。对于每个 *OD* 而言,如果至少由一条路径可连通,那么路网就是可靠的。每条路径都可用0或1来表示完好或不完好。Bell,Iida（1997）和 Asakura，Hato 等人（2001）认为路网的每个路段都是相互独立的,成概率分布的二元模式。这个二元模式代表了路段完好或不完好。可达性可靠度研究多是基于图论理论来进行研究的。

图 4-2 给出了一个简单的可达性可靠度的例子。在给定的 *OD* 起讫点间,有两条路径(路径 1 和路径 2)。对于可达性可靠度来说,如果在路径 1 某个地段发生了地震,造成了路径 1 的某些车道关闭,则其可靠度是 0。这种方法简单、直观,适合分析重大自然灾害对于交通的影响。近几年来,越来越多的学者也开始用概率的方法来描述可达性可靠度,而不是仅仅用二元模式。

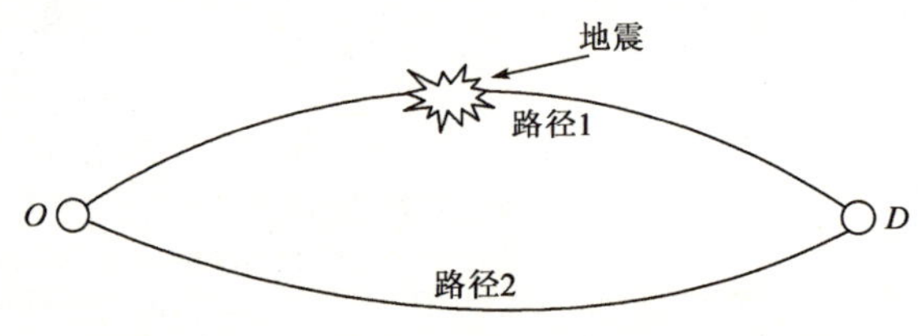

图 4-2 可达性可靠度示意图

4.1.2 通行能力可靠度

通行能力可靠度定义为路网在满足一定服务水平的基础上能够承担一定交通需求的概率(Chen，Yang et al. ,2002)。路网的路段通行能力受诸如车道关闭、交通事故等因素的影响而随时间变化。路段的通行能力分布可由经验数据或者理论分析而得到。通行能力可靠度考虑了每个路段通行能力由于道路结构或外界因素造成的不确定性。Chen，Yang 等人(2002)提出了路段通行能力的变化,并用敏感性分析的方法来评估突发事件对流量造成的影响。同时,利用蒙特卡罗算法来分析复杂的网络及互相影响的路段通行能力。

Chen，Yang 等人假定交通需求和通行能力都服从一定的分布,如图 4-3 所示,而不是一个固定值,应用蒙特卡罗算法来对路网进行仿真,得到了路网通行能力可靠度。图 4-4 显示了通行能力随着交通需求的变化而变化的示意图。对于低交通需求时,通行能力可靠度可以维持到百分之百的可靠度。但随着交通需求的不断增加,通行能力可靠度开始降低,直到路网变得完全不可靠。

4.1.3 行程时间可靠度

行程时间作为描述路网性能的一种方法,已经得到了技术人员和非技术人员的广泛认可。相应地,在过去的 20 年内,已经有多个关于行程时间可靠度的计算方法研究，如：概率方法、标准偏差、TTS（Travel Time Skew）、加利福尼亚算法、佛罗里达算法、德克萨斯州缓冲指标和MI（Misery Index）等。表4-1列出了各种计算行程时间可靠度的方法。

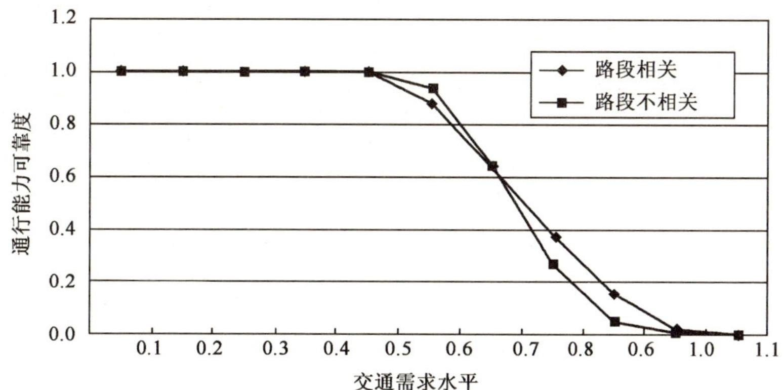

图4-3 路网通行能力可靠度示意图

注：来源于 Chen, Yang, Lo and Tang 2002。

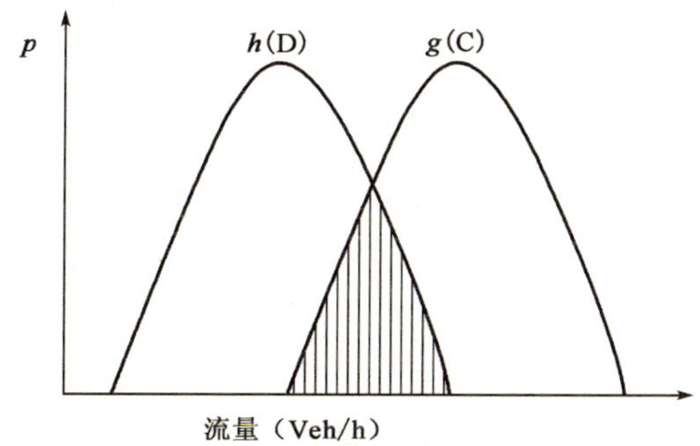

图4-4 交通需求和通行能力分布图

注：C 通行能力；D 交通需求

（1）概率方法。

行程时间可靠度定义为满足一定服务水平的出行能在规定时间内完成的概率（Asakura and Kashiwadani, 1991；Asakura, 1996；Du and Nicholson, 1997；Bell, Cassir et al. 1999；Yang, Lo et al. 2000）。例如，Asakura 和 Kashiwadani（1991）用在给定起讫点的一条路径中车辆能在一定时间内完成的概率来定义行程时间可靠度；Bell, Cassir 等（1999）采用了类似的方法，但其采用了交通均衡敏感性分析来克服计算耗时的难题。Du and Nicholson（1997）的方法与前面的研究大致相同,但其首次提出了多种交通出行模式下的网络变化。这个行程时间可靠度的方法是一个连续性的概率模型。

行程时间可靠度计算方法　　表4-1

类别	简称	公式	注释
统计方法	STD	$\sqrt{\frac{1}{N-1}\sum_N (TT_i - M)^2}$	行程时间分布的标准方差
	COV	$\frac{STD}{M}$	行程时间分布的协方差
缓冲指数	BI	$\frac{TT_{90} - M}{M}$	出行者为了保证按时到达目的地所预留的相对时间
不利指数	MI	$\frac{M\mid_{TT_i > TT_{80}} - M}{M}$	最差出行次数占总出行次数的比例
概率方法	$PR(\alpha)$	$P(TT_i \geqslant \alpha \cdot TT_{50})$,例如:$\alpha = 1.2$	在给定的一定时间内,可以到达目的地的概率

(2)标准方差。

行程时间的标准方差结合平均时间作为可靠度指标(National Research Council,1997)。简单来说,就是平均行程时间加减一个方差的时间范围,见式(4-1)。

$$时间范围 = 平均时间 \pm 方差 \tag{4-1}$$

(3)TTS(Travel Time Skew)。

TTS是一个基于百分位行程时间的方法,就是90%分位数与中位数的差值除以中位数与10%分位数的差值(Van Lint, Tu et al. 2004;Van Lint and Van Zuylen 2005),见式(4-2)。

$$\lambda^{skew} = \frac{T_{90} - T_{50}}{T_{50} - T_{10}} \tag{4-2}$$

式中:T_{xx} ——第 xx 分位数;

λ^{skew}——行程时间分布的偏斜度。

在交通拥挤产生和消散阶段,λ^{skew}值远远大于1,而当交通处于严重拥挤状态的情况下,这个值就远远小于1。在自由流车速的状态下,λ^{skew}近似等于1。

因此,该值越大,就表示越不稳定(或可靠)。同时也就能把交通状况划分为三个状态:自由流、拥挤和边界状态。

(4)加利福尼亚算法。

1998 年加利福尼亚运输局(Booz and Hamilton August,1998)定义可靠度为期望值与实际值的差值。“可靠”路段是指那些行程时间变化不大的路段,而“不可靠”路段是指那些时间变化大的路段。图 4-5 所示为该方法的基本原理。

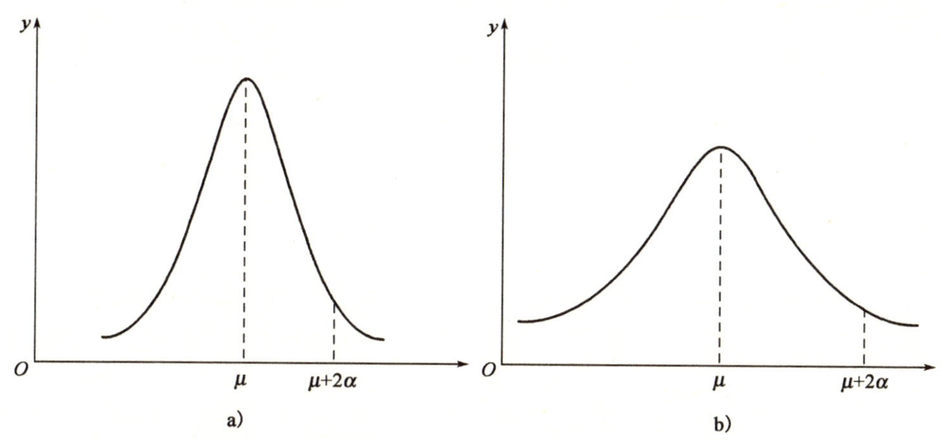

图 4-5 加利福尼亚算法的原理显示(μ:平均值;σ:标准方差)

a)比较可靠的行程时间分布;b)比较不可靠的行程时间分布

(5)佛罗里达算法。

佛罗里达算法(Shaw and McLeod July,1998)采用了交通系统中交通走廊的行程时间期望值加上一个可接受的额外时间,而不仅仅局限于路段层次上。因此,这个算法就需要确定三个组成元素:行程时间、期望值和可接受的额外时间。这个可接受的额外时间可以用一个期望值的百分数表示,如:现在常用 5%、10%、15% 和 20% 等值。那么,交通出行的可靠度就可以由给定时间内完成出行的概率来表示,如式(4-3)所示。

$$R(t) = P(t \leqslant T + D) \tag{4-3}$$

式中:t——交通走廊的实际行程时间;

T——给定交通走廊的行程时间中位值;

D——可接受的额外时间。

(6)德克萨斯州缓冲指标。

作为《城市机动性报告》的一部分(Urban Mobility Report,2002),2002 年德克萨斯州交通研究室提出用 95% 分位数与中位数之差和中位值的比值作为行程时间可靠度的指标，如式(4-4)所示。

$$\text{缓冲指标}(BI)=\frac{95\%\text{分位数}-\text{中位数}}{\text{中位数}}\times 100\% \tag{4-4}$$

该指标假设95%分位数是用户出行可接受的阈值。采用这个值的解释是："每个月上班迟到一次不会带来太大麻烦。"也就是说，在1个月20天的工作日中，可以保证行程时间95%的可靠度(1 - 1/20)。

(7) MI(Misery Index)。

出行可靠度的不利方面就是最差的几次出行的平均行程时间，如式(4-5)所示。例如，可以采用20%最差的出行(指行程时间长的)。

$$MI=\frac{20\%\text{最差的出行的平均时间}-\text{所有出行的平均时间}}{\text{所有出行的平均时间}} \tag{4-5}$$

4.1.4 小结

可达性可靠度是指能否到达目的地的可能性。这种方法，也许适合于非常规状况，如发生地震、洪灾、飓风等自然灾害时。但这种方法不适合于用来分析常规性交通拥挤状态。这是因为在常规交通拥挤状态下，某路段发生拥挤，但此路段的通行能力并不是零。通行能力可靠度可以找出路网中的关键路段。路网规划管理人员和普通用户都对这两种方法感兴趣。但是，路网的通行能力受因交通事故导致车道关闭等因素的影响将随时间而变。Yang, Bell 等(2000)研究得到路网通行能力不仅取决于路段通行能力，而且与交通需求水平、拥挤程度和路径选择有关。对于用户来说，也许行程时间可靠度是最直观的，同时也易于理解。

4.2 行程时间可靠度影响分析

如前所述，行程时间的变异性的原因可能是交通需求、通行能力，或者是由这两种因素的综合作用所产生的。本节先对经验数据进行了试验设计，然后从交通流量、路网特征、天气变化三个方面来进行实例分析，最后对荷兰政府的行程时间可靠度目标进行了经验数据分析。

4.2.1 数据准备

为了利用经验数据研究行程时间变异性和行程时间可靠度模型，本节给出了实际情况下一般的行程时间可靠度研究框架(图4-6)，其包括几个关键因素：

数据源、数据整合、历史数据库等。

图4-6采用了两种数据资源：交通状态的交通数据采集系统（Regiolab—Delft）；用于交通环境因素的数据采集系统，如天气等。这两个数据资源包含如下信息：

（1）交通流量。交通流量是指在给定的时间段内，通过道路某一地点、某一断面或某一条车道的车辆数。流率是指等价的小时流量，即将在给定的小于1h的时间间隔内（通常是5～15min）通过道路某一地点、某一断面或某一条车道交通体的数量换算成小时流量。本研究中，应用流率数据来表征交通需求。

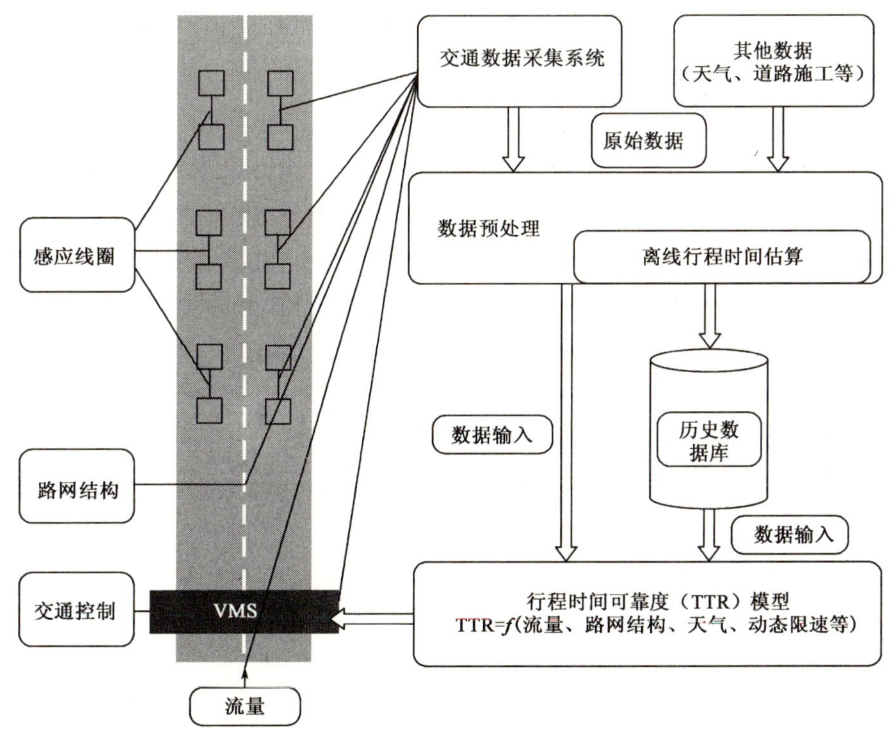

图4-6 实际数据行程时间可靠度模型建立的一般框架图

（2）速度。速度数据由感应线圈检测器采集得到，因此为时间平均速度。

（3）道路几何形状。高速公路的特征，如车道数、出/入口匝道的位置、瓶颈路段的位置、减速和加速车道的长度等。

（4）交通控制措施。交通控制措施包括交通动态限速、静态限速、匝道控制等信息。

（5）天气状况。天气数据来源于荷兰气象研究所的遍布荷兰的37个气象观测站。一年内每隔 1h 采集一次天气数据，测量多种天气变量，如雨、雾、冰、暴风、雪等。

在实际情况中，交通数据是由实时交通检测系统采集得到的，常常含有异常数据和缺失数据。因此，修正和(或)重构缺失数据或异常数据是数据处理中非常重要的环节。一般情况下，数据处理过程有三项内容：

(1)数据检查：应用采集到的交通数据前，对可能存在的问题(如缺失数据)进行确认。

(2)数据重构：用一个合理值代替数据中的空缺值。

(3)数据校对：重新检验新得到的数据集合的有效性和一致性，如果需要则进一步重构/调整数据。

解决缺失数据或异常数据的方法有很多：空值代替、简单估算、模型估算、多重填补等。本章采用简单估算方法修正异常数据。

由于在 Regiolab—Delft 交通检测系统中不能测量到行程时间数据，因此，为了建立行程时间可靠度模型，需要一些将局部测量值(如流量、速度)转化为行程时间的工具。本章采用所谓的分段线性速度基准算法(PLSB)估计相邻高速公路路段组成的路径的行程时间。PLSB 方法基于安装在路径上连续的检测器采集到的时间序列的速度、流量数据，重构车辆的行驶轨迹和平均行程时间。PLSB 算法和简单估计算法的结合为离线的行程时间估计提供了坚实的基础。

历史数据库是由过去交通系统的观测数据构成的。假设离线估计行程时间，测量数据来自于沿线布设的交通采集系统和其他数据源的数据集合，针对大量的出发时间建立一个大规模的历史数据库。在历史数据库里，每条高速公路线路和时间段都对应着一个该时间段内离开的车辆行程时间估计、来自于所有相关检测器的测量值及其他数据资源(如入口流量、速度等)。根据历史数据库建立行程时间可靠度模型。

数据来源于包括高速路网、省道、荷兰西南部两个主要城市 Hague 和 Rotterdam 的城市路网的 6 条高速公路路段。表 4-2 给出了 6 条高速公路路段的入口、出口匝道和交叉路段的信息。

下面简要介绍一下 Regiolab—Delft 的 6 条高速公路路段的主要特征(图 4-7)：

编码 1201：A12 高速公路上由西向东方向的长 17.28km 的路段，包含 4 条入口匝道和 3 条出口匝道。该路段位于 Hague 和 Gouda 之间。

编码 1211：A12 高速公路上由东向西方向的长 15.52km 的路段，包含 6 条入口匝道和 5 条出口匝道。该路段位于 Gouda 和 Hague 之间。

Regiolab—Delft 的高速公路路段信息概要 表 4-2

编　　码	高速公路	方　　向	每 10km 匝道数量	路线长度(m)
1201	A12	东	4.1	17280
1211	A12	西	7.1	15520
1301	A13	东南	8.5	10590
1501	A15	东	7.2	9725
2001	A20	东北	6.7	10500
2011	A20	西南	7.0	17215

注:匝道包括入口匝道、出口匝道及交叉路段。一条交叉路段有两条匝道(一条入口匝道和一条出口匝道)。

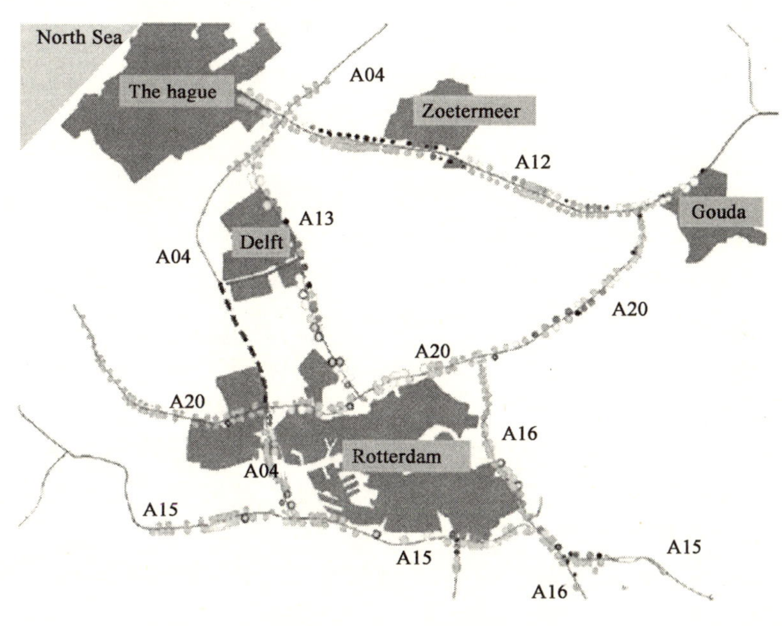

图 4-7　Regiolab-Delft 交通检测分布图

编码 1301:A13 高速公路上东南方向的长 10.59km 的路段,包含 2 条入口匝道、3 条出口匝道以及 2 条交叉路段。该路段位于 Hague 和 Rotterdam 之间。

编码 1501:A15 高速公路上由西向东方向的长 9.725km 的路段,包含 2 条入口匝道、1 条出口匝道以及 2 条交叉路段。Rotterdam 的 Harbour 依靠水路、铁路、管道和一条高速公路与 A15 高速公路相连。该路段将 Rotterdam 的 Harbour 与 Rotterdam 城区连接起来。

编码 2001：A20 高速公路上东北方向的长 10.50km 的路段，包含 4 条入口匝道和 3 条出口匝道。该路段位于 Rotterdam 城区和 Gouda 之间。

编码 2011：A20 高速公路上西南方向的长 17.215km 的路段，包含 5 条入口匝道、5 条出口匝道和一条交叉路段。该路段位于 Gouda 和 Rotterdam 城区之间。

荷兰数据有效性验证：用于行程时间可靠度模型建立的数据是 2004 年采集的。A12 高速公路 2005 年的数据用于行程时间可靠度模型的验证。注意到，由于验证其他因素（如恶劣天气状态等）的数据不充分，这里仅仅对主要因素入口流量进行了验证。

北京快速路数据有效性验证：为了在北京验证本章的行程时间可靠度模型，从北京市北部（北京奥运会场馆区）的快速路和城市道路组成的混合路网中采集了实时的交通数据。这些数据来源于布设在北京二环路上东直门到西直门长 7.1km 的快速路上的感应线圈检测器，如图 4-8 所示。数据包含 2006 年 9 月 1 日到 11 月 30 日，每隔 10min 的时间平均速度和流量。

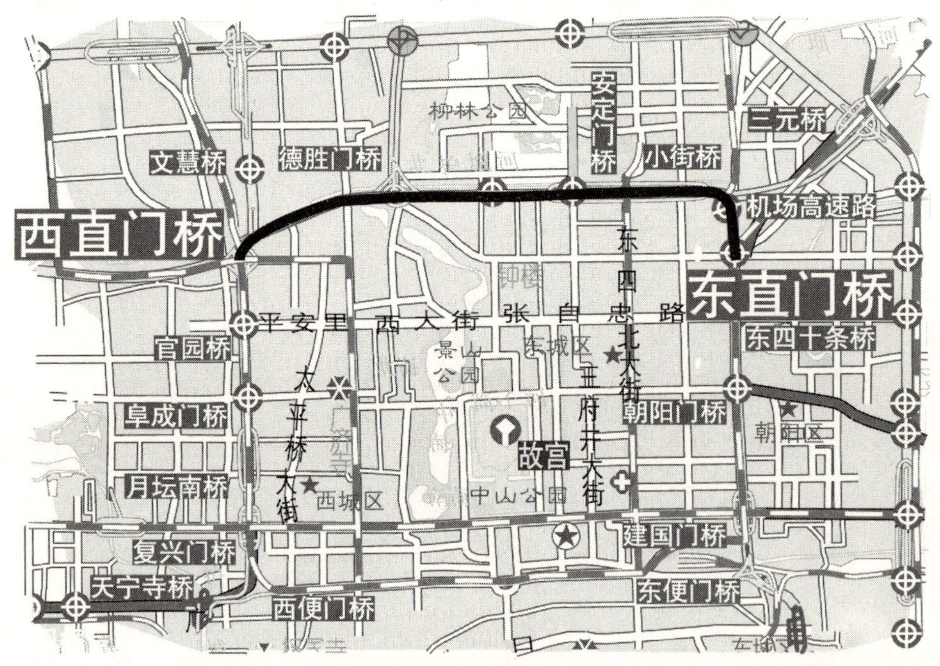

图 4-8 北京检测路线示意图

注：粗实线表示数据采集路段。

来源于北京城区快速路的数据常含有异常数据和缺失数据。通过 AD-HOC 过程,利用简单估算方法填充缺失值。由于北京数据中没有行程时间数据,因此本研究通过 PLSB 行程时间估计方法估算得到行程时间数据。

4.2.2 交通需求对行程时间可靠性的影响

4.2.2.1 流量对行程时间的影响

行程时间函数描述的是车辆进入路段 k 或路径 r 并到达路段 k 或路径 r 的终点所用的时间。最早的一个行程时间函数模型是 Irwin 等人于 1961 年提出的,该模型假设行程时间—流量模型是线性的。后续研究人员提出了一些曲线关系模型(Smock,1962; Soltman,1965; Overgaard,1967)。Mosher 于 1963 年提出了对数型和双曲型函数两种行程时间函数模型(Mosher,1963),Dacidson 于 1966 年针对城市道路提出了两种非线性行程时间函数模型(Davidson,1966)。目前应用最广泛的行程时间函数是 BPR 函数(Bureau of Public Roads,1964)。大部分行程时间—流量函数是关于流量的单调递增函数。然而,上面提到的线性、非线性行程时间函数都没有生成非常符合实际的行程时间曲线,这是因为在流量不变的情况下,实际行程时间随着环境的改变而改变。Branston 对已有的流量—行程时间模型作了总结,结果见表 4-3。

流量—行程时间函数综述 表 4-3

名　称	路 阻 函 数
Irwin 等(1961)	$t_a(v_a)=\begin{cases} t_a^f+\alpha_a v_a & v_a<C_a \\ t_a^f+\beta_a v_a+(\alpha_a-\beta_a)C_a & v_a\geqslant C_a \end{cases}$
Davidson(1966)	$t_a(v_a)=t_a^f\left(1+\alpha_a\dfrac{v_a/C_a}{1-v_a/C_a}\right)$
Akcelik(1991)	$t_a(v_a)=\begin{cases} t_a^f\left(1+\alpha_a\dfrac{v_a/C_a}{1-v_a/C_a}\right) & v_a<\rho C_a \\ t_a^f\left(1+\alpha_a\dfrac{\rho}{1-\rho}\right)+\dfrac{\alpha_a}{(1-\rho)^2}\left(\dfrac{v_a}{C_a}-\rho\right) & v_a\geqslant\rho C_a \end{cases}$
BPR(1964)	$t_a(v_a)=t_a^f\left[1+\alpha_a\left(\dfrac{v_a}{C_a}\right)^{\beta_a}\right]$
Smock(1962)	$t_a(v_a)=t_a^f e^{v_a/C_a}$

续上表

名　称	路阻函数
Soltman(1965)	$t_a(v_a) = t_a^f 2^{v_a/C_a}$
Overgaard(1967)	$t_a(v_a) = t_a^f \alpha_a^{\left(\frac{v_a}{C_a}\right)^{\beta_a}}$
Mosher(1)(1963)	$t_a(v_a) = t_a^f + \ln(C_a) - \ln(C_a - v_a)$
Mosher(2)(1963)	$t_a(v_a) = \alpha_a - \frac{C_a(t_a^f - \alpha_a)}{v_a - C_a}$

注:t_a 为路段 a 的行程时间,t_a^f 为路段 a 自由流状态下的行程时间,v_a 为路段 a 的流量,C_a 为路段 a 的通行能力。其他所有的未知数都是函数的非负参数,大部分行程时间方程都是基于路段的。

4.2.2.2　流量对行程时间分位数的影响

本章将基于实际数据对(路径层面)流量—行程时间分位数曲线进行研究。

显然,由图 4-9 可见,两个临界的入口流量(路段层面)将平面分成了三个区域。几个连续的路段组成一条路径。从基于路径层面的速度—流量平面图进行分析,必然导致如下问题:在行驶速度—流量关系中也存在两个临界流量吗?为了说明这个问题,图 4-9 给出了荷兰 A12 高速公路的行驶速度概率密度函数(2004 年,6:00～20:00,每隔 10min,区域越暗表示概率密度越高)。由图可见,图中速度不是局部或路段速度,而是(长 17.28km 的路径)行驶速度。因此,路径层面的交通流量也可分为三个区域。

(1)区间:$q_{in} < \lambda_t$。在该区间,整条路径处于自由流状态的概率最大,在自由流状态下,车辆的速度较高。虽然在畅通交通区域里有一些数据点(见图 4-9 左下方),但是交通发生拥挤的概率非常低(低于 2%)。在该区域,行驶速度是确定的、稳定的。

(2)区间:$\lambda_t \leq q_{in} \leq \lambda_c$。在该区间,一条路径上将具有不同的交通状态,可能是自由流,可能是同步状态(给定某个流量,速度由小变大),也可能是拥挤状态。这里,过渡交通区域可以包含同步状态和自由流状态的数据。由图 4-9 可见,过渡区域覆盖自由流交通状态区域(区域的顶端)和同步流交通状态区域(较低区域部分)。因此,在该区域,行驶速度是不确定且不稳定的。

(3)区间:$q_{in} > \lambda_c$。在该区间,交通流量大于通行能力,速度和流量都相对较高。虽然在畅通交通区域有一些数据点(见图 4-11 右侧中部),但是交通处于拥挤状态的概率是非常低的(不足2%),行驶速度相对固定。然而,在该区域,交通在下一时间段产生交通堵塞的可能性较高,因此,此时的交通流是不稳定的。

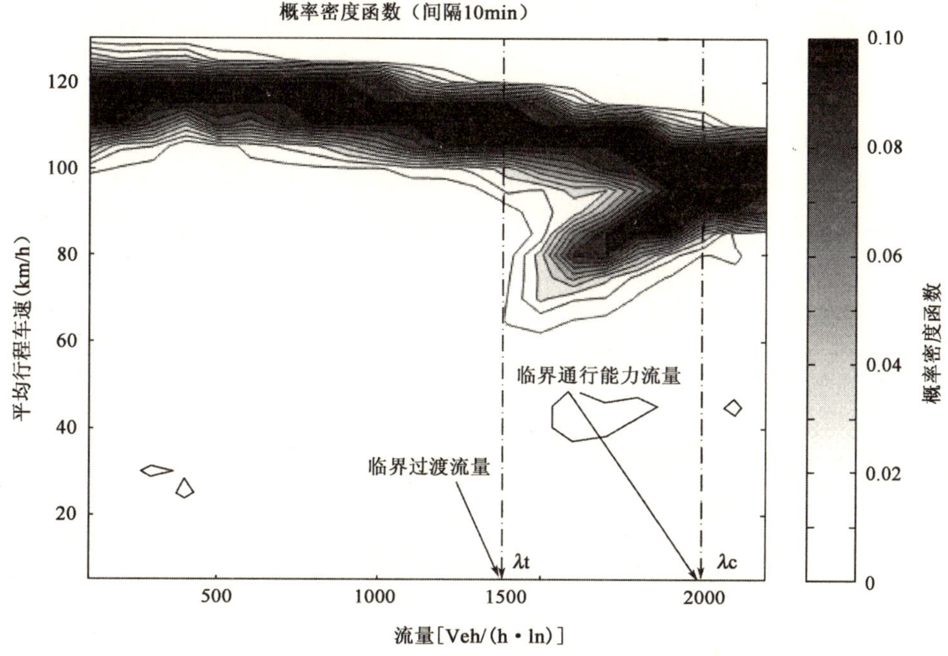

图4-9 行驶速度、概率密度与流量关系图

注:图中所示为A12高速公路上一段长17.28km通道的入口流量(2004年,6:00~20:00,每隔10min)。区域越暗表示概率密度越高。

实际的数据结果表明,入口流量—行程时间关系高度依赖于两个临界入口流量。因此,一种参数化入口流量—行程时间分位数函数如式(4-6)所示。

$$TT_{xx}=\begin{cases}f_1(q_{in})=t_{xx}^{f}\left[1+\alpha_1\left(\dfrac{q_{in}}{\lambda_t}\right)^{\beta_1}\right],q_{in}\leqslant\lambda_c\\ f_2(q_{in})=t_{xx}^{f}\left[\alpha_2\left(\dfrac{q_{in}-\lambda_c}{\lambda_c}\right)+\gamma_1\right],q_{in}>\lambda_c\end{cases}\tag{4-6}$$

式中:q_{in}——入口流量;

t_{xx}^{f}——自由流行程时间;

TT_{xx}——行程时间分位数,如 TT_{10}, TT_{50}, TT_{90} 分别指行程时间的10%分位数,50%分位数,90%分位数;

λ_t,λ_c——控制行程时间函数的两个临界流量值;

α_i,β_i——分别为控制函数关系形状的参数,需要根据已有数据估计得到。

其约束条件是：

$$f_1(q_{\mathrm{in}})\big|_{q_{\mathrm{in}}=\lambda_c} = f_2(q_{\mathrm{in}})\big|_{q_{\mathrm{in}}=\lambda_c} \tag{4-7}$$

$$0 < \alpha_1 < 1$$

$$\beta_1 > 1$$

$$\alpha_2 < 0$$

式中，$f_1(q_{\mathrm{in}})$ 为行程时间分位数，是入口流量小于 λ_c 时的入口流量函数；$f_2(q_{\mathrm{in}})$ 为行程时间分位数，是入口流量大于 λ_c 时的入口流量函数；参数 γ_1 可以由式(4-8)得到：

$$\gamma_1 = 1 + \alpha_1\left(\frac{\lambda_c}{\lambda_t}\right)^{\beta_1} \tag{4-8}$$

总之，我们主要的关注点不在于得到一个不同的 BPR 函数，而是了解入口流量—行程时间可靠度关系。特别地，分析这些临界入口流量是否能解释它们之间的关系。所有的参数能通过拟合得到，通过最小二乘法估计对于观测的行程时间 t 的行程时间 TT，如式(4-9)所示：

$$\min\sum_{i=1}^{n}(t_{xx}^{i} - TT_{xx}^{i})^2 \tag{4-9}$$

式中：t_{xx}^{i} ——第 i 个时间段内观测到的行程时间的 xx 分位数；

TT_{xx}^{i} ——第 i 个时间段内估计的行程时间的 xx 分位数；

n ——流量数据的样本量。

为了估计参数，可利用最小二乘法估计行程时间和观测行程时间误差平方和。具体的过程描述如下：

(1)数据准备。

步骤0：入口流量—行程时间离散化($\Delta q = 60$)，通过观察确定所有独立流量单元的行程时间分位数。行程时间分位数 t_{xx}^{i} 是在流量单元 q_{in}^{i} 内得到的，$q_{\mathrm{in}}^{i} = i \times \Delta q$，其中 $i = 1,\cdots,n$。

(2) λ_c 的确定。

步骤1：通过找出所有流量单元的行程时间分位数的最大值 $t_{xx}^{m}(m \leqslant n)$ 确定 λ_c，令 λ_c 等于相应的流量 q_{in}^{m}；初始化 $k = 1$。

(3)通过如下描述的迭代过程确定参数 λ_t，α_1，α_2，β_1。

步骤2：给定 λ_t 和 λ_c，通过最小化 t_{xx}^{i} 与 TT_{xx}^{i} 差的平方和得到 α_1，α_2，β_1。参数 λ_c 由步骤1得到，且 $\lambda_t = k \cdot \Delta q$，保存 $SE(k)$ 其中，$SE(k) = (t_{xx}^{k} - TT_{xx}^{k})^2$。

步骤3：令 $k = k + 1$。如果 $k < m$，转步骤2，否则转步骤4。

步骤4:找出向量 SE 的最小值 SE_{min} ,相应的 k 等于 k_{min} ,其中,$\lambda_t = k_{min} \cdot \Delta q$。

这里,入口流量间隔 Δq 的大小影响参数估计的精确性。每个入口流量单元的行程时间数据量越大,越能确定样本量对真实行程时间的影响。样本量的计算如式(4-10)所示。

$$ss = \frac{Z^2 \times p \times (1 - p)}{c^2} \tag{4-10}$$

式中:ss ——样本量;

Z ——Z 值,例如置信水平为95%的 Z 值是1.96;

p ——选择的百分数,用小数表示;

c ——置信区间,用小数表示。

本研究采用置信水平为95%,置信区间为2%计算样本量。因此,每个入口流量单元的样本量应大于1200。如果以一年的交通数据(365天,52560条记录)用于估计,入口流量单元的总数量应低于43个。这样,如果高速公路的通行能力是2400veh/(h · ln),则入口流量单元的样本量要大于56veh(h · ln)。本章选择入口流量单元的样本量 $\Delta q = 60$ 。

4.2.2.3 匝道入口流量对行程时间的影响

对于A12和A20高速公路,图4-10说明了与行程时间的10%分位数、50%分位数和90%分位数与入口流量的关系。显然,这些数据为入口流量临界值的存在提供了证据。

图4-10中,当入口流量在[λ_t,λ_c]时,行程时间90%分位数急剧上升。两条高速公路临界入口流量的差别可能是两个原因造成的。一个原因是单位长度道路上匝道的数量不同,匝道的数量对道路通行能力的改变有很大影响。A20高速公路的单位长度道路上匝道的密度是7.0/10km,明显高于A12高速公路(4.1/10km)。另一个原因是A12和A20高速公路在车辆组成上的差别。由于A20是从荷兰北部通往Rotterdam港口的主要道路,因此通过A20高速公路的货车的百分比明显高于A12高速公路。从两种情况可见,入口流量的临界过渡流量远远低于通行能力,在荷兰两车道、三车道的通行能力一般在2000 ~ 2200veh(h · ln)之间,见表4-4。

对于 TT_{90},临界入口流量参数估计[veh/(h · ln)] 表4-4

编　　码	临界过渡流量	临界通行能力流量
A1201	1380	1800
A2001	1200	1620

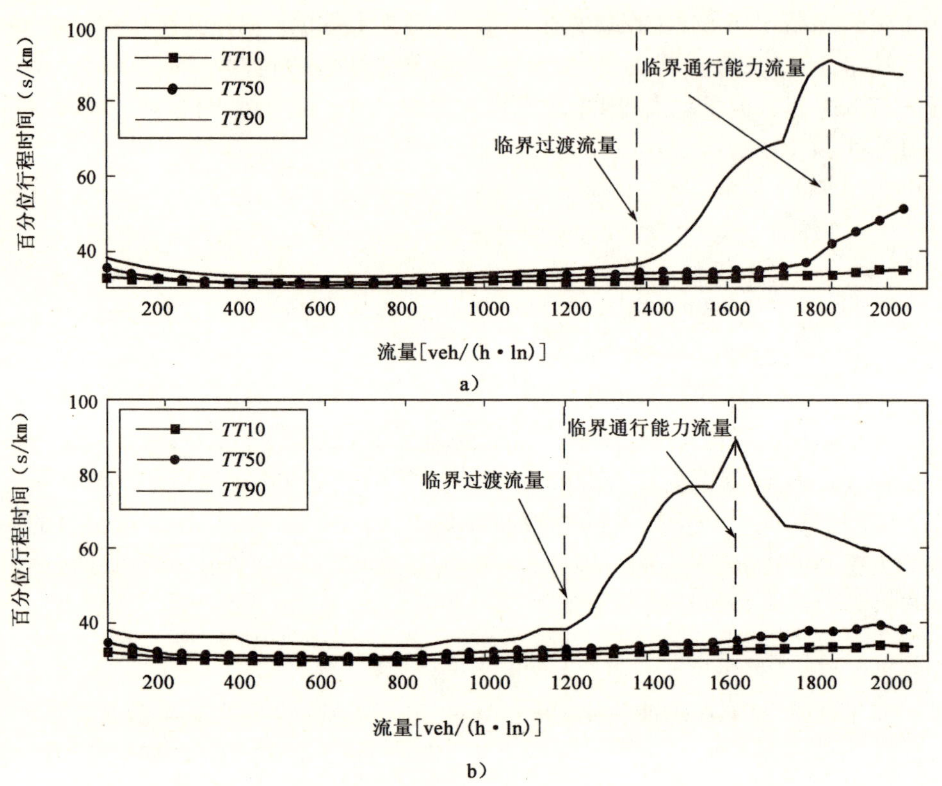

图4-10 荷兰 Regiolab—Delft 的高速公路关于入口流量的行程时间分位数函数分布图

a) A1201(2004)；b) A2001(2004)

4.2.3 匝道出入口几何特征对行程时间的影响

影响行程时间可靠度的另一个重要因素是路网特征，如单位长度道路上的匝道数量(进出口匝道或交织段)。本节主要分析了高速公路长廊单位长度上匝道数量对行程时间可靠度的影响。

图4-11列出了每10km匝道数(α)与行程时间变异性(90%分位数减10%分位数行程时间)的关系。图4-11a)表明匝道数(α)越多，行程时间变异性越大，也就越不可靠。α 很大程度上影响了通行能力的变异性，进而影响行程时间可靠度。当 α 大于6.8时，行程时间变异性大大增加。也就是说，当匝道之间的距离小于1.5km时，由于交织的车流量过多导致了行程时间的不可靠。

图4-11b)表明了不同流量状态下行程时间变异性与路网特征的关系。低流量时，匝道数对可靠度影响甚小。此时，车辆有足够的时间和空间完成交织；

中等流量时,行程时间不可靠度随匝道数的增加而增加,但增加的幅度远远小于高流量时的幅度;高流量且匝道数大于6.8时,行程时间变得异常不稳定。

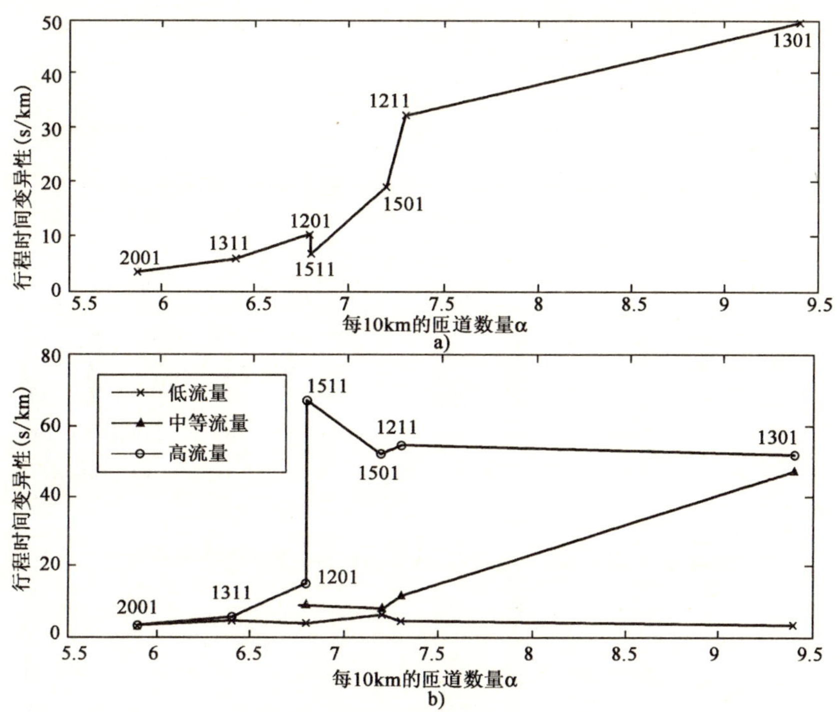

图4-11 行程时间变异性与路网特征之间的关系

注:1. 低流量:小于600veh/(h·ln);中等流量:600~1200veh/(h·ln);高流量:大于1200veh/(h·ln)。

2. 行程时间变异性指90%分位减10%分位行程时间。

由此节可以看出,在高速公路设计中(尤其是城市快速路),需要认真考虑匝道的数量对路网性能的影响。从可靠度的角度来说,匝道之间的距离应该大于1.5km。

4.2.4 天气对行程时间的影响

一方面,恶劣的天气(雨雾天气)导致了路面湿滑,由此降低了道路的通行能力。另一方面,恶劣的天气也可能影响人们的出行计划。而行程时间可靠度是通行能力和交通需求的变异性相互作用的结果。因此可以推断,气候对行程时间可靠度也将产生影响。

图4-12中,天气情况分为两组(淡灰色表示晴天,深黑色表示雨天)。由图4-12a)和b)可见,10%分位和50%分位的行程时间受雨天影响不大,平均分别

增加了2%和3%左右。90%分位行程时间则大大增加,大约增加了20%左右[图4-12c)]。而行程时间变异性(90%分位减10%分位)增加了一半以上[图4-13d)]。由此可以看出,雨天导致平均行程时间的增加不大,但大大加大了行程时间的不可靠度。

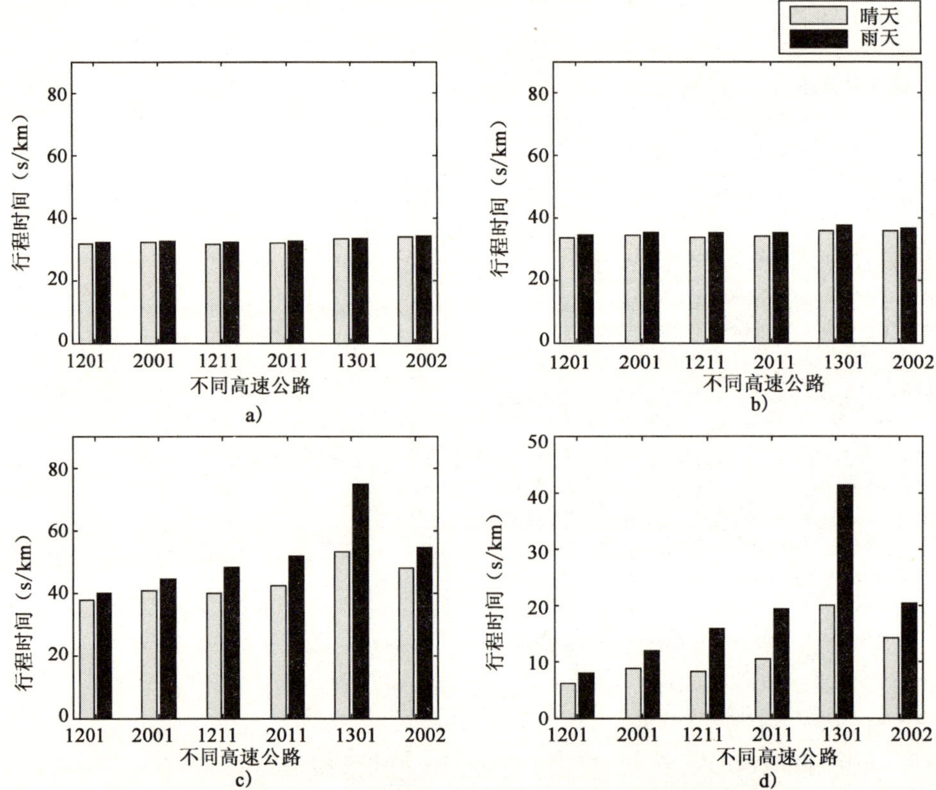

图4-12 雨天和晴天下不同高速的百分位行程时间和行程时间变异性

a)10%分位行程时间;b)50%分位行程时间;c)90%分位行程时间;d)行程时间变异性

4.2.5 行程时间可靠度目标

如前所述,行程时间可靠度是度量路网性能的重要指标之一。荷兰政府所提出的可靠度目标属于上述可靠度方法中的概率性方法(V&W 2005),如式(4-11)和式(4-12)所示:

$$Pr(TT_i \leqslant 10 + T_{50} \mid_{\mathrm{TOD,DOW}}) > 95\% \text{,行程} < 50\mathrm{km} \tag{4-11}$$

和:

$$Pr(TT_i \leqslant 1.2 \times T_{50} \mid_{\mathrm{TOD,DOW}}) > 95\% \text{ 行程} > 50\mathrm{km} \tag{4-12}$$

为了测试这些目标,感应线圈采集了两条荷兰高速公路通过目的流量和速度数据:一条13km长的短路径(A13高速公路,自由流行程时间大约是7min)和一条40km长的长路径(A20高速公路,自由流行程时间大约是22min)。图4-13显示了可接受的行程时间可靠度[短路径,式(4-11)]。显然,只有星期天时95%以上的出行可以在可接受的行程时间内完成。在工作日的高峰时段,特别是星期四,达不到荷兰政府所预期的目标。如星期四[图4-13c)]下午6:00~18:00之间,能在中位行程时间前后10min内到达的概率小于80%。图4-14显示了实际和可接受的行程时间可靠度[长路径,式(4-12)]的情况更糟。甚至星期天的某些时段也达不到荷兰政府所设置的目标。在星期四的某些高峰时段,行程时间的可靠度低于70%。因此,可以预见在2020年荷兰的交通状况很可能达不到Nota Mobility所设置的可靠度目标。

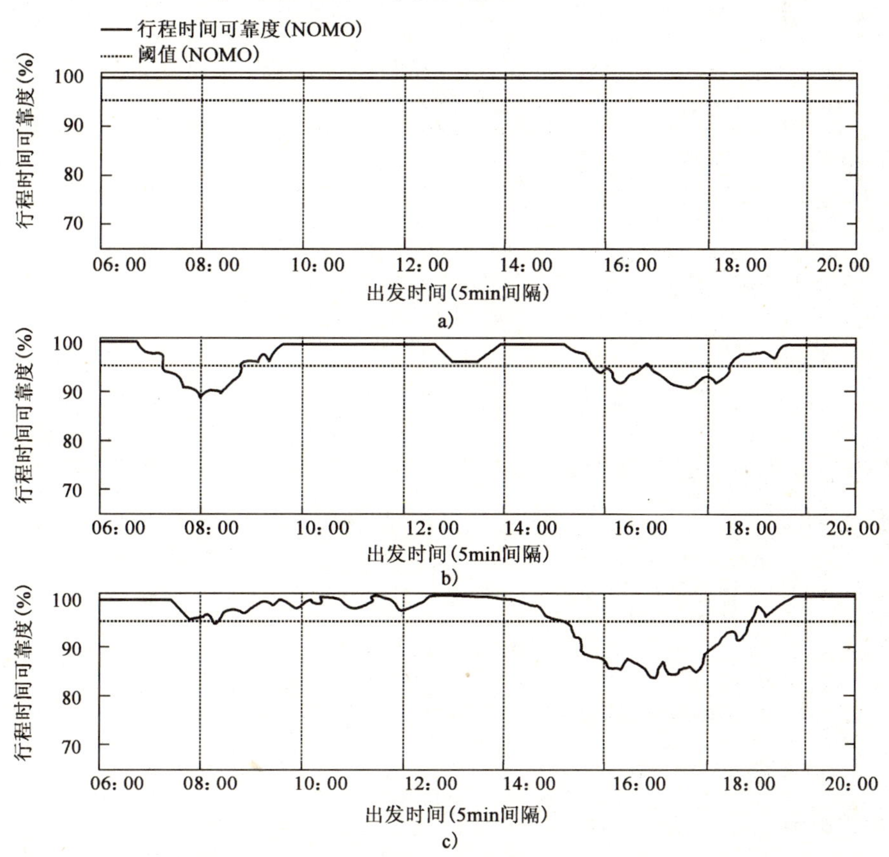

图4-13　实际和可接受的基于概率的行程时间可靠度(短路径)

a)星期天2002年(A13);b)星期一2002年(A13);c)星期四2002年(A13)

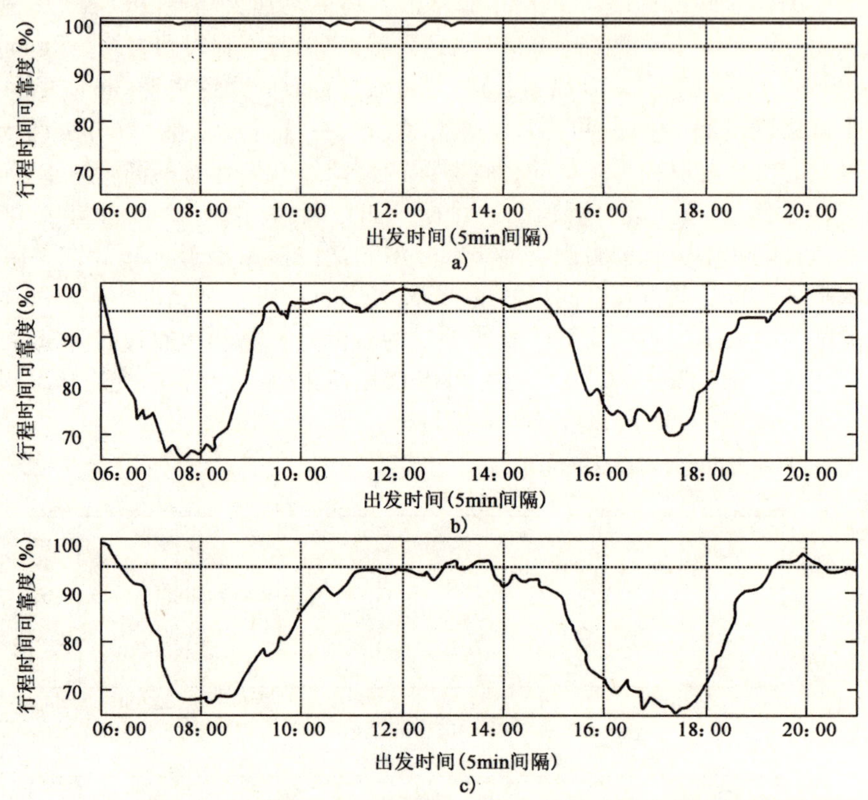

图 4-14　实际和可接受的基于概率的行程时间可靠度(长路径)

a)星期天 2002 年(A20);b)星期一 2002 年(A20);c)星期四 2002 年(A20);

由此可见,Nota Mobility 所选的阈值(10min 或 20% 中位值)不够实际。另一方面,Nota Mobility 所选的可靠度方法并没有完全反映可靠度的特性。

4.3　基于行程时间分布特性的可靠度模型

4.3.1　行程时间经验分布

图 4-15 所示为鹿特丹 A20 高速公路星期四、星期五和星期六的行程时间变异性。图中显示了 5%、10%、25%、50%、75%、90% 和 95% 分位数的行程时间与出发时间的关系。例如,星期四 16:00 ~ 16:15 的 90% 分位行程时间为 25min,表明该时段内 90% 车辆的行程时间是不超过 25min 的。星期四是一个

典型的工作日时间，从图中也可以清楚地区分出早晚两个交通高峰段。而星期五基本没有早高峰，但晚高峰来得早，持续的时间也比其他工作日要长得多。主要的原因是，部分荷兰人一周工作4天（星期五休息）。图4-15清晰地显示了日常高峰时段行程时间分布特点为又宽又斜。行程时间分布的偏斜主要表现在交通拥挤产生或消散的过程中。从采集数据的分析结果来看，一半的高峰时段出行延误不超过5min。但是，在晚高峰某些时段，5%的出行至少有25min的延误。

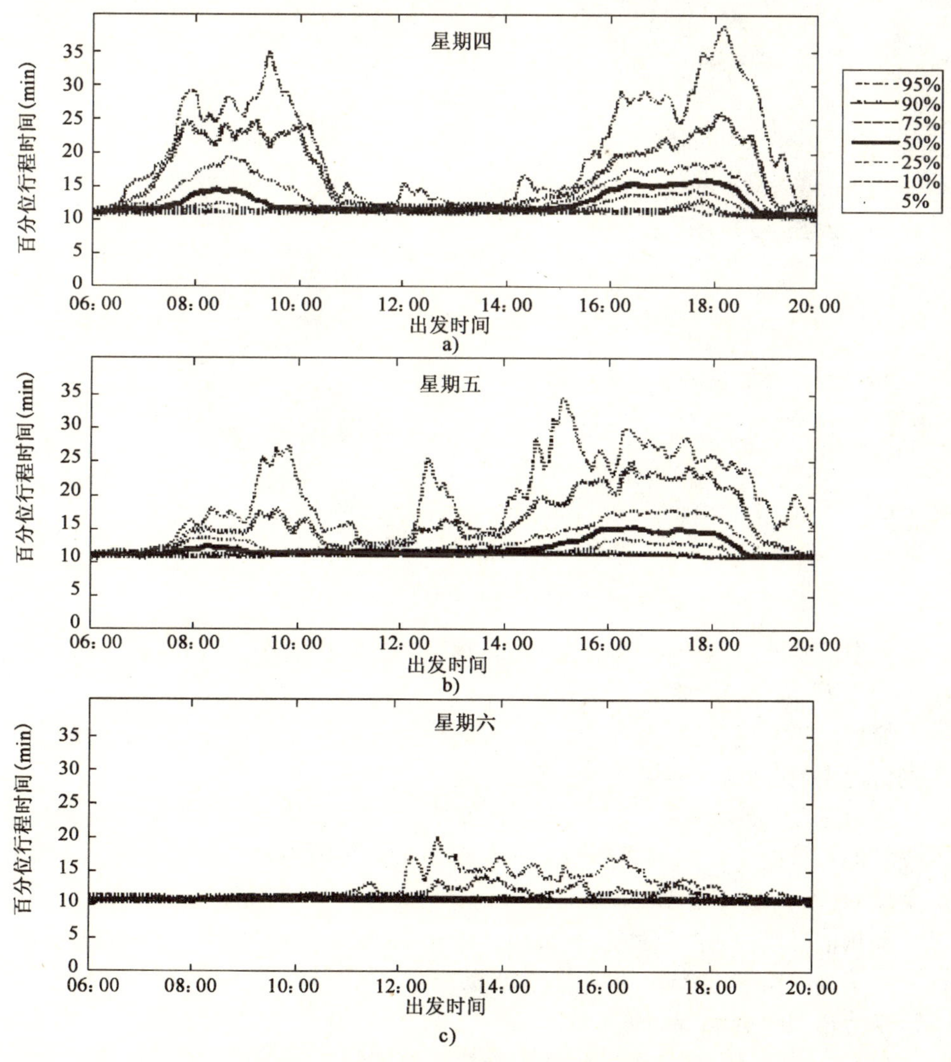

图4-15 鹿特丹A20高速公路星期四、星期五和星期六百分位行程时间

上述分析结果表明,行程时间分布与交通流状态有着密切关系。Van Lint, Tu 等人(2004)根据高速公路行程时间特点把交通流运行状态划分为四类:自由流状态;拥挤产生阶段;堵塞阶段;拥挤消散阶段。每个阶段的行程时间分布如图 4-16 所示。

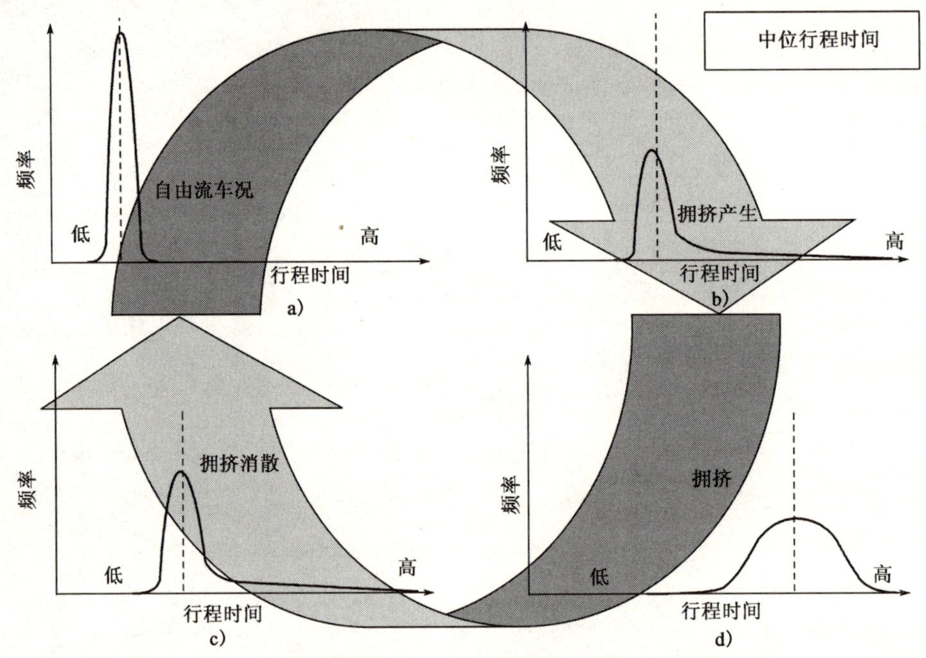

图 4-16　高峰时段行程时间分布的不同状态

自由流状态:行程时间中位数小,行程时间分布离散小,行程时间分布对称。在此状态下,通常行程时间可靠度高。

拥挤产生阶段:行程时间中位数增加,但行程时间分布向左偏斜。这表明在某些情况下,交通流还是处于自由流状态。

堵塞阶段:行程时间中位数大,行程时间分布宽。在此阶段,拥挤通常导致了较长的行程时间。图中曲线稍微向右偏斜主要是因为只有极少数情况下没有产生堵塞。

拥挤消散阶段:最后阶段,行程时间中位数减小,但行程时间分布向左偏斜。这反映了拥挤虽然在消散,但还是有堵塞存在。

由此可以得到如下结论:

(1)行程时间分布的变异性和偏斜都影响了行程时间可靠度。行程时间可靠度至少包含以下元素:可靠度 = F(偏斜,变异性)。

(2)由偏斜和变异性的组合可以分析和鉴别四种交通状况下的行程时间分布。

4.3.2 偏斜和变异性量化方法

行程时间的偏斜 λ^{skew} 可以量化为90%分位数与中位数的差值除以中位数与10%分位数的差值:

$$\lambda^{skew}=\frac{T_{90}-T_{50}}{T_{50}-T_{10}} \tag{4-13}$$

在交通拥挤产生和消散阶段,这个值远远大于1;而当交通处于严重拥挤状态的情况下,这个值则远远小于1;在自由流车速的状态下,λ^{skew} 近似等于1。因此,λ^{skew} 值越大,就表示交通运行状态越不稳定。

行程时间的变异性可以量化为90%与10%的分位数差值除以中位数:

$$\lambda^{var}=\frac{T_{90}-T_{10}}{T_{50}} \tag{4-14}$$

交通流四个阶段所对应的行程时间偏斜度和变异性值为:

(1)自由流状态:λ^{skew} 和 λ^{var} 值都小。

(2)拥挤产生阶段:λ^{skew} 值大,λ^{var} 值小;表现为左偏斜分布。

(3)堵塞阶段:λ^{skew} 值接近1(对称分布)。

(4)拥挤消散阶段:λ^{skew} 值大,λ^{var} 值大。

在交通拥挤阶段,行程时间可靠度的主导因素是变异性;在交通流的过渡阶段(拥挤产生和拥挤消散阶段),行程时间可靠度的主导因素是偏斜。基于偏斜和变异性的行程时间可靠度量化方程可列为:

$$UI_r=\begin{cases}\dfrac{\lambda^{var}\ln(\lambda^{skew})}{L_r}, & \lambda^{skew}>1\\[2ex] \dfrac{\lambda^{var}}{L_r}, & \text{其他}\end{cases} \tag{4-15}$$

式中:UI_r ——*U*nreliability *I*ndex,路径 r 的行程时间不可靠度;

L_r ——路径 r 的长度。

由此可见,行程时间越不可靠,UI_r 值就越大。

4.3.3 不同量化方法对比

为了对比不同量化方法计算的行程时间可靠度,我们采集了荷兰A20高速公路的感应线圈数据。基于这些采集的速度和流量数据,用PLSB(Piece-wise

Linear Speed Based)(Van Lint and Van der Zijpp,2003)方法估算了相应的行程时间。表4-5 列出了新旧量化行程时间可靠度的方法。图4-17 所示为采用8 种不同方法得到的行程时间可靠度结果。图中所有深色区域表示值接近于1,其行程时间不可靠。值得注意的是,为了对比这8 种方法,将各种方法的不可靠度都标准化为0 ~1 之间。

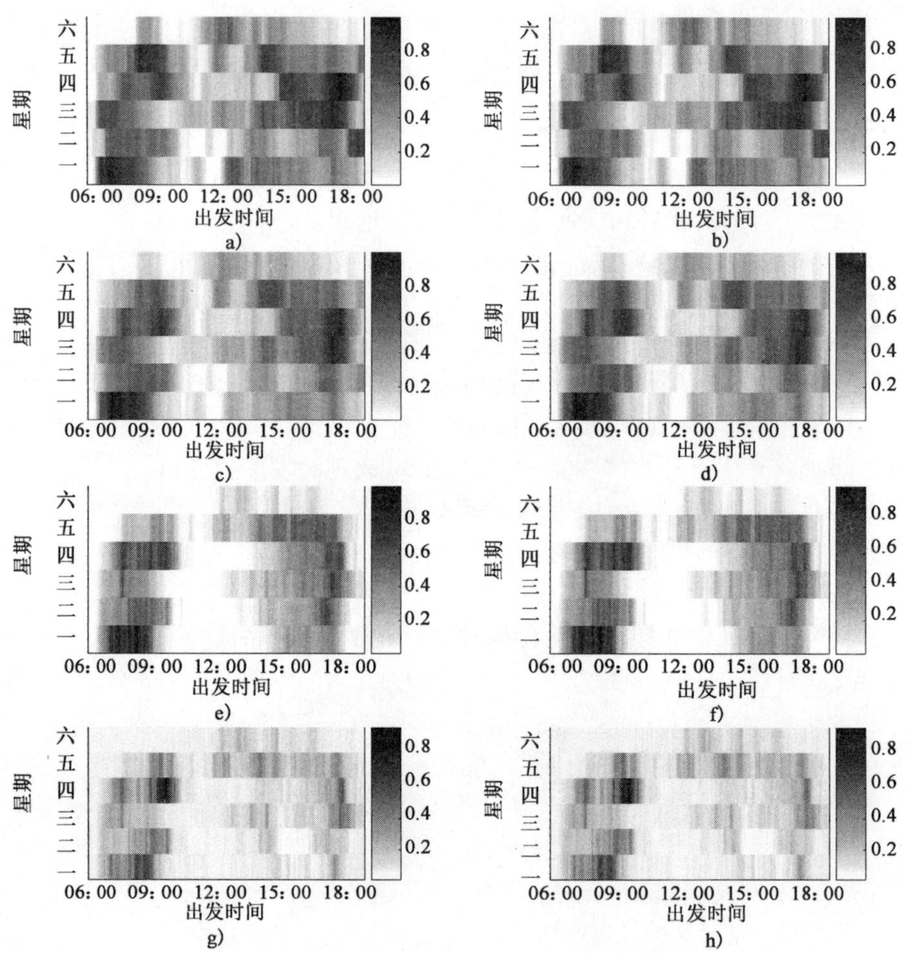

图4-17　八种不同可靠度量化方法的行程时间可靠度图

a)STD;b)COV;c)BI;d)MI;e)$PR(\alpha)$,$\alpha=1.2$;f)λ^{var};g)λ^{skew};h)UR

注:图中深色区域代表不可靠的行程时间。

从图4-17 中可以看出,不同方法给出了不同的行程时间可靠度值。比如,协方差[图4-17b)]和不可靠度指标[图4-17b)]给出了不同的行程时间不可靠度值。图 4-17 同时针对不同的量化方法给出了不同的行程时间是否可靠的答案。传统的方法(方差 STD 和协方差 COV)表明,在工作时间内基本上可以认为行程时间不可靠。但偏斜方法(λ^{skew})只显示了行程时间分布左偏斜的区域为不可靠区域,通常是那些拥挤产生和消散的区域。图 4-17 显示了偏斜方法计算的不可靠区域比传统方法少得多。

基于偏斜和变异性的行程时间可靠度量化方程 表 4-5

简　称	公　　式	注　　释
λ^{var}	$\frac{T_{90}-T_{10}}{T_{50}}$	量化行程时间分布变异性
λ^{skew}	$\frac{T_{90}-T_{50}}{T_{50}-T_{10}}$	量化行程时间分布偏斜
UI_r	见式(4-15)	量化行程时间分布的变异性和偏斜

虽然图 4-17 只给出了一条高速公路的数据,但通过分析可以得到如下启示:

(1)对于行程时间是否可靠,不同的量化方法给出了不同的答案。这主要是因为采用某些量化方法计算的行程时间分布不具有鲁棒性。

(2)不可靠度指标方法将行程时间的偏斜和变异性统一为一个指标,较好地标定了交通流的四个不同阶段。

4.4 行程时间可靠度分析新技术

4.4.1 行程时间可靠度新模型

行程时间可靠度可定义为一个关于行程时间变异性和交通流量不稳定性的函数。我们一旦确定了入口流量—行程时间分位数函数,就能得到如式(4-16)所示的行程时间变异性。

$$\mathrm{TTV}(q_{in}) = TT_{90}(q_{in}) - TT_{10}(q_{in}) \tag{4-16}$$

式中:$\mathrm{TTV}(q_{in})$——给定入口流量 q_{in} 的行程时间变异性;

$TT_{90}(q_{in})$——给定入口流量 q_{in} 的行程时间 90% 位分位数;

$TT_{10}(q_{in})$——给定入口流量 q_{in} 的行程时间 10% 位分位数。

交通流量不稳定性与流量的函数关系可以定义为:

$$p_{\mathrm{r}}^{\mathrm{br}}(q_{\mathrm{in}}) = \frac{n_{\mathrm{r}}^{\mathrm{br}}(q_{\mathrm{in}})}{N_{\mathrm{r}}^{\mathrm{br}}(q_{\mathrm{in}})} \tag{4-17}$$

式中：$p_{\mathrm{r}}^{\mathrm{br}}(q_{\mathrm{in}})$——路线 r 给定，入口流量为 q_{in} 时的交通阻塞的概率；

$n_{r}^{\mathrm{br}}(q_{\mathrm{in}})$——路线 r 给定，入口流量为 q_{in} 时交通突变发生的次数；

$N_{\mathrm{r}}^{\mathrm{br}}(q_{\mathrm{in}})$——路线 r 给定，入口流量为 q_{in} 时的自由流状态的总次数。

本书提出的概念式的行程时间可靠度模型如式(4-18)所示。

$$\begin{aligned}\mathrm{TTUR}(q_{\mathrm{in}}) = {} & [TT_{90}^{\mathrm{f}}(q_{\mathrm{in}}) - TT_{10}^{\mathrm{f}}(q_{\mathrm{in}})] \times [1 - p_{\mathrm{r}}^{\mathrm{br}}(q_{\mathrm{in}})] + \\ & [TT_{90}^{\mathrm{j}}(q_{\mathrm{in}}) - TT_{10}^{\mathrm{j}}(q_{\mathrm{in}})] \times p_{\mathrm{r}}^{\mathrm{br}}(q_{\mathrm{in}})\end{aligned} \tag{4-18}$$

式中：$\mathrm{TTUR}(q_{\mathrm{in}})$——给定入口流量 q_{in} 的行程时间可靠度；

$TT_{90}^{\mathrm{f}}(q_{\mathrm{in}})$——自由流状态下，给定入口流量 q_{in} 的行程时间 90% 分位数；

$TT_{10}^{\mathrm{f}}(q_{\mathrm{in}})$——自由流状态下，给定入口流量 q_{in} 的行程时间 10% 分位数；

$TT_{90}^{\mathrm{j}}(q_{\mathrm{in}})$——拥挤状态下，给定入口流量 q_{in} 的行程时间 90% 分位数；

$TT_{10}^{\mathrm{j}}(q_{\mathrm{in}})$——拥挤状态下，给定入口流量 q_{in} 的行程时间 10 位分位数；

$p_{\mathrm{r}}^{\mathrm{br}}(q_{\mathrm{in}})$——路线 r 、给定入口流量 q_{in} 时的交通阻塞的概率。

4.4.2 交通阻塞概率

图 4-18 是荷兰两条高速公路段关于入口流量的交通阻塞概率函数图。由图可见，交通阻塞的概率随入口流量的增加而增加：在入口流量临界值以上的交通阻塞概率相比于入口流量临界值时高得多。

4.4.3 行程时间变异性

前面对行程时间变异性与入口流量之间的静态关系进行了研究。所谓的静态关系是指给定入口流量时的行程时间，包含自由流状态下的行程时间和阻塞状态下的行程时间。这里我们对这两种行程时间作了区分，研究行程时间变异性与入口流量之间的动态关系，即分别讨论阻塞之前(TTV^{f})的行程时间变异性与入口流量之间的关系以及阻塞之后(TTV^{j})的行程时间变异性与入口流量之间的关系。图 4-19 给出了荷兰 A12 高速公路在自由流状态和拥堵状态下行程时间变异性与入口流量之间的动态关系。图中清楚地显示出入口流量不对 TTV^{f} 产生影响。然而，入口流量较高的 TTV^{j} 比入口流量较低时长很多。

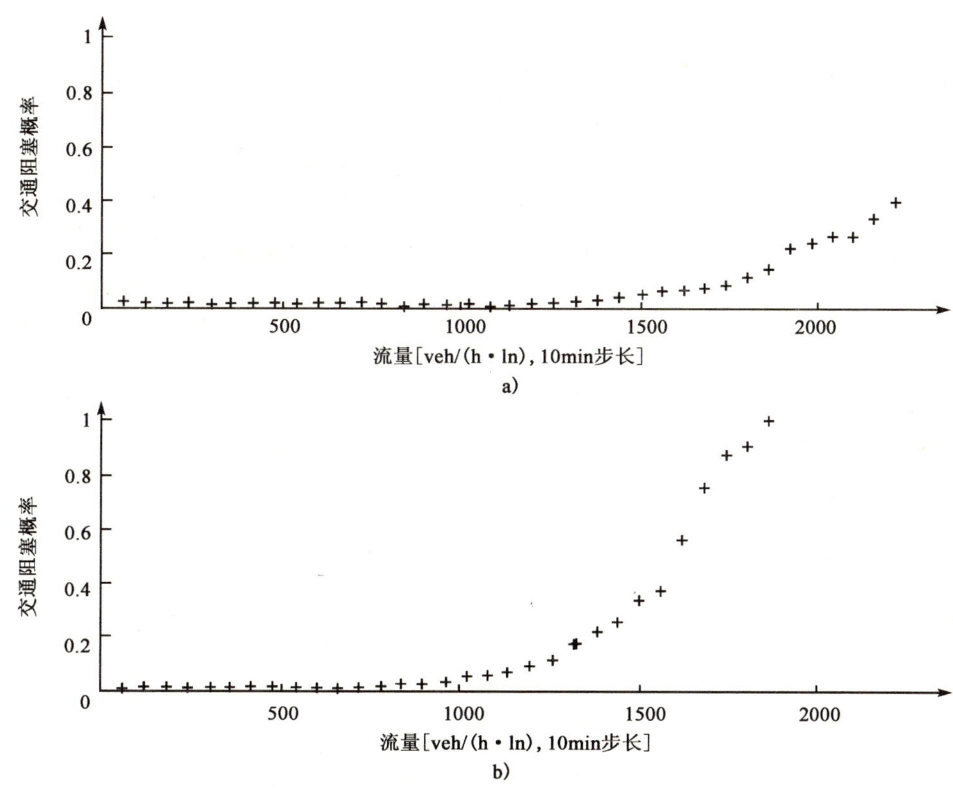

图 4-18 荷兰两条高速公路段入口流量的交通阻塞概率函数图

a) A1201(2004);b) A1211(2004)

4.4.4 行程时间不可靠度

行程时间不可靠度模型如式(4-19)所示,是行程时间不确定性与交通阻塞概率的乘积。图 4-20 所示为荷兰 6 条高速公路的行程时间关于入口流量的不可靠度函数关系图。由图可见,行程时间关于入口流量的不确定性函数变化趋势与交通阻塞概率变化趋势类似。行程时间的不确定性随入口流量的增加而增加(如果限速是 120km/h)。通过行程时间不可靠度的验证显示,当入口流量低于 1500veh/h 时,行程时间的变异性($TT_{90} - TT_{10}$,6.6s/km)是自由流行程时间(30s/km)的 20%;当入口流量是 1800veh/h 时,行程时间的变异性是自由流行程时间的 40%;但是当入口流量是 2400veh/h 时,行程时间的变异性(100s/km)是自由流行程时间的 300%。

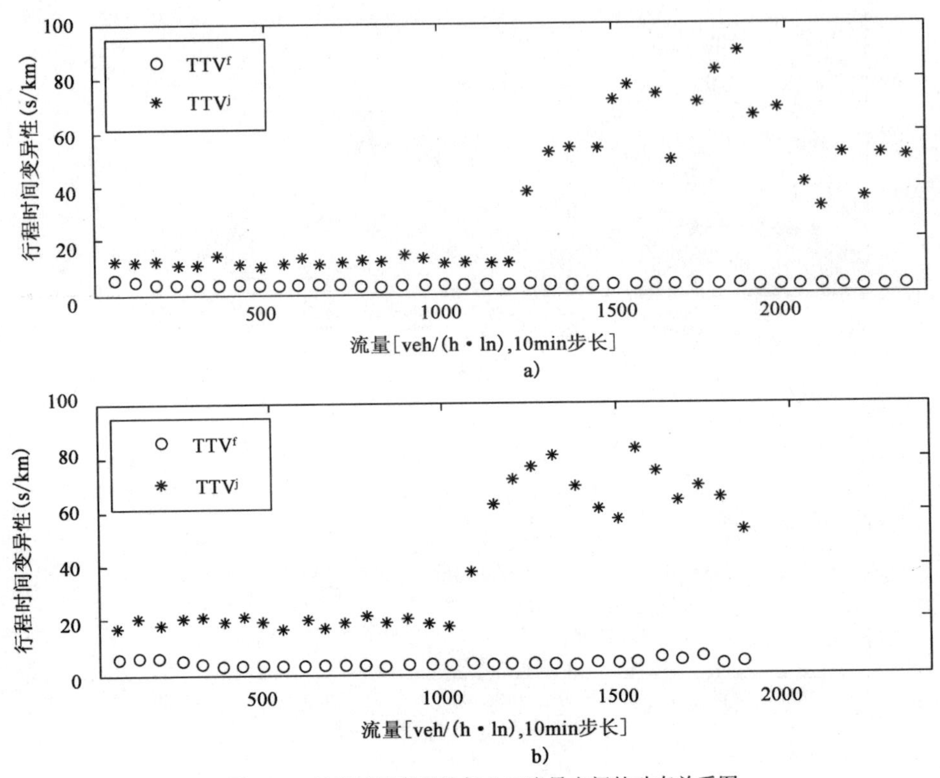

图4-19 行程时间变异性与入口流量之间的动态关系图

a) A1201(2004);b) A1211(2004)

4.4.5 行程时间可靠度函数估计

由图4-20可见,当入口流量超过某个阈值时,行程时间不可靠度曲线急剧上升,行程时间变得越来越不可靠。由收集到的数据拟合的行程时间可靠度函数(所谓的TLZ函数)如式(4-19)所示:

$$\overline{\mathrm{TTUR}(q_{\mathrm{in}})} = \mathrm{TTUR}_0\left[1 + \beta\left(\frac{q_{\mathrm{in}}}{\lambda_{\mathrm{ttr}}}\right)^{\gamma}\right] \tag{4-19}$$

式中:$\overline{\mathrm{TTUR}(q_{\mathrm{in}})}$——给定入口流量 q_{in},行程时间不可靠度的拟合;

q_{in}——入口流量;

λ_{ttr}——行程时间不可靠度入口流量临界值;

TTUR_0——自由流状态下的行程时间不可靠度;

β,γ——参数。

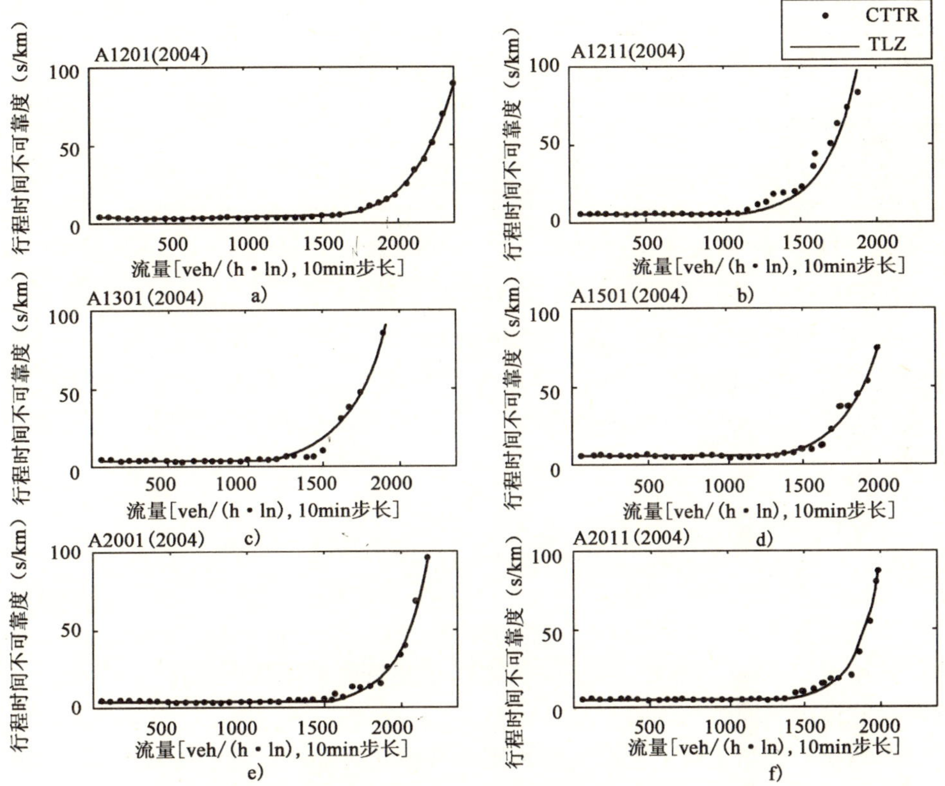

图4-20 行程时间关于入口流量的函数关系图(每隔10min,2004年)

注:1. CCTR:概念式行程时间可靠度模型。

2. TLZ函数:由Tu,Van Lint和Van Zuylen提出的行程时间可靠度函数。

在行程时间不可靠度入口流量临界值以下时,行程时间不可靠度非常小,行程时间是可靠的。在行程时间不可靠度入口流量临界值以上时,行程时间不可靠度随着入口流量的增加而增加。入口流量阈值的差别可能是由于单位长度道路上匝道数量不同引起的,匝道的数量对行程时间不可靠度有重要影响。表4-6所示为A12等高速公路的TLZ可靠度函数的参数估计。

TLZ可靠度函数的参数估计 表4-6

编码	高速公路	λ_{ttr}	MAREs*(%)
1201	A12	1440	10
1211	A12	1020	15
1301	A13	900	15

续上表

编　码	高速公路	λ_{ttr}	MAREs*(%)
1501	A15	1020	12
2001	A20	1380	22
2011	A20	1260	30

注：*平均绝对相对误差：$MAREs = 100\frac{1}{N}\sum\left|\frac{e_n}{t_n}\right|$，$N$ 是数据点的数量；e_n 是测量值与行程时间不可靠度拟合值的差；t_n 是行程时间不可靠度拟合值。

在已有数据库的基础上，由式(4-18)得到行程时间关于入口流量的不可靠度函数，然后拟合得到式(4-19)(TLZ 函数)。在 TLZ 函数中，不需要估计交通阻塞的概率分布和行程时间变异性。因此，TLZ 函数便于应用到动态交通分配中。

4.5 小　结

本章首先介绍了路网可靠度研究的背景，然后阐述了可达性可靠度、通行能力可靠度、行程时间可靠度、遭遇可靠度以及流量消耗可靠度的定义，并分析了这些可靠度的异同点。

本章重点介绍了目前已有的各种定义和量化行程时间可靠度的方法。通过案例分析指出已有的传统可靠度量化方法不能完全反映可靠度的特性。通过进一步对行程时间分布的分析，可以得到行程时间可靠度至少包含了偏斜和变异性两个特性。提出的新的量化行程时间可靠度方法(不可靠度指数)很好地利用偏斜和变异性量化了行程时间可靠度。

5 交通状态估计技术

随着动态交通管理技术和先进交通信息系统技术的发展,交通状态的获取显得越来越重要。交通状态描述了交通系统运行状况或使用者获得的服务质量情况。对交通运行状态进行分析或跟踪,可以定量或定性地描述交通运行情况,诊断交通系统存在的问题,并为交通政策或措施的制订提供支撑。交通状态估计技术则为交通运行状态分析提供了基本理论和分析工具。

本章主要介绍了交通状态估计技术,包括贝叶斯方法、卡尔曼滤波算法、模糊聚类和概率神经网络、粗糙集,并结合案例说明了上述方法在交通工程中的应用。

5.1 贝叶斯方法

5.1.1 贝叶斯方法原理

贝叶斯方法是英国学者 Thomas Bayes 于 1763 年提出的,两个多世纪以来,它越发展现出广阔的应用前景。贝叶斯方法的基本原理是:假设在新的观测样本或试验之前,对未知参数 θ(状态)的统计信息总有一定的了解,可以用一定的分布 $\pi(\theta)$ 概括,称为关于参数 θ 的先验分布(或先验信息)。当获得新的样本数据或信息后,为了获得对参数 θ(状态)的全面认识,需要结合新的样本信息和先验信息调整对参数 θ(状态)的估计,从而获得调整后的 θ 的分布,记为 $\pi(\theta|x)$,这是在观测后得到的,称为后验分布。上述原理可以简单描述为:后验分布 = 先验信息⊕样本信息。

记 $\pi(\theta)$ 为参数 θ 的先验分布,$f(x|\theta)$ 为观测变量 X 的分布函数,则样本 $(X_1, X_2, \cdots, X_n)$ 提供了关于参数 θ 的新信息,称为样本信息,它包含在似然函数 $l(x|\theta)$ $[l(x|\theta) = \prod_{i=1}^{n} f(x_i|\theta)]$ 中;$\pi(\theta|x)$ 为获得样本信息 $l(x|\theta)$ 后对先验信息 $\pi(\theta)$ 调整认识。因此,贝叶斯原理可用简单的数学语言表示如下:

$$\pi(\theta \mid x) \propto L(x;\theta) \times \pi(\theta) \tag{5-1}$$

$$\pi(\theta \mid x) = \frac{f(x \mid \theta) \times \pi(\theta)}{\int f(x \mid \theta)\pi(\theta)\mathrm{d}\theta} \tag{5-2}$$

式中：θ——参数，这里看作随机变量；

x——观测数据，$x=(x_1,x_2,\cdots,x_n)^{\mathrm{T}}$；

$\pi(\theta|x)$——θ 的后验分布，表示获得观测数据 x 后，关于参数 θ 的信息；

$L(x;\theta)$——似然函数，包含了试验数据提供的关于参数 θ 的全部信息，

$$L(x;\theta) = \prod_{i=1}^{n} f(x_i;\theta) \tag{5-3}$$

$f(x;\theta)$——在参数 θ 给定的情况下，X 的分布；

$\pi(\theta)$——参数 θ 的先验分布。

5.1.2 贝叶斯方法在交通状态估计中的应用

本节以运行速度估计为例来说明贝叶斯方法在交通状态估计中的应用。

1）区间运行速度估计方法

假设 v_i 为浮动车在区间 i 上的行驶速度，并且不同的浮动车运行速度是独立同分布的，其分布为：

$$v_i \sim H[\bar{v}_i(q),\sigma_i^2(q)] \tag{5-4}$$

式中：$H(\cdot)$——速度的分布函数；

$\bar{v}_i(q),\sigma_i^2(q)$——分别为在交通量水平 q 的条件下，路段上的车辆行驶的平均区间车速和车速方差。

根据贝叶斯原理，假设 $\bar{v}_i(q)$ 先验分布为：

$$\bar{v}_i(q) \sim G[\bar{\bar{v}}_i(q),\tau_i^2(q)] \tag{5-5}$$

式中：$G(\cdot)$——$\bar{v}_i(q)$ 的先验分布函数；

$\bar{\bar{v}}_i(q),\tau_i^2(q)$——分别是先验分布期望和方差。

假设 $v_{i1},v_{i2},\cdots,v_{in}$ 为当前时间内在路段上行驶车辆的速度观测值，则由贝叶斯原理，可求得 $\bar{v}_i(q)$ 的后验分布：

$$g(\bar{v}_i(q) \mid v_{i1},\cdots,v_{in}) = \frac{\prod_{i=1}^{n} h[\bar{v}_i(q),\sigma_i^2] g[\bar{\bar{v}}_i(q),\tau_i^2(q)]}{\int_0^{\infty} \prod_{i=1}^{n} h[\bar{v}_i(q),\sigma_i^2(q)] g[\bar{\bar{v}}_i(q),\tau_i^2(q)] \mathrm{d}\bar{v}_i} \tag{5-6}$$

式中：$h(\cdot)$，$g(\cdot)$——分别为 $H(\cdot)$ 与 $G(\cdot)$ 的分布密度函数。

因此，对确定的 $h(\cdot)$，$g(\cdot)$ 以及当前观测数据 $v_{i1}, v_{i2}, \cdots, v_{in}$，可由式(5-6)给出区间车辆行驶速度的后验分布，从而估计出当前路段上车辆运行速度。

在给定的时间间隔内，由于浮动车数量较少，仅仅基于当前浮动车数据很难得到可靠性较高的运行速度估计。而式(5-6)借助贝叶斯思想引入了先验信息，弥补了当前数据的不足。

2）应用数据

现以北京市二环路的一部分（外环方向）路段为例进行分析。数据（微波数据和浮动车数据）采集时间为0:00～24:00，数据采集时间持续1个月。表5-1和表5-2分别给出了微波数据和浮动车数据信息。

微波检测数据 表5-1

路段编号	日期	时间编号	流量(veh)	大型车数(veh)	速度(km/h)
HI7000c	11-1-06	12	47	4	65.3
		13	47	4	55
		14	53	4	58.7
		15	54	5	59.7
		16	47	4	56.7
		17	48	4	64.3
		18	44	3	66
		19	47	5	48
		20	60	6	55.3
…	…	…	…	…	…

浮动车采集系统输出结果 表5-2

车辆编号	日期	时刻	速度(km/h)	路段编号
63494583	2006-11-30	3:13:49 AM	67.0	12345
93464634	2006-11-30	3:14:10 AM	73.0	16661
34411374	2006-11-30	3:18:15 AM	71.0	16656
34411374	2006-11-30	3:18:15 AM	71.0	16656
34411374	2006-11-30	3:19:16 AM	78.0	16661
63540852	2006-11-30	3:15:03 AM	56.0	7294
93280266	2006-11-30	3:18:58 AM	67.0	16656
93464634	2006-11-30	3:15:11 AM	73.0	5906
…	…	…	…	…

3）建模

根据交通流理论可知，在其他条件不变的条件下，车辆在路段区间上运行的速度主要受到流量的影响。因此，在车道几何特性和交通组成不变的情况下，当流量变化较小时，可以假设路段上车辆按平均车速行驶。基于此，在给定的路段区间上，按流量大小把交通状态划分为不同的水平，并假设在每一流量水平下，每个车辆在路段上运行的速度服从相同的分布。表5-3为路段的某个区间上浮动车在不同的流量水平下运行速度的分析结果（对其他区间也进行了相同的分析）。分析结果表明，在交通堵塞的情况下（对给定的流量水平），浮动车运行速度可以用正态分布拟合：

$$v_i \sim N[\bar{v}_i(q), \sigma_i^2(q)] \tag{5-7}$$

基于已有的研究结果，先验分布为正态分布：

$$\bar{v}_i(q) \sim N[\bar{\bar{v}}_i(q), \tau_i^2(q)] \tag{5-8}$$

参数 $\bar{\bar{v}}_i(q)$ 和 $\tau_i^2(q)$ 可用同一状态下的浮动车历史数据估计。由此可求得速度的后验分布为正态分布，均值为：

$$\hat{\bar{v}}_i(q) = \frac{\sigma_i^2(q)}{\sigma_i^2(q) + n\tau_i^2(q)}\bar{\bar{v}}_i + \frac{n\tau_i^2(q)}{\sigma_i^2(q) + n\tau_i^2(q)}\bar{v} \tag{5-9}$$

式中，$\bar{v} = \frac{1}{n}\sum_{j=1}^{n} v_{ij}$；后验分布方差为：

$$[\hat{\sigma}_i^2(q)]^{-1} = [\tau_i^2(q)]^{-1} + [\sigma_i^2(q)/n]^{-1} \tag{5-10}$$

记 $w = \frac{\sigma_i^2(q)}{\sigma_i^2(q) + n\tau_i^2(q)}$，则式（5-9）可记为：

$$\hat{v}_i(q) = w\bar{\bar{v}}_i + (1 - w)\bar{v} \tag{5-11}$$

因此，运行速度的后验估计为先验速度均值和样本（当前观测值）均值的加权平均。并且，当浮动车数量越多，后验估计越依赖于样本（当前观测值）均值；相反，当浮动车样本量较少时，后验估计更多地依赖于历史数据提供的信息。

应用该路段上一周的交通数据（浮动车数据和微波数据），对先验分布参数进行了估计。表5-4给出了不同的区间和流量水平下，速度先验分布参数的估计值。

浮动车速统计分析和正态性分布检验结果　　表 5-3

流量水平	1	2	3	4	5	6	7
样本量	92	54	35	34	36	53	37
速度均值	59.9	53.9	56.6	52.2	53.3	52.9	52.4
速度中值	61.0	54.0	56.0	52.0	54.0	52.0	54.0
速度标准方差	9.53	7.70	8.603	10.94	10.28	10.7	9.169
Q_3	65.0	58.0	63.0	60.0	60.0	58.0	56.0
Q_1	54	49	51	41	45	45	47
正态性检验显著水平	0.331	0.460	0.391	0.142	0.057	0.071	0.1778

基于历史数据得到的先验分布参数估计　　表 5-4

路段编号	流量水平	1	2	3	4	5	6	7	8
1	$\bar{\bar{v}}_i(q)$	63	55	51.5	50	48	47	48	47.5
	$\tau_i(q)$	12.4	10.3	10.0	9.7	9.7	9.7	8.2	8.6
2	$\bar{\bar{v}}_i(q)$	61.5	56	56	55	52.5	52	55	51.5
	$\tau_i(q)$	10.2	10.5	10.1	10.4	9.8	9.8	7.7	11.5
3	$\bar{\bar{v}}_i(q)$	65	66	62	61.5	67	60.5	60.3	57
	$\tau_i(q)$	11.6	10.6	9.4	7.6	10.4	9.4	7.8	9.8
4	$\bar{\bar{v}}_i(q)$	67	64.5	63	59.5	60	58	55	54
	$\tau_i(q)$	10.1	6.9	9.1	8.1	9.0	8.9	9.2	8.8
5	$\bar{\bar{v}}_i(q)$	65	66	62	61.5	67	60.5	60.3	57
	$\tau_i(q)$	8.8	6.8	7.8	9.7	13.4	8.9	10.2	11.2

4）模型评价

应用融合后的速度估计值和浮动车辆在各个区间上实际运行速度值对比分析的方法进行模型评价。选用一个星期内采集到的浮动车运行速度数据，并计算不同流量水平下的平均值作为该区间上车辆实际运行速度值。然后随机选择一个分析间隔，并应用文中给出的模型以及该时间间隔内浮动车运行速度数据计算融合后的速度估计值。应用绝对百分比误差（APE）作为评价指标：

$$\mathrm{APE} = \left|\frac{\hat{v} - \bar{v}}{\bar{v}}\right| \tag{5-12}$$

式中：$\bar{v}$——应用一星期数据计算的平均速度；

$\hat{v}$——一个时间段上浮动车运行速度的后验估计值。

从表5-5给出的结果可以发现,当交通流量不大时,两种计算结果相差不大(绝对百分比误差不大于10%);当流量接近通行能力时,两者之间的差距也低于15%。此外,直接对比该分析间隔上的速度平均值和后验估计发现,两者之间也存在着很大的差异,并且速度平均值具有很大的波动性。这是由于每个分析时间间隔内浮动车数据偏少造成的。

模型评价结果　　表5-5

路段编号	流量水平	1	2	3	4	5	6	7	8	9
1	平均重度	65.5	65.5	48.2	45.6	39.0	39.7	31.8	34.1	31.7
	后验估计值	67.0	67.0	49.0	49.0	41.1	41.0	32.1	34.1	31.3
	APE	2.3%	2.2%	1.7%	7.4%	5.4%	3.5%	1.0%	0.0%	1.2%
2	平均重度	61.6	61.6	54.3	53.6	54.0	54.7	40.7	40.8	46.1
	后验估计值	62.0	62.0	60.7	56.9	57.7	53.9	48.4	46.3	49.0
	APE	0.6%	0.6%	11.8%	6.2%	6.8%	1.4%	18.9%	13.4%	6.5%
3	平均重度	66.4	66.4	62.0	57.6	62.0	65.0	59.3	55.7	53.5
	后验估计值	67.0	67.0	62.8	58.6	60.3	63.9	61.9	58.0	57.0
	APE	0.9%	0.9%	1.3%	1.7%	2.8%	1.7%	4.4%	4.0%	6.6%
4	平均重度	68.7	68.7	63.4	59.5	56.7	54.0	45.1	40.4	36.8
	后验估计值	69.0	69.0	63.0	61.9	58.0	54.0	49.1	45.1	41.3
	APE	0.4%	0.4%	0.7%	4.1%	2.3%	0.0%	8.7%	11.8%	12.2%

5.2　卡尔曼滤波算法

5.2.1　卡尔曼滤波算法介绍

卡尔曼滤波算法是1960年卡尔曼博士提出的一种运用递归方法解决估计离散时间控制过程的状态的一般问题的一种算法。该算法的一个显著特点是对动态行为可以实现实时运行状态估计和预测。因此,卡尔曼滤波方法在交通状态估计中有着较好的应用前景。

5.2.1.1　卡尔曼滤波(KF)

1)卡尔曼滤波方程

设系统的状态方程和观测方程为:

$$X(k+1)=AX(k)+BU(k)+W(k) \tag{5-13}$$

$$Z(k+1)=HX(k+1)+V(k+1) \tag{5-14}$$

式中：$X(k)$——k 时刻的系统状态；

$Z(k)$——k 时刻的测量值；

$U(k)$——k 时刻对系统的控制量（如果没有控制量，其值为0）；

A 和 B——为参数（矩阵），其将过去 $k-1$ 时刻状态和现在的 k 时刻状态联系起来；

H——观测变量系统参数，表示状态变量 $X(k)$ 对观测变量 $Z(k)$ 的依赖程度；

$W(k),V(k)$——分别表示系统误差和测量误差，并假设它们服从正态分布，它们的协方差矩阵分别为 Q 和 R，即

$$W(k)\sim N(0,Q) \tag{5-15}$$

$$V(k)\sim N(0,R) \tag{5-16}$$

在实际应用中，系统误差协方差矩阵 Q 和测量误差协方差矩阵 R 可能随过程和测量时间改变，但一般假定其为常数。

2）计算方法

卡尔曼滤波算法就是用反馈控制的方法估计过程状态：估计某一时刻的状态，然后以（含噪声的）测量变量的方式获得反馈。因此，卡尔曼滤波可分为两个部分：时间更新方程和测量更新方程。时间更新方程负责及时向前推算当前状态变量和误差协方差估计值，以便为下一个时间状态构造先验估计。测量更新方程负责反馈，它将先验估计和新的测量变量结合以构造改进的后验估计。时间更新方程可视为状态估计（预测）方程，测量更新方程可视为校正方程。最后的估计算法成为一种具有数值解的估计（预测）——校正算法。假设现在的系统时刻是 k，具体算法如下：

（1）时间更新方程。

利用当前状态最优的结果 $X(k)$ 和控制量 $U(k)$ 预测下一状态 $X(k+1)$：

$$\hat{X}'(k+1)=A\hat{X}(k)+BU(k) \tag{5-17}$$

利用 $X(k)$ 对应的协方差 $P(k)$ 以及系统过程协方差 Q 更新 $X(k+1)$ 对应的协方差：

$$P'(k+1)=AP(k)A^{\mathrm{T}}+Q \tag{5-18}$$

（2）测量更新方程。

$$K(k+1)=\frac{P'(k+1)H^{\mathrm{T}}}{(HP'(k+1)H^{\mathrm{T}}+R)} \tag{5-19}$$

结合采集的传感器测量值 $Z(k+1)$ 和式(5-17)中的预测值，得到状态 $k+1$ 的最优估算值：

$$\hat{X}(k+1) = \hat{X}'(k+1) + K(k+1)[Z(k+1) - H\hat{X}'(k+1)] \quad (5\text{-}20)$$

更新 $k+1$ 状态下 $X(k+1)$ 的协方差：

$$P(k+1) = [I - K(k+1)H]P'(k+1) \quad (5\text{-}21)$$

5.2.1.2　扩展卡尔曼滤波(EKF)

上一节中的卡尔曼滤波为解决估计状态问题，假定被估计值与测量值的关系是线性的。但在实际应用中，会存在被估计值与测量值关系是非线性的情况。此时，需要考虑扩展的卡尔曼滤波(EKF)。扩展的卡尔曼滤波方程为：

$$X(k+1) = f[X(k),U(k),W(k)] \quad (5\text{-}22)$$

$$Z(k+1) = h[X(k+1),V(k)] \quad (5\text{-}23)$$

式中：$f(\cdot),h(\cdot)$——函数；

$W(k),V(k)$——分别表示系统误差和测量误差。

在实际应用中，$W(k)$ 与 $V(k)$ 在每一时刻(或状态)的值是难以确定的，此时，可用式(5-24)和式(5-25)来估计状态值和测量值：

$$\hat{X}(k+1) = f[\hat{X}(k),U(k),0] \quad (5\text{-}24)$$

$$\hat{Z}(k+1) = h[\hat{X}(k+1),0] \quad (5\text{-}25)$$

与一般卡尔曼滤波计算步骤一样，扩展的卡尔曼滤波计算步骤也可分为两步：

(1)时间更新方程。

利用当前状态最优的结果 $X(k)$ 和控制量 $U(k)$ 预测下一状态 $X(k+1)$：

$$\hat{X}'(k+1) = f[\hat{X}(k),U(k),0] \quad (5\text{-}26)$$

利用 $X(k)$ 对应的协方差 $P(k)$ 以及系统过程协方差 Q 更新 $X(k+1)$ 对应的协方差：

$$P'(k+1) = A(k+1)P(k)A(k+1)^{\mathrm{T}} + \Gamma(k+1)Q(k)\Gamma^{\mathrm{T}}(k+1) \quad (5\text{-}27)$$

(2)测量更新方程。

$$K(k+1) = P'(k+1)H(k+1)^{\mathrm{T}}/[H(k+1)P'(k+1)H^{\mathrm{T}}(k+1) + \sum(k+1)R(k+1)\sum{}^{\mathrm{T}}(k+1)] \quad (5\text{-}28)$$

结合采集的传感器测量值 $Z(k+1)$ 和式(5-26)中的预测值，得到状态 $k+1$ 的最优估算值：

$$\hat{X}(k+1)=\hat{X}'(k+1)+K(k+1)(Z(k+1)-h[\hat{X}'(k+1),0)] \tag{5-29}$$

更新 $k+1$ 状态下 $X(k+1)$ 的协方差：

$$P(k+1)=[I-K(k+1)H(k+1)]P'(k+1) \tag{5-30}$$

其中：

$$A(k)=\frac{\partial f}{\partial X}[\hat{X}(k\mid k-1),0] \tag{5-31}$$

$$\Gamma(k)=\frac{\partial f}{\partial W}[\hat{X}(k\mid k-1),0] \tag{5-32}$$

$$H(k)=\frac{\partial h}{\partial X}[\hat{X}(k-1),0] \tag{5-33}$$

$$\sum(k)=\frac{\partial h}{\partial V}[\hat{X}(k\mid k-1),0] \tag{5-34}$$

需要注意的是，式(5-29)中给出的基于扩展卡尔曼滤波方法的状态估计由两部分构成：一部分是由式(5-24)或式(5-26)计算的，是完全由模型估计的；第二部分是基于测量值给出的，是对状态估计的修正部分。

根据上述卡尔曼滤波和扩展卡尔曼滤波过程可以发现，应用该方法进行状态估计的步骤可以归纳如下：

第一步：为卡尔曼滤波器选取两个零时刻的初始值，分别是 $X(0)$ 和 $P(0)$；然后获取一定的系统观测值，确定 Q,R 等常数。

第二步：应用时间更新方程，根据上一时刻的 $X(k)$,$P(k)$ 推算出下一时刻的状态估计 $\hat{X}(k+1)$ 和协方差估计 $P'(k+1)$。

第三步：应用测量更新方程，根据时间更新方程推算出的 $k+1$ 时刻的协方差估计 $P'(k+1)$，计算出卡尔曼增益 $K(k+1)$；结合时间更新方程推算出的状态估计 $\hat{X}(k+1)$ 和观测值 $Z(k+1)$ 得到该时刻状态的最优化估算值；更新 $k+1$ 状态下 $X(k+1)$ 的协方差估计，以保证算法可以自回归地递推运算下去。

5.2.2 卡尔曼滤波在交通状态估计中的应用

考虑到宏观交通流状态模型的非线性特征，本文仅以扩展的卡尔曼滤波方法在高速公路运行状态估计中的应用为例来说明卡尔曼滤波方法在交通流状态估计中的应用。

(1)宏观交通流模型。

研究表明,高速公路交通流的动态变化特征可以 Papgeorgiou 模型来描述,模型将道路空间离散化,并转化为离散时间形式的密度微分动态方程和速度微分动态方程来描述交通流状态变化过程。其中,空间离散化是将要分析道路分为 N 段(图 5-1),每段长度为 $\Delta_i(i=1,\cdots,N)$;时间离散化是基于时间周期 T 和离散时间片段 $k(k=0,1\cdots)$。模型如下:

密度方程:

$$\rho_i(k+1)=\rho_i(k)+\frac{T}{\Delta_i\lambda_i}[q_{i-1}(k)-q_i(k)+r_i(k)-s_i(k)] \tag{5-35}$$

式中:i——路段编号;

k——时间片段编号;

$\rho_i(k)$——区间平均密度;

$q_i(k)$——k 时间段通过 i 路段的流率;

$r_i(k)$——入口匝道流率;

Δ_i——路段 i 的长度;

T——采样周期;

$s_i(k)$——出口匝道流率。

$$s_i(k)=\beta_i(k)\cdot q_{i-1}(k) \tag{5-36}$$

速度方程:

$$v_i(k+1)=v_i(k)+\frac{T}{\tau}\{v[\rho_i(k)]-v_i(k)\}+\frac{T}{\Delta_i}v_i(k)[v_{i-1}(k)-v_i(k)]-\frac{vT}{\tau\Delta_i}\frac{[\rho_{i+1}(k)-\rho_i(k)]}{\rho_i(k)+\kappa}-\frac{\delta T}{\Delta_i\lambda_i}\frac{r_i(k)v_i(k)}{\rho_i(k)+\kappa}+\xi_i^{\mathrm{v}}(k) \tag{5-37}$$

式中:$v_i(k)$——区间平均运行速度;

τ、v、δ、κ——模型参数;

$v[\rho_i(k)]$——区间平均密度 $\rho_i(k)$ 对应的平均速度,

$$v[\rho_i(k)]=v_f\mathrm{e}^{[-\frac{1}{\alpha}(\frac{\rho_i(k)}{\rho_{\mathrm{cr}}})^{\alpha}]} \tag{5-38}$$

式中:v_f——自由流速度;

ρ_{cr}——临界密度;

α——参数。

流量方程:

$$q_i(k)=\rho_i(k)\cdot v_i(k)\cdot\lambda_i+\xi_i^{\mathrm{q}}(k) \tag{5-39}$$

式中:$\xi_i^{\mathrm{q}}(k)$,$\xi_i^{\mathrm{v}}(k)$——均值为 0,服从正态分布的随机变量。

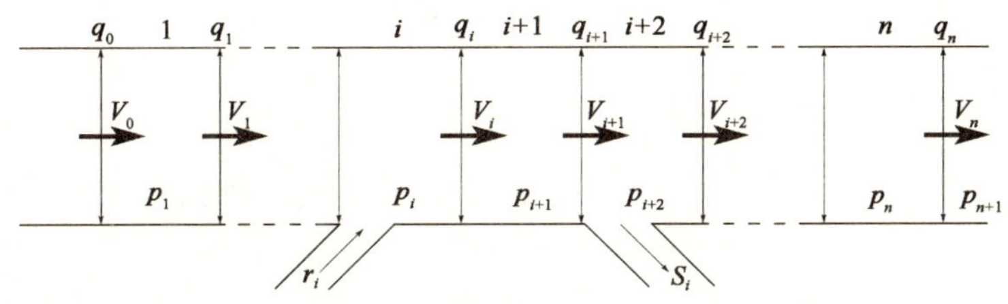

图 5-1　道路空间离散化示意图

(2)交通流状态空间模型。

对于高速公路而言,有多种交通流检测设施可以检测到道路路段上的流量和速度,因此,可将速度和流量当作测量变量,而把密度和区间运行速度当作状态变量。假设在高速公路两个相邻的路段 i 与 $i+1$ 的“边界”上有交通流检测设施,用 $m_i^q(k)$ 和 $m_i^v(k)$ 分别表示时间 $[(k-1)T, kT]$ 内路段 i 上的交通量和速度的测量值,则有:

$$m_i^q(k) = q_i(k) + \gamma_i^q(k) \tag{5-40}$$

式中:$q_i(k)$——路段上的流量;

$\gamma_i^q(k)$——误差(假设其服从均值为 0 的正态分布)。

由式(5-37),式(5-38)又可以表示为:

$$m_i^q(k) = \rho_i(k) \cdot v_i(k) \cdot \lambda_i + \xi_i^q(k) + \gamma_i^q(k) \tag{5-41}$$

同样,时间 $[(k-1)T, kT]$ 内路段 i 上的速度的观测值可以表示为:

$$m_i^v(k) = v_i(k) + \gamma_i^v(k) \tag{5-42}$$

式中:$m_i^v(k)$——平均速度;

$\gamma_i^v(k)$——速度的测量误差(假设其服从均值为 0 的正态分布)。

如果路段 i 上有进口匝道或出口匝道,则还有:

$$m_i^r(k) = r_i(k) + \gamma_i^r(k) \tag{5-43}$$

$$\begin{aligned} m_i^s(k) &= s_i(k) + \gamma_i^s(k) \\ &= \beta_i(k) \cdot [\rho_{i-1}(k) v_{i-1}(k) \cdot \lambda_{i-1} + \xi_{i-1}^q(k)] + \gamma_i^s(k) \end{aligned} \tag{5-44}$$

式中:$m_i^r(k)$,$m_i^s(k)$——分别表示时间 $[(k-1)T, kT]$ 内从匝道进入和离开路段 i 的交通量;

$\gamma_i^r(k)$,$\gamma_i^s(k)$——服从均值为 0 的正态分布。

记:

$$S = [\rho_1 \quad v_1 \quad \rho_2 \quad v_2 \quad \cdots \quad \rho_N \quad v_N]^{\mathrm{T}}$$

$$d = [q_0 \quad v_0 \quad \rho_{N+1} \quad r_1 \quad \cdots \quad r_N \quad \beta_1 \quad \cdots \quad \beta_N]^{\mathrm{T}}$$

$$p = [v_f \quad \rho_{\mathrm{cr}} \quad \alpha \quad]^{\mathrm{T}}$$

$$\xi_1 = [\xi_1^{\mathrm{q}} \quad \xi_2^{\mathrm{v}} \quad \cdots \quad \xi_N^{\mathrm{q}} \quad \xi_N^{\mathrm{v}}]^{\mathrm{T}}$$

则该高速公路路段在 $k+1$ 时间段内的交通流状态模型可以表示为：

$$S(k+1) = g[S(k), d(k), p(k), \xi_1(k)] \tag{5-45}$$

式中：$g(\cdot)$——非线性可微向量函数；

$S(k)$——$k+1$ 时间段（时间 $[(k-1)T, kT]$）内交通流状态；

$p(k)$——模型未知参数；

$d(k)$——边界条件。

对于给定的道路而言，边界条件 $d(k)$ 是难以完全获得的，例如，当有进口匝道或出口匝道时，从匝道上进入或驶出的交通量往往是不知道的；此外，对于交通流密度而言，边界值 ρ_{N+1} 也是无法知道的。为了克服上述问题影响，引入附加状态模型：

$$d(k+1) = d(k) + \xi_2(k) \tag{5-46}$$

$$p(k+1) = p(k) + \xi_3(k) \tag{5-47}$$

式中，$\xi_2(k)$ 和 $\xi_3(k)$ 为均值为 0 的正态随机变量（向量）。

令 $X = [S^{\mathrm{T}} \quad p^{\mathrm{T}}]^{\mathrm{T}}, u = d, w = [\xi_1^{\mathrm{T}} \quad \xi_2^{\mathrm{T}} \quad \xi_3^{\mathrm{T}}]^{\mathrm{T}}$，则式(5-45)~式(5-47)可以记作：

$$X(k+1) = f[X(k), u(k), w(k)] \tag{5-48}$$

式中：$f(\cdot)$——非线性可微的向量函数；

$X(k)$——k 时间段内的交通流状态。式(5-48)就是所要分析的高速公路状态方程（系统方程）。

令 $Z = [m_1^{\mathrm{q}} \quad v_1^{\mathrm{q}} \quad \cdots \quad m_N^{\mathrm{q}} \quad v_N^{\mathrm{q}} \quad m_1^{\mathrm{r}} \quad \cdots \quad m_N^{\mathrm{r}} \quad m_1^{\mathrm{s}} \quad \cdots \quad m_N^{\mathrm{s}}]^{\mathrm{T}}$，则式(5-40)~式(5-44)可以记作：

$$Z(k) = h[X(k), V(k)] \tag{5-49}$$

式中：$h(\cdot)$——非线性可微的向量函数；

$Z(k)$——k 时间段内的所分析的高速公路路段上观测到的流量、速度。

则式(5-48)与式(5-49)构成了所分析的高速公路路段上交通流运行动态系统方程，可通过迭代过程式(5-25)~式(5-30)来估计或预测该路段在任一个分析时段内的交通运行状态：

$$\hat{X}(k+1) = f[\hat{X}(k), u(k), 0] + K(k+1)\{Z(k+1) - h[\hat{X}'(k+1), 0]\} \tag{5-50}$$

5.3 模糊聚类和概率神经网络

5.3.1 概率神经网络模型

概率神经网络是 D. F. Specht 博士于 1989 年提出的一种径向基函数(RBF)网络的重要变形,这种基于统计原理的神经网络模型在分类功能上与最优贝叶斯(Bayes)分类器等价,但它不像传统的多层前向网络那样需要用 BP 算法进行反向误差传播的计算,而是完全前向的计算过程。因此,该算法具有训练时间短且不易收敛到局部最小点的优点,特别适合于求解模式识别问题。

1)模型结构

神经网络一般由三层前向网络组成。第一层为输入层,由信号源节点组成;第二层为隐含层,单元的个数由所描述的问题而定;第三层为输出层。概率神经网络结构如图 5-2 所示。

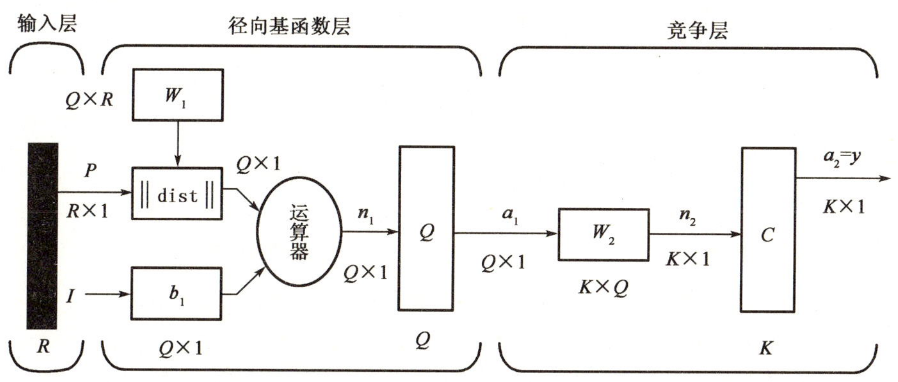

图 5-2 概率神经网络结构图

图 5-2 中,R 表示输入向量的维数;Q 表示输入目标样本数目,即隐含层神经元的个数;K 表示输入向量类别数目,即输出层神经元的个数;W_1 表示输入权重向量;‖dist‖模块表示输入向量和权值向量的距离,隐含层神经元采用高斯函数作为传递函数;n_1 为输入向量 P 和权值向量 W_1 的距离乘以阈值 b_1;输出层的传递函数为线性函数;模块 C 表示竞争传递函数,其功能是找出其输入向量 n_2 中各元素的最大值,并且使与最大值对应类别的神经元输出为 1,其他类别的神经元输出为 0。

2)模型训练

概率神经网络的训练比反馈神经网络简单,只需将权重用训练矩阵代替。假设有 Q 组训练向量对 $P_i/T_i(i=1,\cdots,Q)$,其中,P_i 为训练向量对中的输入向量$(R\times1)$,T_i 为训练向量对中的目标向量。K 为预定义类别数,$T_i(i=1,\cdots,Q)$ 的形式是 K 维向量,K 个分量分别对应 K 个模式类别,其中有且仅有一个分量为 1,其余为 0,表示所对应的输入向量属于与该分量对应的一类模式。训练时,输入以列向量形式组成一个输入矩阵 P_i,即训练输入向量矩阵 $R\times Q$。目标向量可组成一个矩阵 T,即训练目标向量矩阵$(K\times Q)$。

$$T = (T_1^{\mathrm{T}},\cdots,T_Q^{\mathrm{T}}) \tag{5-51}$$

概率神经网络的训练过程为网络的输入权重向量 W_1 被设置为 P_{m} 的转置矩阵,W_2 被设置为矩阵 T。这样,训练完成后网络的输出矩阵和目标向量矩阵的残差为零。

3)模型应用

当 $P=(p_1,\cdots,p_R)^{\mathrm{T}}$ 向已经训练好的网络输入时,网络的第一层计算该输入向量与训练向量集中每一个训练向量的欧氏距离向量 $D=(d_1,\cdots,d_Q)^{\mathrm{T}}$,即:

$$D = (\|P-P_1\|,\cdots,\|P-P_Q\|)^{\mathrm{T}} \tag{5-52}$$

生成的向量 D 与 b_1 相乘,相乘的结果用 n_1 表示,即 n_1 为径向量传递函数的输入向量:

$$n_1 = (b_1\|P-P_1\|,\cdots,b_1\|P-P_Q\|)^{\mathrm{T}}$$

n_1 作为径向基函数神经元的输入,得到径向基函数的输出:

$$a_1 = \mathrm{Radbas}(n_1) = (a_{11},\cdots,a_{1Q})^{\mathrm{T}} \tag{5-53}$$

式中,$0\leqslant a_{1i}\leqslant1, i=1,\cdots,Q$。

待检向量与训练向量集中的某个输入向量的欧氏距离越接近,a_1 中相应的位置输出值越接近 1。网络的第二层把 a_1 中的分量按模式类别求和,得到概率向量:

$$n_2 = (n_{21},\cdots,n_{2K})^{\mathrm{T}} = T\times a_1 \tag{5-54}$$

n_2 维数为 K,每一个分量对应一个模式类别,分量数值的大小表示输入向量 P 可以归类为该对应模式类别的概率。最后,这个向量还要经过一个竞争传递函数 C,其运算规则为:

$$n_{2k} = \begin{cases} 1, & n_{2k} = \max(n_{21},\cdots,n_{2K}) \\ 0, & n_{2k} = \max(n_{21},\cdots,n_{2K}) \end{cases} \tag{5-55}$$

竞争传递函数的目的就是选出概率向量中最大数值的分量，并在竞争层输出向量 a_2 将其置 1，其余元素置 0，表示网络把 P 归类为此模式类别。通过这样一个过程，网络就将该输入向量 P 分类到某一类最可能正确的模式，从而完成了模式分类。

5.3.2 模糊 C 均值聚类算法

模糊 C 均值聚类是一种基于划分的聚类算法。该算法假设第 k 个观测值为 $x_k=(x_{k1},x_{k2},\cdots,x_{kn})^{\mathrm{T}}$，$N$ 个观测值的集合记作 X，X 表示一个 $n\times N$ 的矩阵：

$$X=\begin{bmatrix} x_{11} & x_{12} & \cdots & x_{1N} \\ x_{21} & x_{22} & \cdots & x_{2N} \\ \vdots & \vdots & & \vdots \\ x_{n1} & x_{n2} & \cdots & x_{nN} \end{bmatrix}$$

令 c 表示预定的类别数目，μ_{ik} 表示第 k 个样本对于第 i 个样本的隶属度，关于 μ_{ik} 的基本假设有：

(1) $\mu_{ik}\in[0,1]$，$1\leqslant k\leqslant N$，$1\leqslant i\leqslant c$；

(2) $\sum\limits_{i=1}^{c}\mu_{ik}=1$，$1\leqslant k\leqslant N$；

(3) $0<\sum\limits_{k=1}^{N}\mu_{ik}<N$，$1\leqslant i\leqslant c$。

由 Dunn 定义的 C 均值函数如下：

$$J(X;U,V)=\sum_{i=1}^{c}\sum_{k=1}^{N}(\mu_{ik})^{m}\|x_k-v_i\|_A^2 \tag{5-56}$$

式中，$V=[v_1,v_2,\cdots,v_c]$，$v_i\in R^n$，表示第 i 类的聚类中心，需要计算得到；$\|x_k-v_i\|_A^2$ 表示内积距离模的平方，其定义为：

$$D_{ikA}^2=\|x_k-v_i\|_A^2=(x_k-v_i)^{\mathrm{T}}A(x_k-v_i)$$

通过构造拉格朗日乘子对式[式(5-57)]求最小值的解：

$$J(X;U,V,\lambda)=\sum_{i=1}^{c}\sum_{k=1}^{N}(\mu_{ik})^{m}D_{ikA}^2+\sum_{k=1}^{N}\lambda_k\left(\sum_{i=1}^{c}\mu_{ik}-1\right) \tag{5-57}$$

通过式(5-57)关于 U、V 和 λ 的偏导数等于 0 的方程组可解得 μ_{ik} 和 v_i。

$$\mu_{ik}=\frac{1}{\sum\limits_{j=1}^{c}(D_{ikA}/D_{jkA})^{2/(m-1)}},1\leqslant i\leqslant c,1\leqslant k\leqslant N \tag{5-58}$$

$$v_i=\frac{\sum\limits_{k=1}^{N}\mu_{ik}^{m}x_k}{\sum\limits_{k=1}^{N}\mu_{ik}^{m}},1\leqslant i\leqslant c \tag{5-59}$$

求出所有样本对于各类的隶属度值$\mu_{ik}(1\leqslant i\leqslant c,1\leqslant k\leqslant N)$和各类的聚类中心$v_i(1\leqslant i\leqslant c)$。根据隶属度最大原则,确定样本的类别,得到样本的类别向量T,从而完成了模糊聚类的划分。

5.3.3 基于 PNN-FCM 算法的交通状态估计

1)交通状态特征参数的选取

所采用数据为微波检测器数据,这些数据包括流量、速度、占有率、大型车车辆数。在国内,普通公路交通特征明显不同于城市道路交通,公路上运行的大型车比例较大,而且通过数据分析可知,大型车比例是影响速度变化的重要因素,从而对交通运行状态产生一定的影响。因此,基于上述考虑,选择大型车比例作为交通状态判别指标之一。通过流量和长车数数据得到大型车比例数据,计算公式如下:

$$p_i = \frac{Cq_i}{Q_i} \tag{5-60}$$

式中:p_i——第i个采样周期的大型车比例;

Cq_i——第i个采样周期的长车数;

Q_i——第i个采样周期的流量。

确定了备选的判别指标后,通过计算两者之间的相关系数可确定交通状态判别指标的个数。对于二维随机变量(X,Y),可用相关系数r这一参数来描述X与Y之间的相互关系的数字特征。相关系数r的计算公式如式(5-61)所示。

$$r = \frac{\operatorname{cov}(X,Y)}{\sqrt{\sigma_x}\cdot\sqrt{\sigma_y}} = \frac{\sum_{i=1}^{n}(x_i - \overline{x_i})(y_i - \overline{y_i})}{\sqrt{\sum_{i=1}^{n}(x_i - \overline{x_i})^2\sum_{i=1}^{n}(y_i - \overline{y_i})^2}} \tag{5-61}$$

式中:$\operatorname{cov}(X,Y)$——两变量的协方差;

σ_x、σ_y、$\overline{x}$、$\overline{y}$——分别为变量x、y的方差和平均值。

如果相关系数接近于1时,表明两个向量的变化趋势相似,去掉其中一个参数,对分类的结果影响不大(后文将给出结果对比),这样就减少了模型输入的交通状态指标数量,降低了模型的复杂度,减少了数据的采集量。

2)分类数确定

根据实际情况,将交通状态划分为两类或三类,易于被驾驶员理解和辨别。首先结合交通流量—速度分布图,观察公路交通运行状态的变化情况;然后,利用 FCM 方法,通过比较不同类别数的分类的划分系数和分类模糊熵确定最优的划分类别数。

(1)计算划分系数 PC,代表两类之间的重叠度,计算公式如下:

$$PC(c) = \frac{1}{N}\sum_{i=1}^{c}\sum_{j=1}^{N}(\mu_{ij})^2 \tag{5-62}$$

(2)计算划分熵 CE,代表分类的模糊性,计算公式如下:

$$CE(c) = -\frac{1}{N}\sum_{i=1}^{c}\sum_{j=1}^{N}\mu_{ij}\log(\mu_{ij}) \tag{5-63}$$

式中:μ_{ij}——第 j 个样本隶属于第 i 类的隶属度。

PC 值越大表示划分的类别数越优,CE 值越小表示划分的类别数越优。

3)交通状态判别算法设计

首先,对微波检测器采集到的包含各种交通状态的历史数据,通过模糊聚类将其分为代表不同拥挤程度的三类,得到各样本隶属于各类的隶属度;然后,选取用于 PNN 训练和验证的数据,并对其进行修正;最后,根据训练好的 PNN 对公路交通状态进行实时判别,该算法的具体步骤如下。

步骤 1:数据预处理。

数据质量的好坏直接影响到交通状态判别结果的准确性和效果的好坏。经过检测器采集的各种数据都或多或少地存在各种问题,比如含有噪声数据、错误数据、缺失数据或重复数据等。而如果对这些问题不进行预处理将会对模型和判别结果产生很大的影响。本章所介绍的数据预处理包括:异常数据处理、指数平滑处理、数据标准化等。

(1)异常数据处理。

通常,由检测器采集到的交通数据都包含一定的噪声数据。本章通过交通流机理法对异常数据进行剔除。

(2)指数平滑处理。

利用指数平滑法对原始交通数据进行平滑处理,剔除短期的交通干扰,如对随机波动、交通脉冲和压缩波等的处理。交通参数的指数平滑计算公式为:

$$y(t) = \alpha x(t) + (1-\alpha)y(t-1) \tag{5-64}$$

式中:$x(t)$——第 t 个交通流或者速度值;

$y(t)$——第 t 个平滑值;

α——权重系数,$\alpha \in [0,1]$。

通过指数平滑处理,可以提高数据的稳定性。

(3)数据标准化。

由于不同指标的特征值存在量纲上的差异,为了消除指标特征值量纲的影响,用式(5-65)对其进行标准化处理。

$$r_{ij} = \frac{x_{ij} - x_{i\min}}{x_{i\max} - x_{i\min}} \tag{5-65}$$

式中:$x_{i\max}$——第 i 个指标的最大值;

$x_{i\min}$——第 i 个指标的最小值;

r_{ij}——x_{ij}的标准化值,$0 \leqslant r_{ij} \leqslant 1$,且 r_{ij}与 x_{ij}正相关。

步骤 2:交通状态判别指标的约减。

通过计算 X 与 Y 之间的相关系数,确定交通状态判别指标的个数。对于二维随机变量(X,Y),用相关系数 r 这一参数来描述 X 与 Y 之间的相互关系的数字特征。相关系数 r 的计算公式如下:

$$r = \frac{\mathrm{cov}(X,Y)}{\sqrt{\sigma_x} \cdot \sqrt{\sigma_y}} = \frac{\sum_{i=1}^{n}(x_i - \overline{x_i})(y_i - \overline{y_i})}{\sqrt{\sum_{i=1}^{n}(x_i - \overline{x_i})^2 \sum_{i=1}^{n}(y_i - \overline{y_i})^2}} \tag{5-66}$$

式中:X 和 Y——表示流量、速度、占有率和大型车比例;

$\mathrm{cov}(X,Y)$——表示 X 与 Y 的协方差;

σ_x、σ_y、$\overline{x}$、$\overline{y}$——分别为变量 x、y 的方差和平均值。

如果相关系数接近于1时,表明两个向量的变化趋势相似,提供的分类信息是重复的,因此去掉其中一个参数,不会对分类的结果产生影响(后文将给出结果对比)。

在此过程中可以对交通参数进行约减,从而在判别交通运行状态时减少了数据的采集量,降低了模型的复杂度。

步骤 3:选取 PNN 的训练数据和验证数据。

通过 FCM 聚类结果,选取 PNN 训练数据和验证数据。在 FCM 聚类得到的各样本隶属于每一类的隶属度 μ_{ik}的基础上,根据隶属度最大原则,计算各样本隶属于相应类别的隶属度。计算公式如下:

$$\mu_k = \bigvee_{i=1}^{c} \mu_{ik}(x_k), k = 1,2,\cdots,N \tag{5-67}$$

式中:$\vee$——模糊算子;

μ_{ik}——第 k 个样本隶属于第 i 类的隶属度。

进一步选取隶属度大于 0.9 的样本为 PNN 训练数据和验证数据。即

$$X' = \{x_k \mid \mu_k \geqslant 0.9, k \in (1,2,\cdots,N)\} \tag{5-68}$$

X'是一个 $n \times N'(N' < N)$ 的矩阵。

步骤 4:训练、验证数据的校对。

由于相同的交通流量可以对应不同的交通状态,因此上述选择的数据是不全面的,需要增加一些数据或限制条件作为 PNN 的训练、验证数据,以提高判别的准确度,参照专家意见对训练、验证数据进行校对。

对选取的数据进行校对,能有效提高交通状态判别的准确度。

步骤 5:PNN 网络模型训练及验证。

步骤 6:采集实时交通数据,进行标准化。

步骤 7:输入 PNN 模型,得到公路交通运行状态估计,并提供给相关用户。

步骤 8:更新数据,转步骤 6。

相对于 FCM 算法,本章提出的交通状态判别方法减少了数据的采集量,提高了判别的稳定性和准确性。

5.3.4 实例

本节利用公路交通运行质量指标对公路交通运行状态进行判别。数据来自:2009 年 12 月 1 日至 2010 年 3 月 25 日,北京市 G101 国道全天 24 小时、采样周期为 5min 的流量、速度、占有率、长车数据的微波检测器数据。通过式(5-60)计算得到大型车比例数据。选出非节假日、非不利天气的数据对模型进行验证,选取 4 天的数据用于概率神经网络的训练,选取 1 天的数据用于对模型进行验证。

为了评价新方法的性能,分别采用如下三种模型用于公路交通运行状态评估:

模型 1:基于 FCM 算法的交通状态判别。

模型 2:基于 PNN 和 FCM 相结合的方法,但是不包含交通状态指标的约减过程。

模型 3:基于 PNN 和 FCM 相结合的方法进行交通状态判别。

1)交通状态判别参数确定

已有数据包括采样周期为 5min 的流量、速度、占有率、大型车比例数据,则模型 2 的判别指标为这 4 个参数。为了便于分析比较,令模型 1 和模型 3 的参数相同。经过异常数据剔除、指数平滑处理以及标准化处理后,再计算流量、速度、占有率、大型车比例两两之间的相关系数,从而确定模型 3 的判别指标个数。

相关系数计算结果见表 5-6。

由表 5-6 可以看出，流量和占有率的相关系数接近于 1，为 0.95，因此去掉其中之一。为了直观起见，保留流量参数，则模型 1 和模型 3 的交通状态判别指标为流量、速度、大型车比例。

参数之间的相关系数表 表 5-6

指　标	流　量	速　度	占　有　率	大型车比例
流量	1	0.52	0.95	-0.61
速度	0.52	1	0.51	-0.69
占有率	0.95	0.51	1	-0.44
大型车比例	-0.61	-0.69	-0.44	1

2）分类数确定

经统计分析，发现一天内的交通高峰时段的流量没有超过此点道路的通行能力，而且速度变化平稳。

利用 FCM 算法，得到的隶属度，并计算得到分类系数及分类模糊熵，见表5-7。

分 类 指 标 表 表 5-7

分类性能指标	两　类	三　类
PC	0.8597	0.6713
CE	0.2446	0.5804

由表 5-7 可以发现，交通数据分为两类的性能指标优于分为三类的性能指标。因此，将交通状态分为状态 1 和状态 2 两种状态。

3）PNN 训练和验证数据的选取

通过 FCM 算法，将模型 2 和模型 3 中预处理后的交通数据分为三类，并得到相应的隶属度和聚类中心。下面以模型 3 为例说明 PNN 训练和验证数据的选取过程。

状态 1：速度较高，大型车比例较低。

状态 2：速度较低，大型车比例较高。

为了便于观察，将分类结果在流量—速度、大型车比例—速度关系图中展示，见图 5-3、图 5-4。

在图 5-3 中，x 轴和 y 轴分别表示流量和速度，图中右上部分表示状态 1，左下部分表示状态 2。

在图 5-4 中，x 轴和 y 轴分别表示大型车比例和速度标准值，图中左上部分表示状态 2，右下部分表示状态 1。

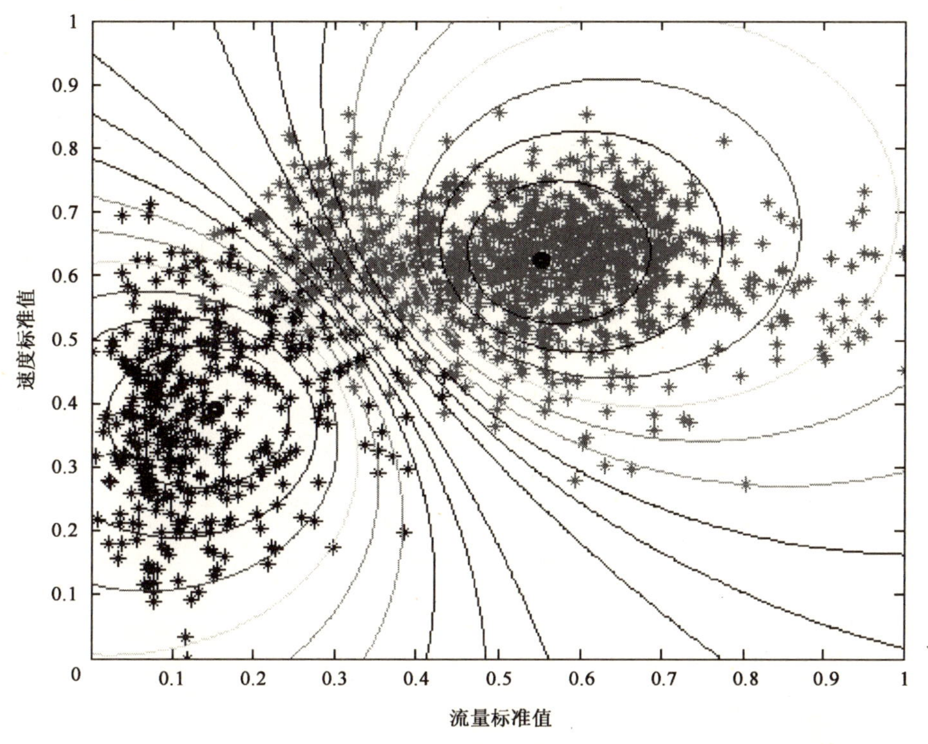

图 5-3　流量—速度标准值图

图 5-3 和图 5-4 中的曲线为等隶属度曲线，即位于曲线上的点的隶属度相等，距离聚类中心越近隶属度越大，距离聚类中心最近的曲线上的点隶属度为 0.9。

利用 FCM 的分类结果并结合此处道路的交通特征，选择训练数据和验证数据，具体过程包含如下两步：

(1) 选出隶属于每类的隶属度大于等于 0.9 的数据，即分别选择距离中心点最近的两个曲线圈内的点作为 PNN 的训练和验证数据。

(2) 参考专家意见对初步选取的数据进行补充修正。若速度高、大型车比例低，则将其修正为状态 1；若速度低、大型车比例高，则将其修正为状态 2。

经过以上两步选取的数据更能全面、准确地反映两种交通运行状态，避免了将流量低、大型车比例低而速度高的数据误判为状态 2，将流量高而速度低的数据误判为状态 1。因此，用这些数据训练后的 PNN 将能更准确地估计道路交通运行状态。

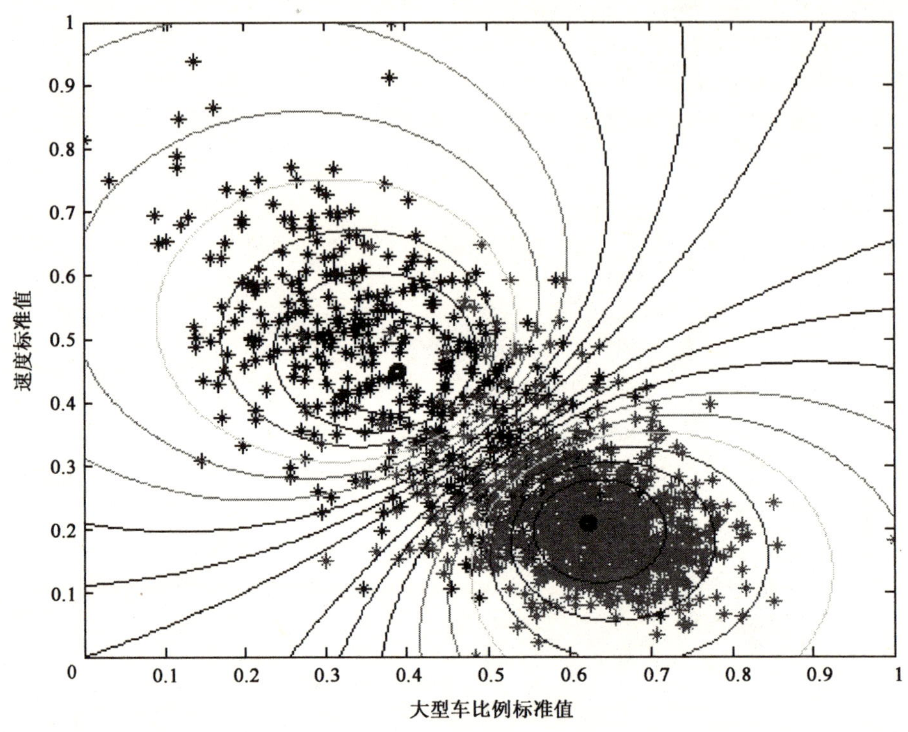

图 5-4 大型车比例—速度标准值图

4)模型交通运行状态评估结果

给出用于交通运行状态判别模型的数据日变化如图 5-5 所示。

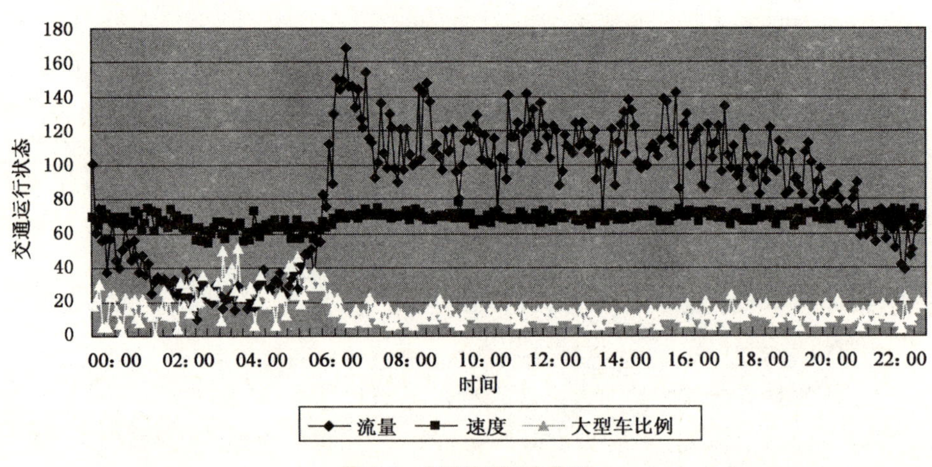

图 5-5 交通数据日变化图

由图 5-5 可见，公路的交通特征与城市道路明显不同，夜间（20:00 至次日 6:00）交通流量虽然降低，但受能见度降低及大型车比例高的影响，速度降低，波动性加大；虽然白天（6:00 ~ 20:00）交通流量增高，但是能见度较高，大型车比例低，车辆平均行驶速度高，而且变化平稳。

（1）模型 2 与模型 3 结果对比。

为了验证交通状态指标的约减过程是可行、有效的，比较参数约减前后的交通状态判别结果，即比较模型 2 和模型 3 的交通状态判别结果，如图 5-6 所示。

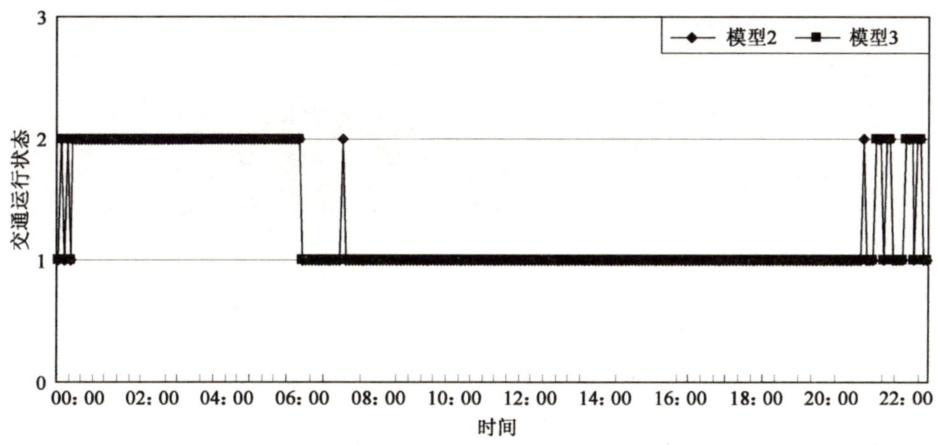

图 5-6　模型 2 和模型 3 分类结果对比图

图 5-6 中横轴为时间轴，纵轴表示交通运行状态，1 和 2 分别表示状态 1 和状态 2。由图 5-6 可见，参数的约减对交通状态分类的结果几乎没有影响，模型 3 中关于参数约减方法是可行、有效的，实际应用中减少了数据的采集量。

（2）模型 1 与模型 3 结果对比。

模型 1，通过 FCM 得到的隶属度函数，直接进行交通运行状态估计，其交通状态判别结果如图 5-7 所示。模型 3，即本节提出的新方法，其交通状态判别结果如图 5-8 所示。

在图 5-7 和图 5-8 中，横轴表示时间，纵轴表示交通运行状态，1 和 2 分别表示状态 1 和状态 2。

图 5-9 中浅灰色圆表示模型 1 和模型 3 判别结果一致的情况，圆半径的大小与数据的个数成正比。深灰色圆表示两种模型判别结果不一致的情况，圆半径的大小与数据的个数成正比。

由图5-9可以看出，除判别结果一致的数据外，模型3的判别结果为状态1而模型1的判别结果为状态2的数据较多，这主要是由于在流量低、速度高、大型车比例不高的情况下将模型1误判为状态2导致的。而当模型3判别结果为状态2时，模型1的判别结果为状态1的情况是由于流量高、速度低、大型车比例高，而将模型1误判为状态1引起的。

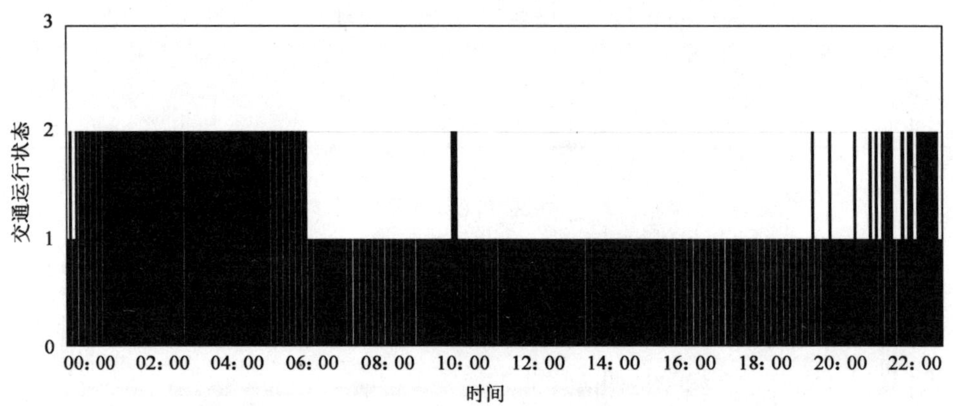

图5-7　模型1的交通状态判别结果

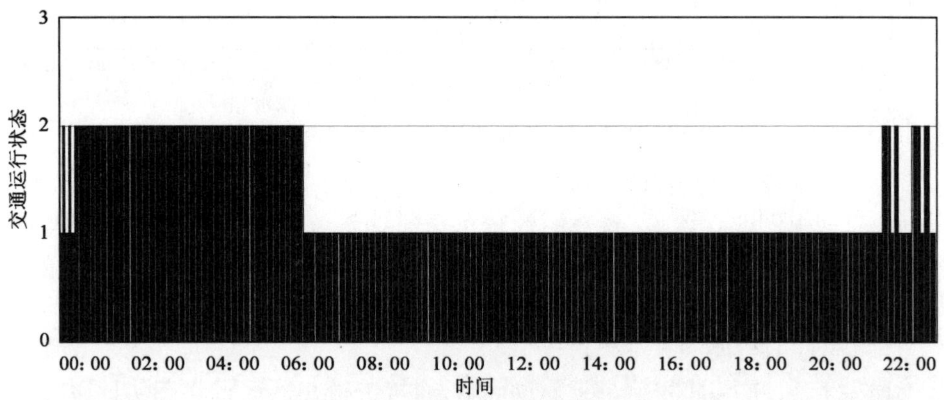

图5-8　模型3的交通状态判别结果

图5-10、图5-11分别给出了由模型1、模型3得到的交通流量、速度和大型车比例构成的三维空间的判别结果分布图。

图5-10和图5-11中，x轴、y轴、z轴分别表示交通流量(veh/5min)、速度(km/h)和大型车比例(%)。图中左边的黑色数据点属于状态2，右边的灰色数据点属于状态1。

由图5-8～图5-11可以发现：

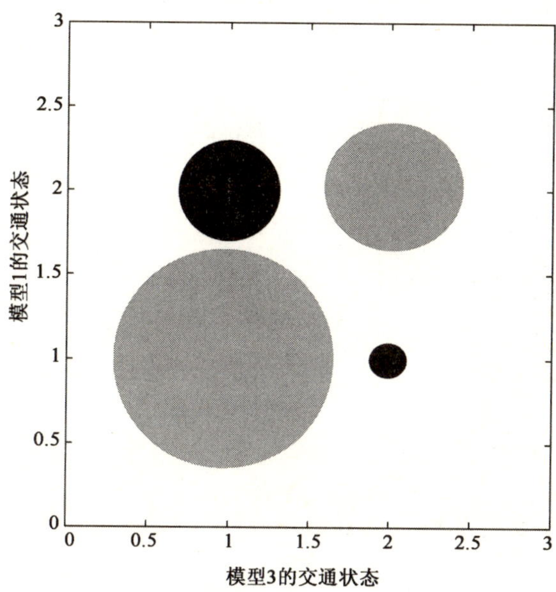

图 5-9 模型 1 与模型 3 的交通状态判别结果对比图

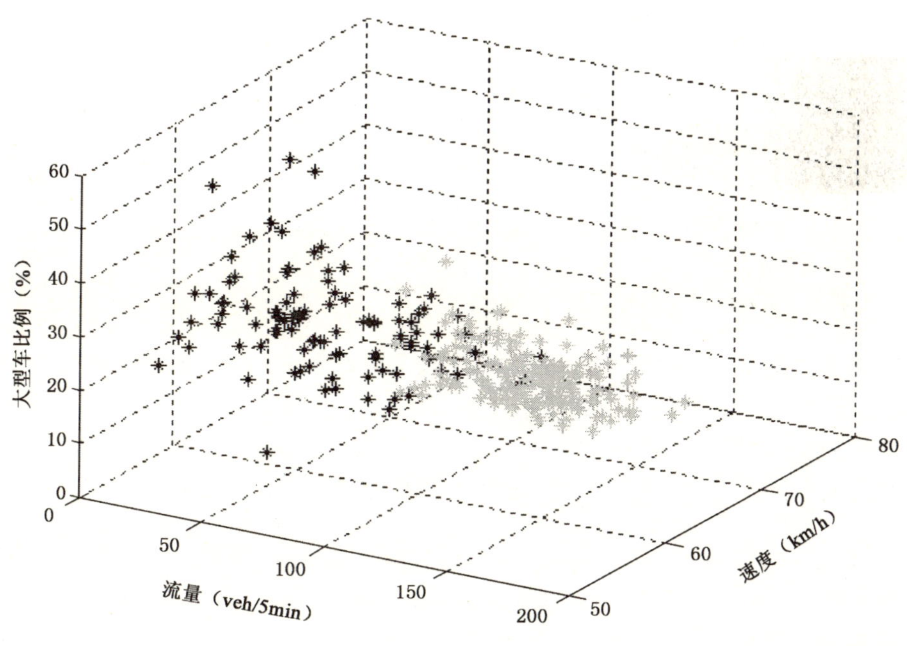

图 5-10 模型 1 的判别结果分布图

(1)比较图5-8和图5-9可得,模型3的判别结果比较稳定,对噪声数据具有一定的鲁棒性。

(2)比较图5-10和图5-11可得,模型3能准确估计交通流量低、速度高、大型车比例低的数据的运行状态,判别结果为状态1;而模型1的交通运行状态估计结果为状态2,不符合实际情况;模型3的误判率比模型1的低。

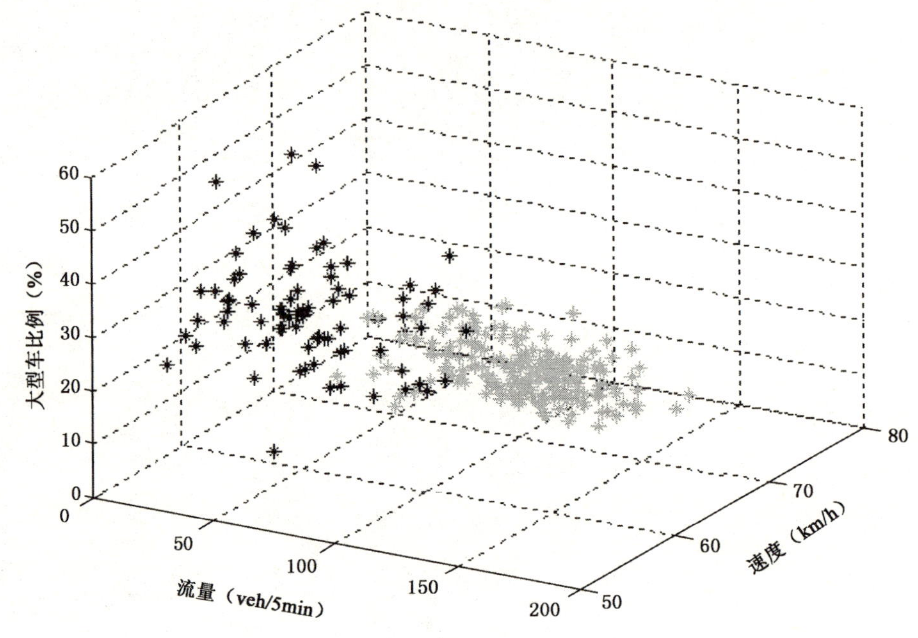

图5-11　模型3的判别结果分布图

5.3.5　小结

本节提出了一种基于概率神经网络和模糊聚类相结合的实时交通状态判别模型。归纳本节的创新点及研究成果如下:

(1)选择公路交通状态判别指标时,充分考虑了国内公路的交通特征和公路交通安全问题,本章选择大型车比例作为判别指标之一。

(2)提出了一种如何确定参数个数的方法。通过计算两参数之间的相关系数,确定参数的个数。该方法降低了实际应用中数据的采集量。

(3)给出了用于概率神经网络训练的数据选择方法,该方法提高了判别结果的准确性。

(4)本节提出的方法提高了判别结果的稳定性和准确性。

5.4 粗 糙 集 法

5.4.1 粗糙集法

1982 年 Pawlak 创立了粗糙集理论，该理论建立在分类机制基础上，将分类理解为在特定空间上的等价关系，而等价关系构成了对该空间的划分。粗糙集理论将知识理解成对数据的划分，每一被划分的集合称为概念。粗糙集理论的核心思想是给定一个域 U（有限的非空集合），域 U 上的一个等价关系 R（满足自反性、对称性和传递性）包含于 $U\times U$，称有序对 (U,R) 是一个近似空间或知识库。在近似空间中，等价关系将域 U 分割成两两互不相交的等价类，每一个等价类对应一个粒子，等价关系的实质是从域 U 到域 U 的幂集 2^U 上的一个映射 $R:U\to 2^U$，同时称商集 $U/R=\{[x]_R \mid \forall x\in U\}$ 是近似空间的一组知识基，也代表了域的一种粒度。

商集 $U/R=\{[x]_R \mid \forall x\in U\}$ 是等价关系 R 将论域 U 进行划分所得的等价类的集合，$\exists x_1,x_2,\cdots,x_n\in U$，使得 $U=[x_1]_R\cup[x_2]_R\cup\cdots\cup[x_n]_R$，其中，$[x_i]_R\cap[x_j]_R=\varnothing$，$i\neq j$；$i,j=1,2,\cdots,n$。

对于论域上的任何一个子集 X（近似空间的一个概念），可以用它的上、下近似算子来描述，其中：

$\underline{apr}(X)=\underline{R}(X)=\{x\mid x\in X,[x]_R\subset X\}$ 为 X 的下近似，表示论域中完全肯定隶属于 X 的元素组成的集合，即代表 X 包含的最大内核；$\overline{apr}(X)=\overline{R}(X)=\{x\mid x\in U,[x]_R\cap X\neq\varnothing\}$ 为 X 的上近似，表示论域中所有肯定和有可能隶属于 X 的元素组成的集合，即代表包含 X 的最小闭包。

以上是经典的 PAWLAK 意义下的粗糙集概念，另有较多的研究者常常用上下近似构成的偶对 $(R(X),\overline{R}(X))$ 表示 X 的粗糙集。定义角度的不同并不会影响对粗糙集概念的理解，因为其核心是下近似、上近似的概念，如图 5-12 所示。

知识约简（又叫属性约简）是粗糙集理论的核心内容之一，知识库中的知识（属性）并不是同等重要的，甚至其中某些知识是冗余的。所谓知识（属性）约简是在保持知识库分类能力不变的条件下，删除其中不相关或不重要的属性。在属性约简中有两个基本概念：约简（Red）和核（Core）。设 $Q\subseteq P$，如果 Q 是独立的，且 $\mathrm{ind}(Q)=\mathrm{ind}(P)$，则称 Q 为 P 的一个约简。显然，P 可以有多个约简。P 中所有必要关系组成的集合称为 P 的核，记作 $\mathrm{core}(P)$，即 $\mathrm{core}(P)=\cap\mathrm{red}(P)$，其中 $\mathrm{red}(P)$ 表示 P 的所有约简。

知识(属性)的依赖性可形式化地定义为:令 $K=(U,R)$ 是一个知识库,P,$Q\subseteq R$。当知识 Q 依赖于知识 P 时,也说成知识 Q 是由知识 P 导出的。

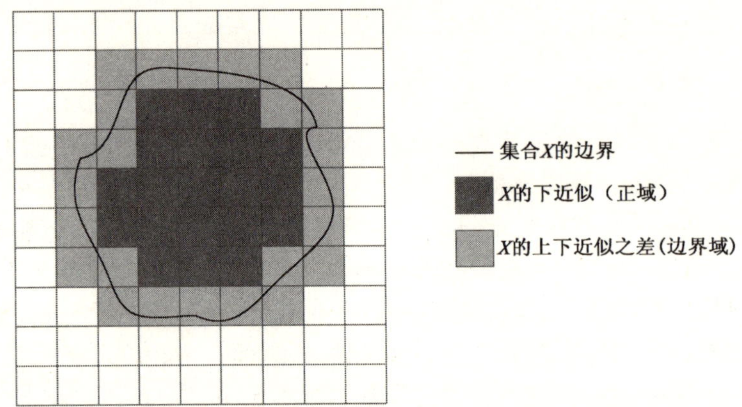

图 5-12　集合 X 的下近似集、上近似集和边界域

5.4.2　粗糙集法结构

粗糙集主要由知识表达系统、决策表、属性约简三部分构成。

1)知识表达系统(信息系统)

设四元组 $S=(U,A,V,f)$,其中 U 为对象的非空集合,称为论域;A 为属性的非空有限集合;$V=\bigcup_{a\in A}V_a$,V_a 是属性 a 的值域;$f:U\times A\to V$,是一个信息函数。它给每个对象属性赋予一个信息值,即 $\forall a\in A,x\in U,f(x,a)\in V_a$。

2)决策表

属性集 A 通常由条件属性和决策属性组成:$A=C\cup D$,$C\cup D=\varnothing$,C 称为条件属性集,D 称为决策属性集。具有条件属性和决策属性的信息系统称为决策表。例如:设 $U=\{x_1,x_2,x_3,x_4,\cdots,x_8\}$,$C=\{a,b,c\}$,$D=\{d\}$,如表 5-8 所示为数字化表达的决策表。

关于决策属性的有关概念介绍如下。

(1)决策属性依赖度。若 $U/C=\{x_1,x_2,\cdots,x_n\}$,$U/D=\{y_1,y_2,\cdots,y_m\}$,则决策属性 D 关于条件属性 C(或称 C 对 D)的依赖度定义为:

$$\gamma_C(D)=\frac{1}{|U|}\sum_{i=1}^{m}|\mathrm{POS}_C(y_i)|,y_i\in U/D \tag{5-69}$$

式中,$|U|$和$|\mathrm{POS}_C(y_i)|$均表示集合中包含元素的个数。显然,$0\leqslant\gamma_C(D)\leqslant1$,

$\gamma_C(D)$的大小从总体上反映了知识 d 对知识 C 的依赖程度。相对于决策属性集合 D,各条件属性集合在整个条件属性中的重要程度可能不完全相同。

数字化决策表　　表 5-8

U	a	b	c	d
x_1	1	1	1	0
x_2	1	1	2	1
x_3	1	1	3	1
x_4	0	1	1	0
x_5	0	1	2	0
x_6	0	1	3	1
x_7	0	0	2	1
x_8	0	1	3	0

(2)属性重要性。条件属性 c_i 关于决策属性 D 的重要程度定义为:

$$\mathrm{imp}_{C-\{c_i\}}^{D}(c_i) = \gamma_C(D) - \gamma_{C-\{c_i\}}(D) \tag{5-70}$$

式中,$\gamma_{C-\{c_i\}}(D)$表示除去条件属性 c_i 后,其余属性的依赖度。$\mathrm{imp}_{C-\{c_i\}}^{D}$ 越大,属性 c_i 在整个条件属性集合中的重要性越高。

(3)条件属性权系数。由条件属性的重要性可以得到条件属性的权系数,每个条件属性的重要性占整个条件属性集的比例,可以反映出该条件属性在作决策时对决策的影响。所以第 i 中条件属性的权系数定义为:

$$a_i = \frac{\mathrm{imp}_{C-\{c_i\}}^{D}(c_i)}{\sum_{j=1}^{n}\mathrm{imp}_{C-\{c_j\}}^{D}(c_j)}, i = 1,2,\cdots,n \tag{5-71}$$

3)属性约简

属性约简是在保持知识库分类能力不变的条件下,删除其中不相关或不重要的属性。属性约简的方法到目前为止,没有统一的标准,方法有很多,并且近年来不断有新方法涌现。具体有:利用区分矩阵和布尔函数法、启发式算法、基于属性重要度法、基于属性核扩充方法、基于邻域粒化和粗糙逼近方法、基于遗传算法、基于蚁群算法等。以利用区分矩阵约简为例,利用区分函数 Δ 是一个布尔函数:$\Delta = \prod_{(x,y)\in U\times U}\sum a(x,y)$,函数 Δ 的极小析取范式中的所有合取式是属性 A 的所有约简。得到的约简决策表见表 5-9。

约简决策表 表5-9

U	a	c	d
x_1	1	1	0
x_2	1	2	1
x_3	1	3	1
x_4	0	1	0
x_5	0	2	0
x_6	0	3	1
x_7	0	2	1
x_8	0	3	0

约简规则为：$ac \Rightarrow d$。

依照粗糙集理论，确立粗糙集方法模型的步骤如图5-13所示。

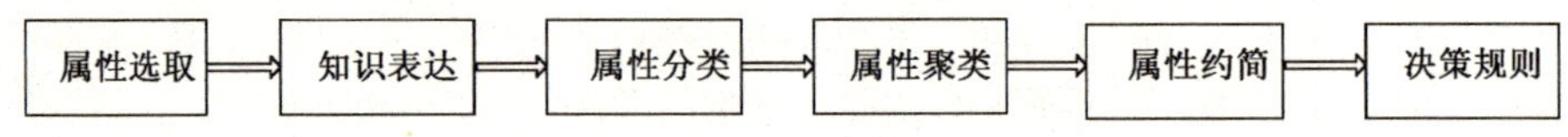

图5-13 粗糙集建模主要流程图

建模的具体步骤如下：

第一步：分析问题、选取数据、确定哪些量为条件属性数据（即条件属性指标），哪些为决策属性数据（即决策属性指标）。

第二步：将条件属性和决策属性数据列表形成原始粗糙集知识表达表。

第三步：将原始表中的属性数据按一定规则进行属性分类，并数字化，使其离散化。

第四步：将数字化后的粗糙集知识表达表进行聚类。

第五步：利用有关约简算法，得到约简规则。

第六步：按约简规则分别得出各种决策属性的决策规则。

基于粗糙集方法对由大量的交通数据组成的知识库，在分类能力不变情况下进行约减，确定决策交通状态类的集合。对于某一组特定的交通数据，通过比较属性元素与决策规则，确定所反映的交通状态。以交通参数与交通状态的映射关系为前提，将交通状态视为由多值属性集合描述的对象集合。其属性包括条件属性和决策属性，条件属性就是描述相应状态的特征量即属性指标，这里的属性指标是交通状态属性集中的子集（这取决于对交通状态的了解程度和可获取的属性子集）；决策属性则是交通状态分类结果的对应描述。在粗糙集模型中，用不同的描述符号来表示各个对象及其属性值（包括条件属性值和决策属性值)。将交通状态对象与属性对应的信息系统建立成知识表达模型,在形式上是把交通状态对象与属性对应成一个二维表格,即决策属性表,表格的行对应于对象,列对应于对象的属性(包括条件属性和决策属性),如表 5-10 所示。

决 策 属 性 表 表 5-10

U	属性指标 1	属性指标 2	属性指标…	交通状态
1				
2				
…				

通过属性约简,可得到剔除冗余属性的交通状态决策规则,并可评价属性对决策规则的重要度,最终通过交通状态决策规则来实现城市快速路交通状态的估计。

具体算法实现步骤如下:

第一步:将条件属性指标(流量 Q、速度 v、占有率 O、长车数 L)和决策属性指标,进行数据处理,建立初始决策表。

第二步:选定分类数 c,$c=\{2,3,4\}$,采用全局划分思想,对属性进行离散化处理并用数字符号进行标记。

第三步:将数字化矩阵进行行与行之间的比较,"If yes"则保留下一行,"If no"保留本行,如此运算直到最后一行,最终得到聚类后的决策集 S。

第四步:对属性进行约简,这里借鉴一种贪心式约简算法,主要算法如下:

(1)计算条件属性 C 的依赖度:$R_C(D)=[\mathrm{card}(U/C)\cap\mathrm{card}(U/D)]/\mathrm{card}(U)$。

(2)计算条件属性集合中的各个条件属性 C_i 的重要度,构成重要性集合 $Z_{C_i}(D)=R_C(D)-R_{C-C_i}(D)$,并按顺序排列。

(3)令初始约简属性集合 Y_C 为空集。

(4)选取 Z 中最大的 $\max(Z_{C_i})$,如果存在多个则任选一个 C_i将对应的属性 C_i 加入到约简属性集 Y_C 中,计算 $R_{Y_C}(D)$,并将 Z_{C_i}从 Z 中删除。

(5)如果 $R_{Y_C}(D)\geqslant R_C(D)$,则进入下一步(6);否则,返回(4)。

(6)Y_C 所包含的属性就是条件属性 C 的一个约简。

第五步:根据约简决策表 $Y_C:D$,进行决策规则提取:if C_i then D_i。

第六步:将样本数据经过第二步、第三步、第五步,输出结果。

5.4.3 实例分析

本章选取北京市东二环路典型路段交通流数据进行实例研究,通过实际数据进行验证和分析。

1)数据描述

本章选取北京市东二环快速路光明桥至东直门路段,作为研究对象。该路段包含了14个入口,12个出口,总长度约6.62km,路段限速80km/h,出入口处限速60km/h,车道数如图5-14所示。该路段的两端布设了车牌识别设备(图中★标识),路段沿线布设了微波检测器(编号1～15),如图5-14所示。

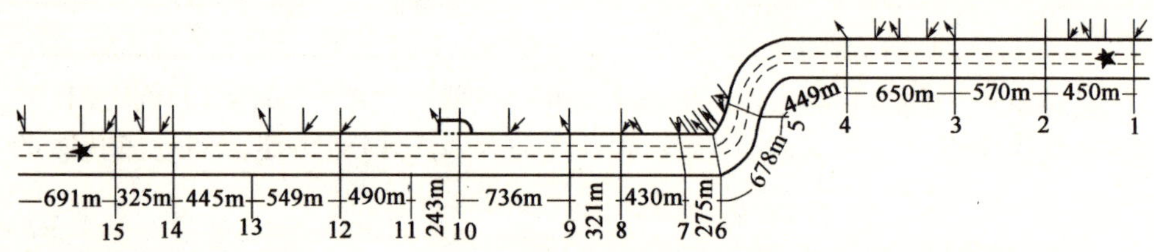

图5-14 研究路段及检测器布局图

注:入口(图中以"↙"标识)检测器位置编号:1,7,8,12,14,15;

中间(出、入口之间)检测器位置编号:2,11,13;

出口(图中以"↗"标识)检测器位置编号:3,4,5,6,9,10。

研究所采用的数据具体属性描述见表5-11。

数据属性 表5-11

数据类型	数据格式	时间段	检测器编号
微波数据	含日期、时间、检测器编码、速度、流量、占有率、长车数等字段	2007年11月1日至30日的全天24小时数据,采样周期为2min	1～15号检测器
车牌照数据	含日期、时间、路段节点编号,通过各个节点的时间以及经过简单数据处理,得到的两节点之间的行程时间等字段	2007年11月1日至30日全天24小时实时的行程时间数据(除23日、24日数据空缺外)	图5-14中★标识的车牌照检测器两处端点

2)数据预处理

通过检测器采集的交通数据,由于检测设备故障、通信系统故障、环境因素异常、采集周期较短等原因,数据往往存在质量问题,主要有:数据缺失、数据错误、包含较多噪声等问题。

如果直接将这些包含有质量问题的数据进行交通建模及分析,必将产生不稳定因素,影响交通建模、预测及分析的效果。因此,应预先对交通原始数据进行处理,剔除其中无效的数据,提高数据质量。经数据处理后,需要对缺失和被处理掉的数据进行修补,以便全面而连续地反映交通状况。

3)模型结果分析

本章针对各个路段都进行了模型研究,在试验过程中,一般选取一部分数据作为试验训练数据,另一部分为校验数据,进行多次不同的试验。采用全局分类的思想进行属性离散化,确定各个属性指标阈值主要是依据统计结果结合已有经验和大量的试验验证进行的。

(1)按两类交通状态估计进行划分得到的结果。

由图5-15(见彩插图5-15)可知,将交通状态划分为两类时,可以直接得出交通畅通状态和拥挤状态,比较简单,易于判断。但是,由于分类划分范围较大,导致交通拥挤的程度不能被清晰地显示,其本质原因是由于概念划分过于粗。

(2)按三类交通状态估计进行划分得到的结果。

由图5-16(见彩插图5-16)可知,将交通状态划分为三类时,可以得到含有中间过渡状态的交通畅通状态、缓行状态和拥挤状态,结果简单,易于人们接受和判断,相对于分两类时,可以清楚地区分交通拥挤发生的程度,由图可明显看出晚高峰时期的交通状态拥挤程度和早高峰拥挤程度的不同。从行程时间上看,晚高峰的交通拥挤没有早高峰拥挤程度强烈,且拥挤持续时间较短。

(3)按四类交通状态估计进行划分得到的结果。

由图5-17(见彩插图5-17)可知,将交通状态划分为四类(交通畅通状态、轻度拥挤状态、拥挤状态和严重拥挤状态),结果是比较简单且易于接受的。

由上述基于粗糙集模型的交通状态估计试验结果直观图可知:总体上,该模型对于交通状态的估计是符合实际情况的。早晚高峰时段的交通拥挤状态均被识别;从长路段交通状态的估计结果与行程时间的对照图可知,在行程时间的变化散点图上,明显可以看出,当总的行程时间高于理想的行程时间时就出现了拥挤,这与人们日常的感受是一致的,与估计出的交通状态趋势也是一致的;从子路段交通状态的估计结果与路段平均速度对照图可知,在平均速度的变化散点图上,明显可以看出,当平均速度低于能够忍受的行车速度时就出现了拥挤,这与人们日常的感受也是一致的,从状态估计图上也可以看出,结果比较准确。

4)模型检验

目前国内外常用的模型检验指标有:拥挤判别率(Identification Rate,IR)、拥挤误判率(False Identification Rate,FIR)及平均判别时间(Mean Time To Identification,MTTI)。这三个指标的计算公式如下:

$$IR = \frac{NIR}{IT} \tag{5-72}$$

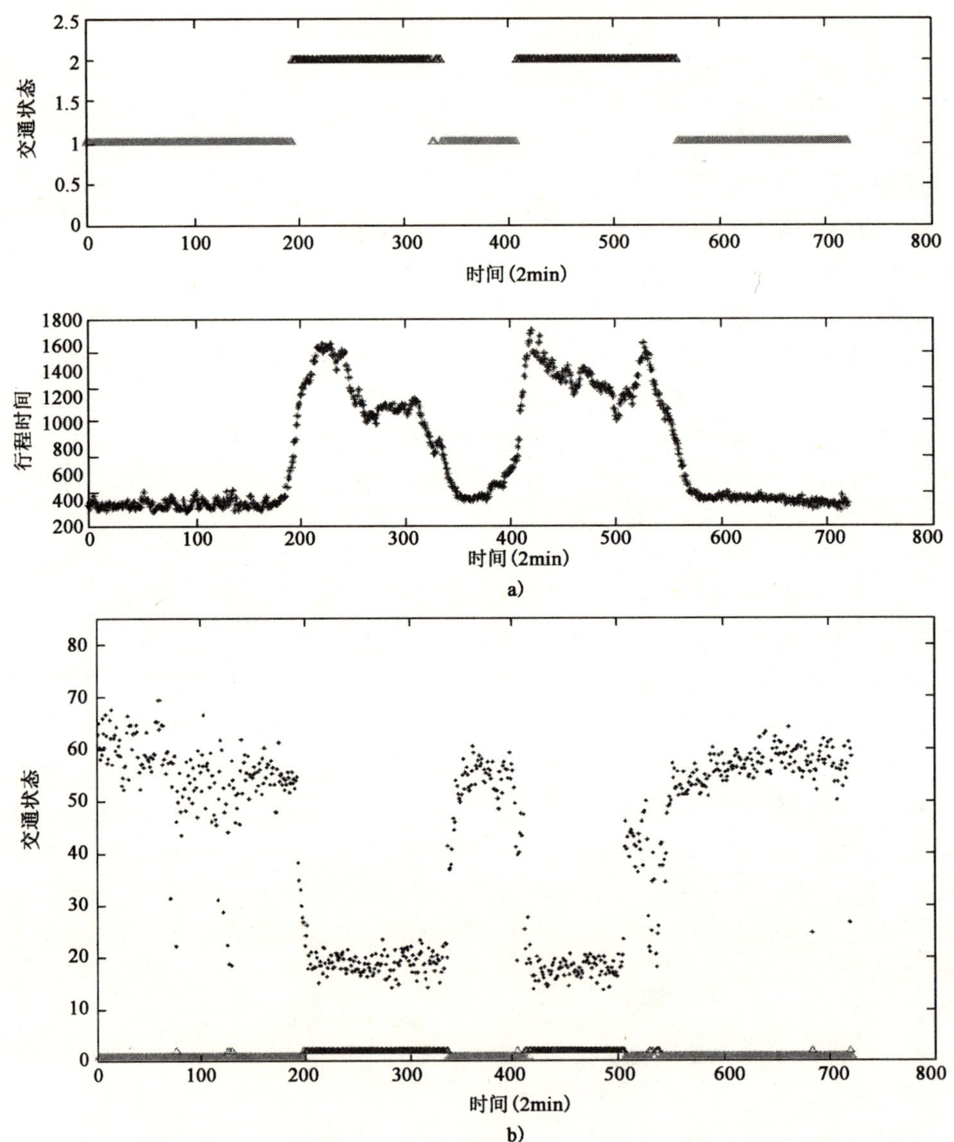

图 5-15　交通状态估计图(两类)

a)长路段交通状态与行程时间对照图;b)子路段交通状态与平均速度对照图

注:图中红色表示拥挤状态,绿色表示畅通状态。

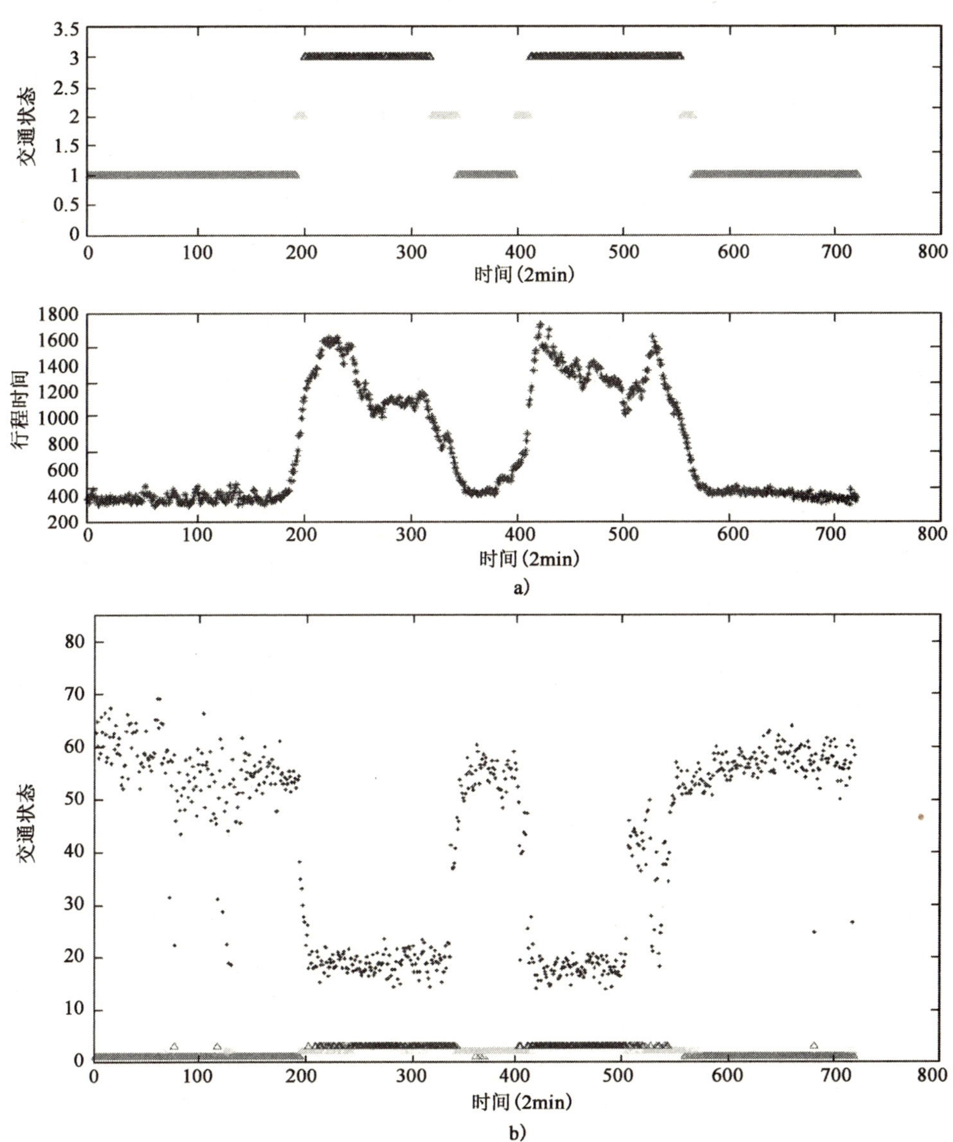

图 5-16 交通状态估计图(三类)

a)长路段交通状态与行程时间对照图;b)子路段交通状态与平均速度对照图

注:图中红色表示拥挤状态,黄色表示缓行状态,绿色表示畅通状态。

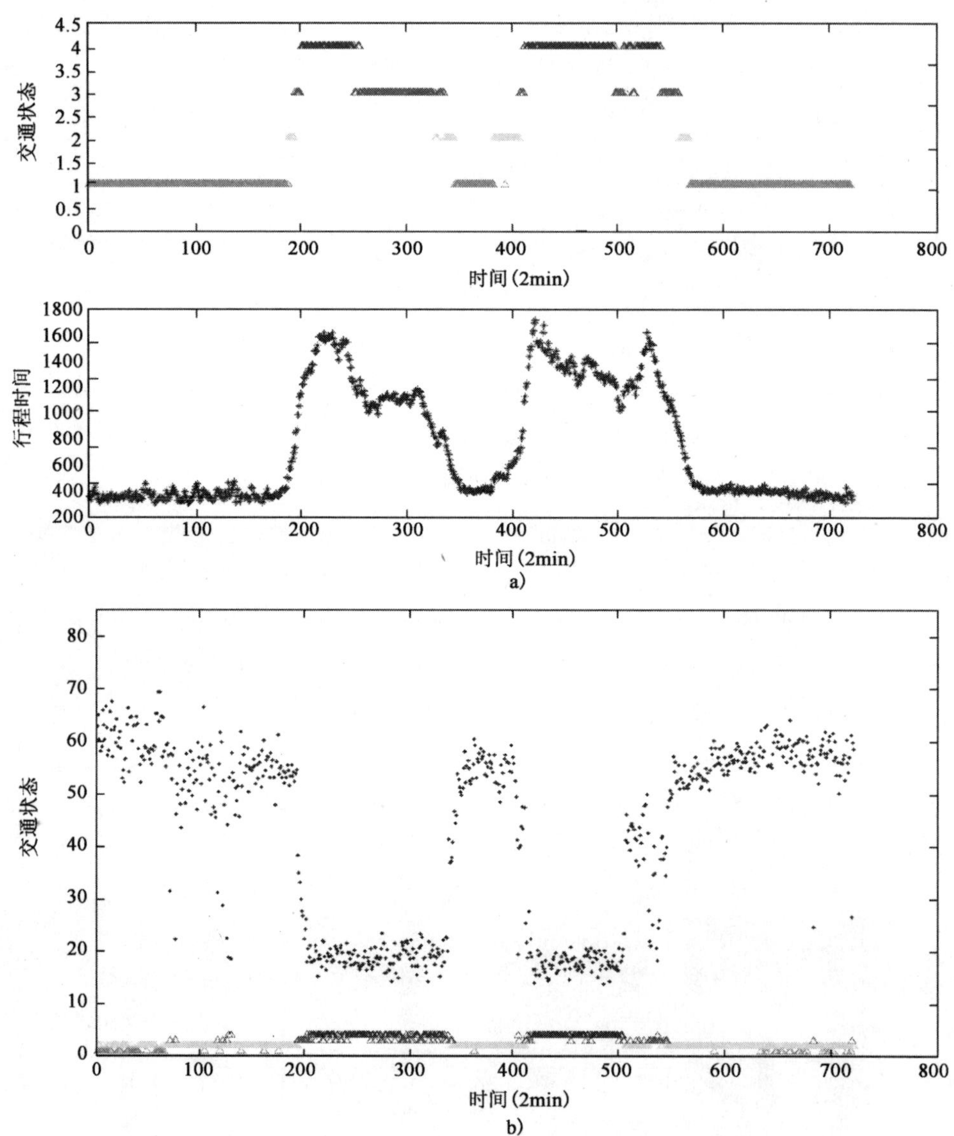

图5-17 交通状态估计图(四类)

a)长路段交通状态与行程时间对照图;b)子路段交通状态与平均速度对照图

注:图中红色表示严重拥挤状态,粉色表示拥挤,黄色表示轻度拥挤状态,绿色表示畅通状态。

$$FIR = \frac{NFIR}{NIR} \tag{5-73}$$

$$MTTI = \frac{1}{n}\sum_{i=1}^{n}[TI(i) - AI(i)] \tag{5-74}$$

式中：NIR——在时间 t 内检测到的拥挤数；

IT——对应时间 t 内实际发生的拥挤总数；

$NFIR$——对应时间 t 内误报的拥挤数；

$TI(i)$——算法估计交通拥挤状态结果的时刻；

$AI(i)$——拥挤实际发生的时刻。

对于不同路段和不同类别的交通状态估计可以通过对结果检验指标的统计来分析，如表 5-12 所示。

基于粗糙集模型的交通状态估计试验结果指标平均统计表 表 5-12

类别	2类			3类			4类		
指标 / 路段	IR (%)	FIR (%)	$MTTI$ (s)	IR (%)	FIR (%)	$MTTI$ (s)	IR (%)	FIR (%)	$MTTI$ (s)
长路段	96.56	0.074	20	98.14	0.0312	33	98.26	0.0352	40
子路段	90.08	0.014	15	97.23	0.1100	18	98.90	0.3250	23

从交通状态估计结果检验指标判别率和误判率的直观统计可以看出，总体上该模型的判别率比较高，在 90% 以上，误判率比较低；总体估计结果比较稳定。将交通状态估计试验结果检验指标进行分析对比，如图 5-18 所示。

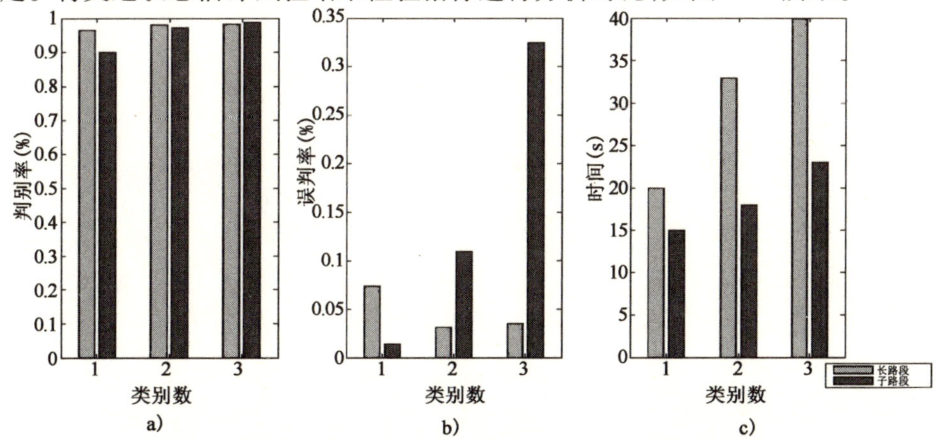

图 5-18 基于粗糙集模型的交通状态估计试验结果检验指标对比图

a)长路段与子路段判别率对比；b)长路段与子路段误判率对比；c)长路段与子路段判别时间对比

由图 5-18 可知,长路段的总体判别率低于子路段的;长路段的误判率也低于子路段的。结果说明,对长路段的交通状态估计较准确。长路段的平均判别时间长于子路段平均判别时间,是因为属性指标维数高,造成算法消耗时间长。

5.4.4 小结

综上所述,粗糙集模型在假设条件满足的情况下能够有效地估计交通状态,有效估计出早、晚高峰时段主路常发性交通拥挤,判别率较高,误判率较低,平均判别时间短。在试验中可以利用不同地点的交通检测器采集的数据——微波数据,进行多截面交通状态估计,模型可以通过属性约简得到对于决策结果相关性大的属性,从而实现去除冗余信息,提高判别效率,发现影响路段交通状态的有关因素和规律。虽然这里得到的试验结果效果比较好,但是对于粗糙集的属性离散化这一关键步骤,在确定属性指标的阈值时,采用这种基于大量统计和经验的方法必会受到较大的人为主观因素影响,故应对此进行改进。

6 交通综合信息平台

交通综合信息平台作为中国国家智能交通系统体系框架中提出的 ITS 十大应用领域之一，相对于其他九个应用领域，有其独到的特殊性。它是智能交通系统的核心和信息枢纽，其作为数据综合管理的载体，对区域智能交通系统的正常和高效运行起到了基础性、支撑性和关键性作用（图 6-1）。

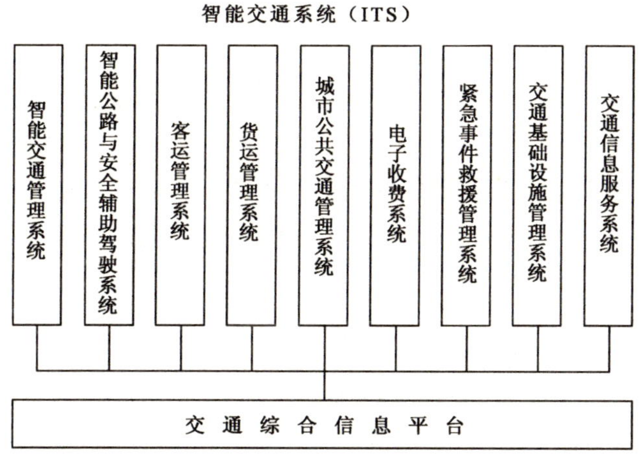

图 6-1　交通综合信息平台在中国 ITS 十大应用领域中所处地位示意图

本章将从交通综合信息平台的提出背景、基本概念、功能定位、总体架构、关键技术、发展现状和展望等方面，对交通综合信息平台技术作以概要的介绍。

交通综合信息平台不仅仅是一项技术问题，同时，政府的支持、部门的协调、机制的保障也是其顺利实施和成功运行不可或缺的重要条件。本章的内容将体现技术与政策机制并重。

6.1 交通综合信息平台的概念与功能

什么是交通综合信息平台？它是如何提出的？它在交通数据采集、处理与分析中处于什么地位？本节将围绕上述问题展开对交通综合信息平台概念与功能的介绍。

6.1.1 提出背景

ITS是一个由实现各种不同功能的应用系统分工协作并有效整合而形成的复杂大系统，而各应用系统间的互联互通、有效集成是发挥ITS整体效益的重要前提条件。鉴于ITS建设涉及多个交通相关部门的职能，每个部门既是ITS的数据源，又是其他部门数据以及在多部门数据之上进行综合性加工处理所得到信息的需求者。因此，只有各相关部门协调配合、共同行动起来，在必要的机制和技术手段下充分实现部门间的信息共享，ITS才可能得以顺利建设和发展。

同时，ITS的各个应用系统均可能采集交通数据，并通过自身的加工处理形成交通信息，这些采集的交通数据和形成的交通信息，对于其他一些ITS应用系统而言同样是需要的，甚至是不可或缺的，因而对于整个ITS和交通系统而言均是非常宝贵的资源。如何管理和应用好这些数据资源，使其最大限度地发挥效益，同样是一个需要相应的机制和技术手段支撑才有可能解决好的重要问题。

交通综合信息平台这一概念就是在这种背景下提出的。随着我国ITS建设的深入进行，这种思想已得到智能交通业界的广泛认同。交通综合信息平台相关的研究、工程建设、标准化工作已经在我国国家和地方层面全面展开，并取得了令人瞩目的阶段性成果。

6.1.2 基本概念

交通综合信息平台（又称交通共用信息平台，简称信息平台），其英文名称为Comprehensive Transportation Information Platform，英文缩写为CTIP。

交通综合信息平台是整合交通运输系统信息资源，按一定标准、规范完成多源异构数据的接入、存储、处理、交换、分发等功能，并面向应用服务，从而为实现交通运输相关部门的信息共享、高效管理、科学决策以及面向公众开展交通综合信息服务提供数据支持的大型综合性信息集成系统。

信息平台的本质与核心思想主要体现在以下几方面：

（1）部门间信息共享；

（2）ITS多源异构数据的整合与深层次加工处理；

（3）实现ITS各应用系统互联互通的信息枢纽；

（4）需多源数据支持的ITS应用系统（如交通综合信息服务系统）的后台和支撑。

6.1.3 功能定位

交通综合信息平台的基本定位是重要的交通信息化基础设施。

信息平台的功能定位包括以下几方面:

(1)信息共享交换枢纽。

信息平台是交通运输领域的信息枢纽,通过其实现交通运输行业各相关部门间的信息共享和交换,并为各相关应用系统的信息集成提供支持。

(2)数据分析处理中心。

信息平台是交通运输行业全面、权威、综合的数据中心,在整合交通运输相关数据资源的基础上,对多源数据进行规范化和融合处理,并进行深层次加工、挖掘、分析。

(3)数据应用支持平台。

信息平台根据相关部门(包括政府部门、交通运输运营企业、科研机构等)行使职能和完成业务的实际需求,为政府部门的行业管理与服务、交通运输企业的运营组织与服务、科研机构的科研工作,提供有力的数据支持,以辅助其决策。

(4)公众服务数据支撑。

信息平台以整合的交通运输领域数据资源为依托,在不违反数据保密规定的前提下,面向社会公众展示交通信息资源,提供公益性、普遍性的综合交通信息查询服务的窗口,并为面向公众开展交通综合信息服务提供数据支撑。

6.1.4 基本功能

从数据流程的角度考虑,信息平台的基本功能主要包括以下几方面。

(1)数据接入和采集。

信息平台从承担数据采集任务的现有各应用系统及各相关部门按照一定规则接入数据,同时可根据实际需要新建部分数据采集系统,直接从外场设备采集数据。并对多来源、不一致的数据进行数据融合,统一进行规范化处理后,加以存储。

(2)数据加工处理。

信息平台通过对接入的数据及采集并规范化处理的数据进行综合管理、深层次加工处理、挖掘、分析等,将原始数据转化成为各相关部门和公众服务所需的信息。

(3)数据输出。

信息平台根据用户(包括各相关部门和社会公众)需求及其权限,对用户组织数据输出,为部门更好地行使职能、完成业务、开展服务,为公众更加便捷地出行,提供数据支持。

根据数据存放地点的不同,信息平台数据输出的方式可分为两种:一是对于自身存放的数据直接加以组织输出,二是对于其他应用系统存放的细节数据由信息平台提供输出通道。

6.1.5 与相关应用系统的关系

相关应用系统指除信息平台之外的交通运输领域的相关信息系统。这些系统既是信息平台的数据来源,又是信息平台的服务对象。信息平台是对相关应用系统信息的有效集成,而绝不是对这些系统的简单重复。两者是互为支撑、分工协作、彼此不可替代的。

两者之间的关系具体表现在以下几方面:

(1)相关应用系统为实现特定的交通业务功能而建设,信息平台不会替代其实现原有业务功能。

(2)信息平台建立在相关应用系统之上,对各系统的信息进行有效集成;各系统通过信息平台实现信息交换与共享,以及互联互通。

(3)信息平台从相关应用系统接入数据,并对多源异构数据进行融合、加工、处理后,再根据需要提供给各系统,为各系统更好地实现其业务提供综合数据支持。

6.1.6 界定信息平台功能的原则

为了明确信息平台自身应当完成的本质与核心任务,避免信息平台与其他ITS应用系统及各交通相关部门建设的信息系统在功能上的重复与交叉,必须确定信息平台与其他系统之间的功能划分原则,界定本信息平台的功能范围。一般而言,应遵循如下原则:

(1)将来源于多部门数据的融合加工处理作为信息平台的功能。

(2)仅需单一应用的数据支持就可实现的功能,但该应用对原始数据的加工程度,不能满足其他部门的需求,对这类数据的深层次加工处理可以作为信息平台的功能。

(3)仅需单一应用的数据支持就可实现的且已经实现的功能,原则上不列入信息平台的功能范围,但可以通过信息平台使这些功能更好地为其他部门提供支持。

6.2 交通综合信息平台总体架构

6.2.1 系统层次架构概念模型

交通综合信息平台既是实现 ITS 各相关部门互联互通的通信网络的网络中心，又是汇集各类交通数据、并对其进行深层次加工处理的数据中心。

信息平台可分为三个层次：

(1)数据接入层。

信息平台通过从各相关部门和应用系统接入、由数据采集系统直接采集两种方式，获取各类交通数据。

(2)数据处理层。

信息平台通过数据检验、数据集成、数据规范化等进行数据质量控制；通过数据融合、数据分析、数据挖掘等进行数据深层次加工处理；并提供数据交换与共享的接口和技术手段。

(3)数据应用层。

信息平台的数据应用分为三类：为相关部门提供数据应用支持(如进行交通宏观发展战略决策、编制综合交通规划、制订交通建设与投资计划、实现多种运输方式协调、进行交通运输运营组织、开展交通综合信息服务等)；面向社会公众发布信息；实现相关部门间的信息交换与共享。

基于此，形成信息平台层次架构概念模型，如图 6-2 所示。

6.2.2 系统逻辑架构

根据交通综合信息平台的功能定位，从系统逻辑功能组织的角度出发，信息平台可抽象为以下七个逻辑功能。

(1)数据接入功能。

从不同的 ITS 应用系统和交通相关部门接入各类数据。其中包括：基础地理数据、交通规划信息、交通建设信息、交通基础设施数据、高速公路运行状况数据、货运数据、公共交通运营数据、出租车运营数据、长途客运数据、多式联运数据、交通管理设施数据、交通路况信息、交通事件信息、停车管理信息、交通执法信息、天气信息、交通环境信息等数据。

(2)数据采集功能。

除接入各应用系统数据外，信息平台还可以根据用户需求和区域交通系统的实际需要，直接采集部分交通信息，如通过采集车辆 GPS 动态数据分析判断交通运行状况，作为接入数据的有益补充和验证。

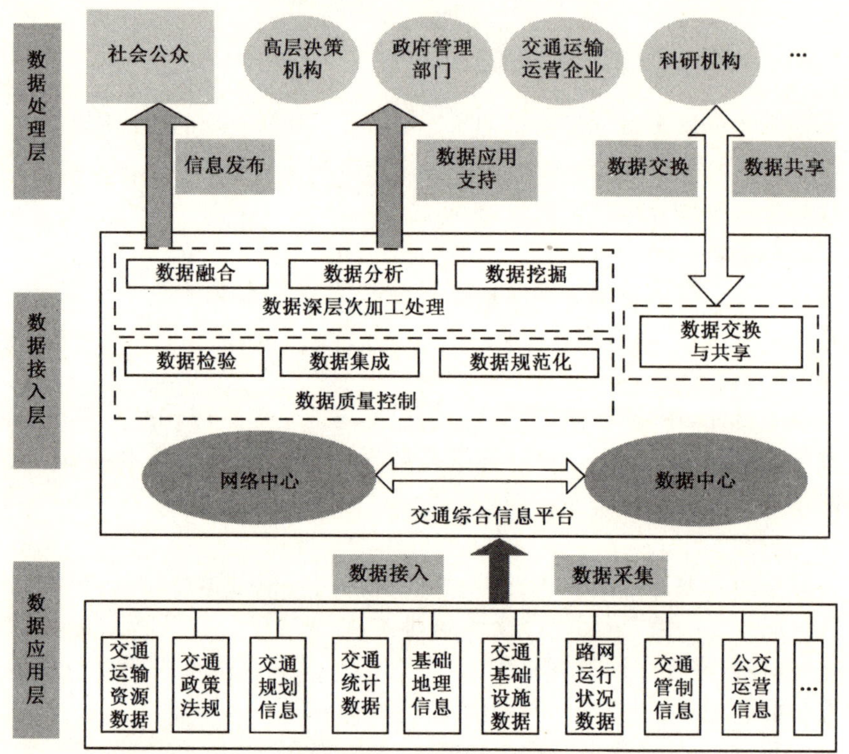

图 6-2　交通综合信息平台总体架构概念模型图

(3)数据检验、规范化与集成功能。

对采集和接入的数据进行质量检验和规范化处理，剔除错误的交通数据，保证数据质量，并根据各种需要进行数据集成，进而对数据组织规范化存储。

(4)数据共享与交换功能。

为交通相关部门(如交通部门、公路管理部门、运输管理部门、公安交管部门、交通规划部门、运输运营企业等)提供信息共享的手段，并建立中央数据登记制度及数据需求方与供给方的数据交换机制，实现部门和应用系统间的数据交换。

(5)数据深层次加工、处理、挖掘、分析功能。

使用相关的数据分析处理工具对海量多源异构数据进行深层次加工处理，包括统计预测、综合分析、趋势分析、数据挖掘等，有效提高数据的深度和可用性，为形成能够为部门决策、企业运营、公众服务所用的交通信息奠定基础。

(6)业务应用支持功能。

在数据深层次加工、处理、挖掘、分析功能的基础上，面向部门业务应用的特定需要，提供数据支持。可细分为辅助决策支持数据处理和应急交通协调管理支持数据处理两个逻辑功能。

①辅助决策支持数据处理功能。这是针对具体业务应用提供的数据处理功能。针对辅助决策支持应用的需要，提取相关数据，根据辅助决策支持具体需求进行数据处理。

②应急交通协调管理支持数据处理功能。在数据深层次加工、处理、挖掘、分析功能的基础上，针对应急事件发生时跨部门协调应急处置的需要，提取平台中的相关数据，有针对性地生成应急处置所需的信息。

(7)交通综合服务信息处理功能。

在数据深层次加工、处理、挖掘、分析功能的基础上，面向公众交通综合信息服务的需要，抽取、处理相关数据，形成能够向信息服务提供商提供或直接向社会公众提供的多语种、多方式、全方位的交通综合服务信息。

上述逻辑功能间的关系及其之间传递的数据流如图 6-3 所示。

6.2.3 系统物理架构

从系统实现的角度，将信息平台的逻辑功能映射到物理实体，得到信息平台的物理架构，如图 6-4 所示。

从系统物理构成角度，信息平台一般由数据中心、数据接口、通信网络等几部分组成。

(1)数据中心。

数据中心是信息平台的核心组成部分。通过构建数据中心局域网，以及运行于该环境的各类软件，实现多源异构数据的接入、规范化处理、存储、综合管理等，并具备安全管理、平台系统管理、用户管理等功能。根据实际需要，也可以包括展示系统(如大屏显示系统)等。

数据中心主要由以下系统组成：

①数据检验和预处理系统。对信息平台采集和接入的数据进行检验和预处理，剔除错误数据，按照统一的规范对数据进行规范化处理。

②数据存储系统。按照规范，对信息平台经检验和预处理的数据进行统一的存储管理。存储系统中的主要设备包括磁盘阵列(SAN + NAS 结构)与磁带

库。用于存储与备份信息平台的各种静态、动态交通数据。

③主机与局域网系统。主机系统包括数据库服务器组、应用服务器组等。同时主机系统提供基础支撑系统的计算环境。局域网系统主要由交换机、网卡、综合布线系统等构成。

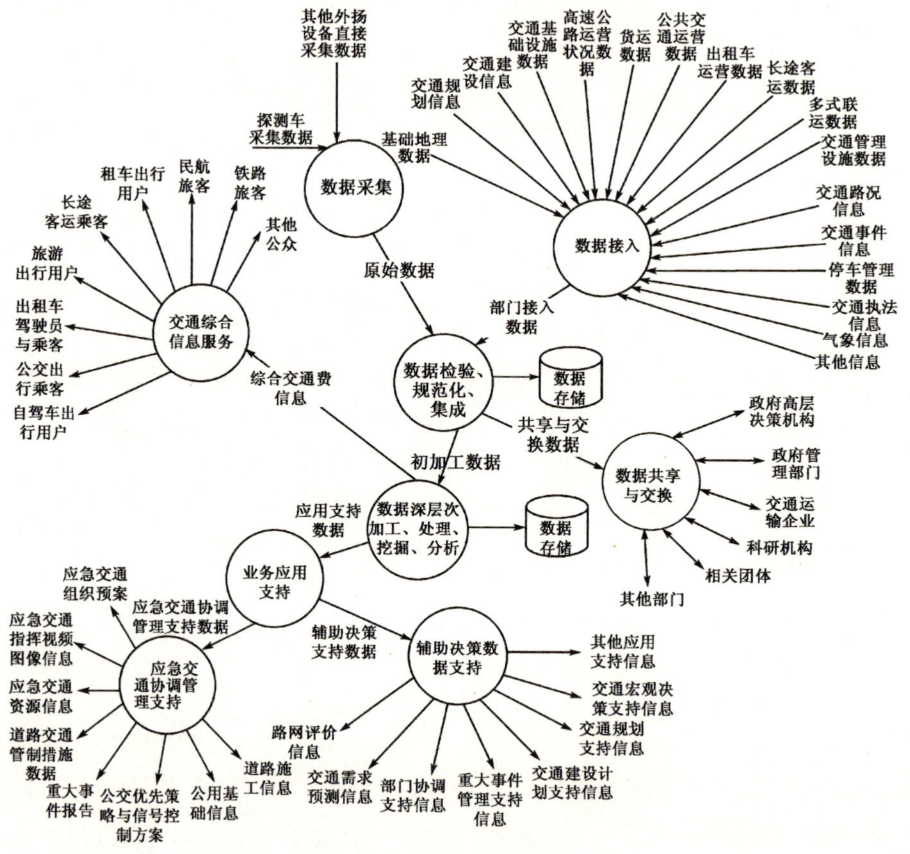

图6-3　交通综合信息平台逻辑数据流图

④数据综合分析处理系统。根据部门业务应用和公众服务的需要,对信息平台管理的数据进行综合分析处理,如:数据统计、交通预测与趋势分析、基于GPS动态数据的交通运行状况分析、交通运行规律分析、应急预案管理等。

⑤中心展示系统。根据需要,对信息平台管理的数据和图像,通过显示大屏或显示终端进行展示,也为日常管理和应急处置提供有效的支撑。

⑥安全管理系统。该系统的作用是保障信息平台系统安全、网络安全和

数据安全。其包括防火墙、网络防病毒系统、网络入侵检测系统和网络扫描系统。

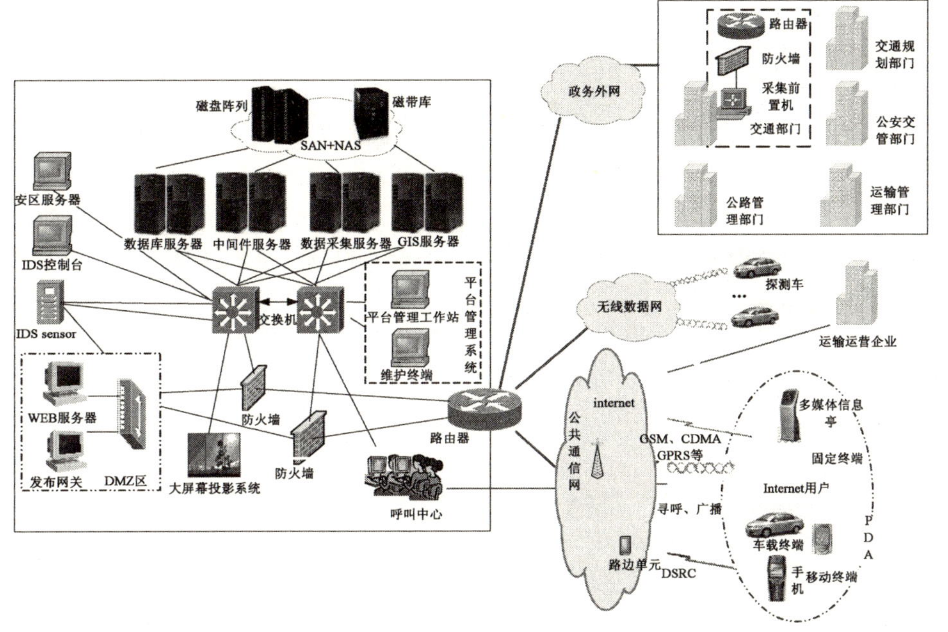

图6-4　交通综合信息平台物理架构图

⑦平台管理系统。该系统主要对信息平台系统进行管理，具有网络管理、性能管理、配置管理、用户管理等功能。

(2)数据接口。

信息平台应具备从相关部门和应用系统接入和采集数据的能力，也应具备向相关部门和应用系统提供数据的能力，为此需要建立相关部门和应用系统接入信息平台的数据接口。

信息平台的数据接口主要包括两大类共四种：数据采集与接入接口（数据采集接口系统和数据接入接口系统）和信息发布接口（部门业务应用支持接口系统和公众服务信息发布接口系统）。

①数据采集接口系统。该系统将信息平台从外场/车载系统直接采集的数据接入平台中心系统。

②数据接入接口系统。该系统将各相关部门和应用系统的数据接入平台中心系统。

③部门业务应用支持接口系统。该系统将信息平台加工处理后供各相关部

门业务应用支持所需的信息提供给各部门。

④公众服务信息发布接口系统。该系统将信息平台加工处理后供公众出行服务所需的信息提供给公众信息服务系统。

(3)通信网络。

通信网络是信息平台实现各部门信息共享、数据交换与传输的基础物理支撑。可根据需要和有关要求，利用政务专网、有线公网和无线公网的通信链路资源。

一般地，车载系统到中心，以及外场设备到中心的小数据量数据传输，可采用CDMA/GPRS等无线公网的方式；外场设备到中心的图像传输，可采用光纤/ADSL等有线公网的方式，出于应急处置时通信保障的需要，还可考虑采用海事卫星的方式；政府部门到中心，按照有关规定，应优先采用政务专网；交通运输运营企业到中心，可视情况，综合利用有线公网和政务专网的通信链路。

6.3 交通综合信息平台关键技术

交通综合信息平台的核心功能是交通数据综合管理，本节重点围绕交通数据综合管理，概要介绍交通综合信息平台涉及的几项关键技术，如信息平台数据管理机制、数据存储管理技术、数据融合处理技术以及数据传输规范等。

(1)以数据存储、数据融合、数据传输三个方面开展了信息平台数据管理技术的研究；

(2)设计了信息平台的分布式存储方式的逻辑结构；

(3)对信息平台的数据进行了分类，分别提出了对静态数据、一次动态数据二次动态数据的存储策略；

(4)提出了信息平台应采用中央数据登记簿的数据管理机制；

(5)提出了信息平台采用三级数据融合技术；

(6)提出了信息平台数据传输标准规范的建议。

6.3.1 信息平台数据管理机制

交通综合信息平台的核心在于交通数据信息的共享和交换，以及共用交通数据的管理。为了实现这个目标，首要的问题就是要站在宏观的角度，建立一个能够充分保证交通数据共享与交换的数据管理机制，使得各相关部门都能够了解其他部门有哪些数据，其数据内容、数据格式如何；通过数据统一注册管理，消除各部门数据的重复、交叉和不一致之处，从而为下一步真正进行数据共享和交换奠定基础。

在西方 ITS 发达国家，随着 ITS 的深入研究和众多交通信息控制系统（TICS，Transport Information and Control Systems）的建立，交通信息的高度共享和深层次应用也成为各类交通信息中心和各级 ITS 用户的迫切需求。

ISO/TC204 WG1 根据 ITS/TICS 建设中出现的数据共享问题，于 2002 年正式颁布了交通数据登记簿标准，即 ISO 14817：交通信息与控制系统——ITS/TICS 中央数据登记簿与数据字典要求（Transport information and control systems——Requirements for an ITS/TICS central data registry and ITS/TICS data dictionaries），旨在加强各个 ITS/TICS 部门或应用系统之间共享交通数据的能力。数据登记簿规定了数据定义和注册的管理机制，提出了交通数据质量要求，为实现交通数据共享提供了基本保障。

我国参照 ISO 14817 制订了《智能运输系统中央数据登记簿数据管理机制要求》（GB/T 20611—2006），该标准于 2006 年 11 月发布，2007 年 4 月实施。

中央数据登记簿标准为交通综合信息平台相关数据管理机制和标准规范的建立，提供了可供借鉴和应用的范本和内容，对相关工作的开展具有直接的指导意义。

6.3.1.1 中央数据登记簿标准介绍

（1）概述。

该标准包括下列主要内容：定义基本概念和原则、中央数据登记簿管理的数据范围和应用领域、注册规则和过程，定义数据字典和中央登记簿的实施细则，制定由数据字典向中央登记簿转化的规则等。

建立和维护 ITS/TICS 中央数据登记簿的目的是减少数据概念（Data Concepts）定义和管理的重复性工作，最大限度地扩展交通数据在 ITS/TICS 部门间的互操作性。ITS/TICS 数据登记簿主要记录和管理 ITS/TICS 应用数据接口传递的数据信息，而不是 ITS/TICS 应用系统中所有的数据。

（2）基本框架。

ITS/TICS 数据登记簿和数据字典的体系结构基于 ISO/TC204 工作组提出的规范，并且与 ISO/TC204 工作组数据定义的过程保持一致。数据字典中定义的数据信息基于 ITS/TICS 体系框架中的数据流，数据字典中的每个数据都需要参考一个或几个对象之间的数据流。利用数据登记和注册的技术,可以保证数据的质量,增强数据在不同部门之间的互操作性。

ITS/TICS 数据登记簿和数据字典的基本框架如图 6-5 所示。图中说明了 ITS/TICS 体系框架、ITS/TICS 数据字典、ITS/TICS 数据登记簿、ITS/TICS 应用系统之间的关系。

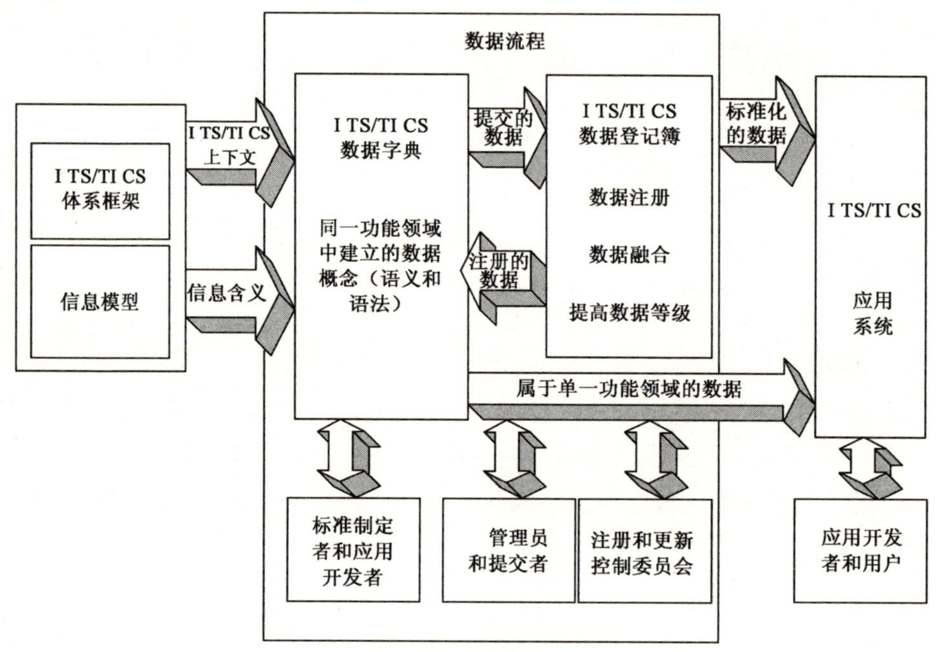

图 6-5　ITS/TICS 登记簿基本框架

图 6-5 中的数据字典可以由包括 ISO/TC204、区域性或国家标准组织、公共部门、私有企业在内的任何机构创建。每一个数据字典需要有一个相应的数据管理员和(或)数据提交人,应用本标准定义的过程,将数据字典中定义的数据概念提交到 ITS/TICS 数据登记簿中,数据字典应该使用数据登记簿中已经存在的数据概念,不能重新定义新的数据概念。数据登记的制度有利于减少数据的重复和冗余。

ITS/TICS 数据登记簿和数据字典的特点对比如表 6-1 所示。

(3)角色及分工。

ITS/TICS 数据登记过程涉及的组织和部门包括:ITS/TICS 数据登记簿执行委员会(ITS/TICS DR Executive Committee, ExCom)、ITS/TICS 更新控制委员会(ITS/TICS Change Control Committee, CCC)、ITS/TICS 数据登记员(Registrar)、

ITS/TICS 管理员(Stewards)、ITS/TICS 数据提交人(Submitters)和只读权限用户(Read-Only User)。他们之间的关系如图 6-6 所示。

数据登记簿与数据字典的特点对比表　　表 6-1

ITS/TICS 数据字典	ITS/TICS 数据登记簿
可以有多个数据字典	只有一个国际性的数据登记簿
覆盖某个功能领域	覆盖多个功能领域
由该功能领域的管理员负责管理工作	由数据更新委员会负责管理工作
融合某个功能领域内的数据信息	融合跨 ITS/TICS 部门的数据信息
在某个领域内具有唯一标识	跨 ITS/TICS 部门的唯一标识

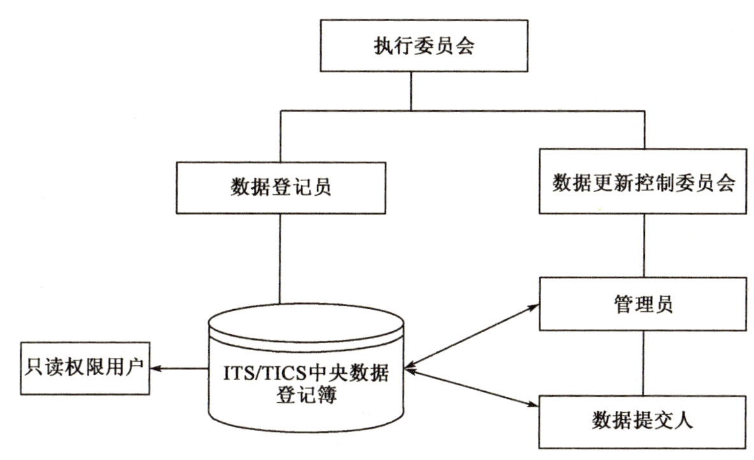

图 6-6　ITS/TICS 数据登记簿中的角色及其相互关系

ITS/TICS 执行委员会负责制定数据登记簿的管理规则,保证数据登记簿长期稳定运行等工作;数据更新控制委员会负责实现执行委员会提出的规则,保证注册数据的一致性等技术问题;ITS/TICS 管理员属于数据更新控制委员会的成员,负责向数据更新委员会提出建设性的意见,保证数据的正确性、可靠性和即时性,负责数据质量认证的部分工作;ITS/TICS 数据提交人熟悉某个领域内的数据信息,负责向登记簿提交在负责领域内新出现的数据信息;数据登记员仅对执行委员会负责,其主要任务是管理和维护数据登记簿中的数据信息,确认用户的访问权限等日常工作。

(4)数据注册过程和等级控制。

数据登记簿制定了严格的数据登记和更新管理机制,保证 ITS/TICS 应用部门可以安全地使用数据登记簿中注册的数据。数据概念注册可以分为 5 个等级:登记、草案、归档、认证、推荐。决定数据概念注册等级的主要因素是录入数据的完整性、精度以及与规定的形式和语法的符合程度。表6-2说明了5种数据注册等级对数据概念的基本要求。

数据概念注册的5种等级　　表6-2

数据等级	具体要求
登记 (Card)	表明提交者希望ITS/TICS业界了解这些属于其自身领域的局部数据,内容至少应包括:元属性的名称、描述性介绍、提交组织、提交者联系方式等
草案 (Draft)	表明提交者希望ITS/TICS业界了解这些属于其自身领域的局部数据,并且希望注册到数据登记簿中,草案中的内容至少应包括:元属性的名称、描述性介绍和提交组织
归档 (Recorded)	表明提交者已经提交了所有需要托管的元数据,这个级别的数据可以在ITS领域内共享,归档级别的数据不需要满足数据质量的要求
认证 (Qualified)	达到认证级别的数据表明需要托管的元属性数据已经完整,符合数据应用的质量要求,并且得到数据更新控制委员会的认可
推荐 (Preferred)	推荐等级的数据已经得到数据更新控制委员会的正式批准,推荐在ITS/TICS领域内使用

ITS/TICS管理员和数据提交者对于ITS/TICS应用系统中出现的新数据,如果希望让ITS/TICS业界了解或共享这些数据,可以向数据登记簿提交数据注册申请。数据提交者有权向登记簿提交登记和草案级别的数据,如果希望获得更高的数据等级,需要向ITS/TICS管理员提交申请。ITS/TICS管理员负责检查由数据提交者提供的数据,向数据更新控制委员会提出建设性的意见。ITS/TICS管理员还可以向数据更新委员会提交推荐级别的数据,减少数据注册的时间。数据更新控制委员会负责所有数据的更新与控制,保证数据的质量,认证级别、推荐级别的数据注册必须通过委员会的认可,这两个级别的数据需要保留历史版本,以备查询最早的数据记录,数据登记过程如图6-7所示。

6.3.1.2　中央数据登记簿标准的应用

(1)UTMC的数据对象登记簿。

UTMC(Urban Traffic Management & Control)是由英国DTLR(the Department for Transport, Local Government and the Regions,交通、地方政府与地区部)负责的一个旨在支持和促进开放性城市交通管理与控制系统的研发和建设的项目,其实质是在英国城市地区建设ITS的基本构架。UTMC提出运用共用数据库实现各应用子系统间数据的交互和共享,这与本书所提出的交通共用信息平台的思想无疑是一致的。

UTMC 为了保证各应用子系统间便利的、以尽可能少的接口交换信息，提出使用开放性、模块化的系统访问方法。为此，UTMC 建立了能够为所有进行 UTMC 应用子系统研发、集成的部门所用的数据对象登记簿。

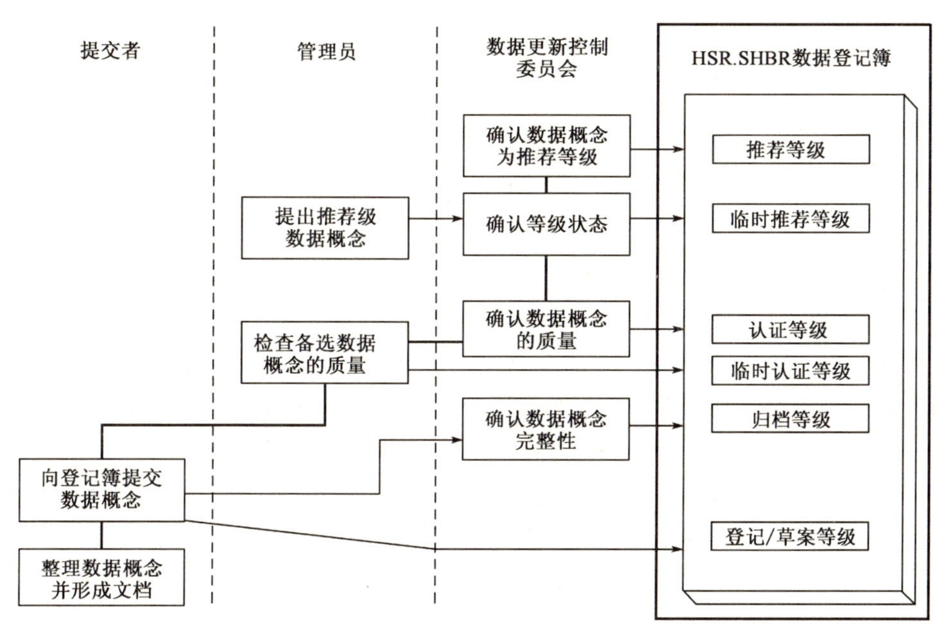

图 6-7　数据注册的等级控制

注：——表示数据责任传递关系。

数据对象登记簿通过以下工作为 UTMC 提供共用数据标准：

①定义当前的 UTMC 数据对象，并保证能够为用户所用；

②接收提交的新的 UTMC 数据对象，必要时可提供相关咨询；

③确保数据对象建立者之间的方便联系；

④对由于加入新的 UTMC 数据对象带来的变更提供指导；

⑤登记新的 UTMC 数据对象。

UTMC 数据对象的登记可能经历通知（Notification）、提交（Submission）、确认（Validation）、建立（Establishment）、撤销（Retirement）等阶段。

数据登记簿将所有数据对象的列表，通过 UTMC 网站、光盘等形式对外发布。系统开发者、软件开发者、用户均可以免费使用已登记的对象。英国 UTMC 数据对象登记簿目前由 UTMC 项目管理组负责管理。

UTMC 数据对象登记簿目前也只处于初步建设阶段。截至 2001 年 10 月底，共有 19 个已通知的对象和 3 个已提交的对象。登记簿中存储的数据对象内容包括:编号、名称、日期、技术类型、概要介绍、所属部门及联系方式等。

另据2002年6月底发布的UTMC数据对象登记簿文件1.6版,截至2002年6月20日,已有7个已通知的对象和19个已提交的对象。

(2)美国的ITS数据登记簿(ITS Data Registry, ITS DR)。

美国从1999年年底推出的ITS框架3.0版开始,新增了一个用户服务领域,即信息管理,专门对"存档数据(Archived Data)"进行管理,称为ADUS(Archived Data User Service)。在建设ADUS的过程中,发现非常有必要将各个ITS应用领域的数据字典进行统一整合,于是提出了ITS DR的概念和设想。目前ITS DR由IEEE负责建立。

美国的ITS DR是一个集中的数据字典或仓库,其内容包括所有的ITS数据元素,以及经正式规定和建立、供全国ITS领域使用的其他数据概念。ITS DR将作为美国全国ITS领域共用或共享的数据参考。ITS DR注册的主要目的是通过记录数据概念的明确定义,来支持数据和数据概念在ITS功能领域间的交换和再利用。各个ITS功能领域的数据字典都将逐步纳入ITS DR中。如果正在提交的数据字典中的某个数据要素或概念在ITS DR中已经存在类似的内容,二者之间的任何差异都需要通过统一处理来消除。

(3)我国交通综合信息平台的数据管理机制。

中央数据登记簿对于交通综合信息平台而言,是一种非常适合的数据管理机制。交通综合信息平台涉及分属多部门,来源渠道、数据内容格式千差万别的海量数据,而且其管理的数据不仅包括当前已经建成的系统、已经采集的数据,还应当考虑未来ITS的发展对数据管理对象的需求,因而应具备良好的可扩展能力。通过中央数据登记簿,推行数据注册的管理机制,可以满足交通综合信息平台对数据管理的需求。

因此,应在交通综合信息平台建设中推行中央数据登记簿的数据管理机制,定义ITS领域规范化、可扩充的信息交换框架。在交通数据的管理上采用注册方式,对交通综合信息平台的共享数据采用集中式管理的办法,数据管理中心决定数据共享的范围,保证数据使用的安全性。数据管理中心提出交通信息数据的质量要求,保证提供的交通信息的有效性。

6.3.2 信息平台数据存储管理技术

6.3.2.1 信息平台数据内容与分类

按照更新频率,交通综合信息平台所涉及的数据分为静态交通数据、一次动态交通数据和二次动态交通数据三大类。

(1)静态交通数据。

静态交通数据主要包括:

①交通运输发展背景数据(如人口、经济、社会发展等);

②交通政策法规数据;

③交通投资规划数据;

④交通基础设施数据;

⑤交通运输系统运营管理数据;

⑥GIS-T数据;

⑦航拍遥感位图数据;

⑧交通统计数据等。

(2)一次动态交通数据。

一次动态交通数据主要包括:

①动态路况数据;

②探测车采集回传数据;

③视频图像信息(如路口、高速公路、重要场站等);

④公交动态数据;

⑤动态交通管制数据;

⑥占路施工数据;

⑦交通事故数据;

⑧气象数据;

⑨交通环境数据等。

(3)二次动态交通数据。

二次动态交通数据主要指数据加工的动态需求,在一次动态数据的基础上进行加工处理,而得到的动态数据。

根据数据格式,可将交通综合信息平台涉及的数据分成以下几种类别:结构型数据、非结构型数据和图像数据。

(1)结构型数据。有逻辑关联,可划分为字段的数据为结构型数据。

简单的结构化数据类型包括数字、字符串和关系数据库支持的所有数据类型。复杂的结构化数据是由简单数据组成的结构数据,并且可能包括定长或者变长的数据类型。需要设计复杂对象到关系数据模型的映射,使用关系对象或者面向对象的数据模型来解决。

(2)非结构型数据。无逻辑关联,不能以字段划分的数据为非结构型数据。

(3)多媒体数据。多媒体数据指交通监控图像等视频数据,以及音频数据。

(4)空间数据。空间数据是地理信息系统(GIS 系统)的原始数据。空间数据的属性和实体部分很容易在关系数据库中存储,但是关系数据库缺乏足够的索引结构和查询语言支持空间数据的应用,因而需要借助 GIS 系统。

6.3.2.2 信息平台数据库管理技术

(1)信息平台数据库管理系统。

交通综合信息平台是一个海量数据的数据交换、数据处理中心,其核心是具备完备的信息处理功能。首先,其必须实现数据的组织、存储、分布、维护和安全管理;其次,其必须实现对数据的分析和处理。因此,数据库技术的运用是保证上述功能实现的首要技术手段。考虑到信息平台的兼容性和将来的可扩展性,建议采用大型对象关系数据库管理系统作为信息平台的中心数据库平台。主要原因如下:

①大型对象关系数据库管理系统已经在几乎各个领域的系统中有相当成功的应用,具有多项业界公认的领先处理技术,是多数系统应用的首选数据库管理系统;

②支持多种网络操作系统平台;

③支持分布式数据管理,能够将数据方便有效地进行分布,提高透明、高效访问分布式数据的能力;

④具有较高的容错能力、恢复能力和长时间不间断运行的能力;

⑤支持多服务器集群(Cluster)并行处理方式,支持双机或多机系统运行;

⑥提供完善、易用的系统管理工具,通过集成的管理工具可以实现网络计算环境的集中管理;

⑦支持多种良好的编程接口。

(2)信息平台数据库中间件技术。

在信息平台的集成中,要实现不同操作系统、不同数据库之间的跨平台的分布式应用。采用中间件技术,可以在不改变原有系统的前提下,实现已有系统的信息整合。构造完整的、健全的信息集成系统,可以很好地把不同部门的多种软件及信息数据结合为一个有机的协作整体。在信息平台的建设中,中间件技术将起到关键的作用,是数据处理系统、信息发布系统的实施基础。

通过综合分析各种中间件技术的优缺点,基于 J2EE 和 CORBA 协议的中间件在标准上非常健全的,互操作性和开放性都比较好,适用于庞大、复杂的分布式应用。在交通综合信息平台的建设中,由于各子系统都很复杂,而且相对独立,在平台、操作系统、数据源类型等多方面都不相同,要整合各个孤立的信息源形成完整的公共信息平台是非常复杂的工作,而 CORBA 能为这种整合提供最方便而完备的接口支持。另外,借助于 IDL(接口定义语言),Java 和 CORBA 可以实现无缝连接,在系统中各展所长。结合交通综合信息平台的特点,建议采用支持 J2EE、CORBA 协议的中间件作为数据采集、数据处理、子系统连接和信息服务的支撑平台。

(3)信息平台的交通地理信息系统。

交通数据具有明显的空间和时间特性,基于地理空间数据对其进行表达,会带来直观、便利的效果,而 GIS 系统是管理空间数据的有效工具,可以作为交通综合信息平台空间数据协调管理与分发服务体系,用来存储和管理所有的空间和属性数据,管理海量的空间数据信息。

信息平台可以在成熟的 GIS 平台软件的基础上,开发适用于交通行业应用的地理信息系统(GIS-T),为交通各相关部门提供 GIS 支持,充分发挥 GIS 技术特点,通过 GIS-T 数据库,将全市道路交通信息置于同一平台和操作环境下集中管理和调度,完成实时数据采集、传输、处理,以及动态显示、服务信息组织管理、信息抽取、GIS 交通应用运算和信息分发,提供基于 GIS 的可视化信息表达功能。

(4)信息平台的客户端数据访问接口及协议。

客户端数据访问接口的实现,根据用户选择的开发语言的不同可以采用多种方式。开发人员不仅要遵循数据库访问接口的限制,同时应该遵守相应的数据传输协议,保证多个用户能同时共享信息平台中的数据信息。

交通综合信息平台涉及多个部门的关系和非关系等各种分布式数据库系统,一般而言,不具体规定客户端访问数据库的接口,但如果为了满足特殊要求,可以开发信息平台专用的数据接口,简化数据访问的难度并保证数据访问的一致性,这样可以满足普通用户的二次开发要求,同时为以后扩展留有足够的空间和余地。

6.3.2.3 信息平台数据存储需求与数据库逻辑结构设计

信息平台对数据存储的需求分析主要体现在以下几方面。

(1)实时与并发处理需求。

交通综合信息平台所面对的用户群是相当庞大的,采集的结点也相当多,因此对信息平台数据库管理系统,尤其是信息平台中心数据库的并发存取将成为一个关键,同时前端采集的相当大比例的数据是实时、动态的,而用户也有相当部分业务对数据的要求是实时、动态的。所以,信息平台数据库模块的设计应能够实现实时请求与并发处理需求。

(2)空间数据的处理需求。

交通综合信息平台的建设及运行过程中有大量的空间数据需要管理和维护,所以对空间数据的处理将是信息平台的一个关键技术。空间数据的存储管理与普通关系式数据的管理不同,需要建立空间数据库,并借助于专业地理信息系统软件和遥感图像处理软件进行管理。空间数据具有双重属性,即一般属性和空间位置属性,位置属性对应的数据量非常大,可以通过建立面向对象的数据库并结合专业的 GIS 软件进行空间数据的管理。

(3)历史数据的处理需求。

历史信息数据库是动态信息数据库的历史记载、长期积累和沉淀,是进行数据融合、挖掘、应用分析的基础,通过历史信息数据库建立相应的管理策略库和交通组织方案模型库,实现交通业务处理的智能化。系统的数据库模块应该能够处理历史数据,支持数据挖掘并提供决策支持。

(4)数据分布处理需求。

信息平台的数据在逻辑上是相互联系的一个整体,如同集中式数据库,在物理上是分布的,不是存储在同一计算机的存储设备中,有些数据并不存储在信息平台的中心数据库中,平台只提供索引查询。为了支持应用复杂逻辑的扩展等需求,数据库管理系统应能支持分布式数据库管理。

(5)标准及标准化需求。

交通综合信息平台是对整个城市交通信息系统共用数据组织结构和传输形式的一种规范化定义,以及对共用数据进行组织、存储、查询、通信等管理服务的数据仓库。面对来自不同部门、不同系统、不同设备、不同时段的性质和内容各异、格式千差万别的海量数据,如何对这些数据进行存储和管理,通过交通综合信息平台实现信息交换和共享,保证数据和信息在各相关部门之间实现互通和共享,为用户提供统一的数据查询通道。解决这些问题的关键在于制定相关的数据存储和交换标准。只有统一标准,建立规范,才能确保综合信息平台的规范建设,真正起到 ITS 基础平台和信息枢纽的作用。

(6)海量数据存储与数据安全需求。

交通综合信息平台涉及的数据(包括动态、静态、空间数据)达到 TB 级。这就要求整个数据库模块的设计应该提供海量存储。同时,数据的安全是一个重要的设计目标。关于数据安全性,主要关注的问题是如何保护数据不被未经授权的用户使用,也就是如何进行权限控制。一个安全的数据库应该只允许用户访问或修改经过授权的数据。数据库的权限分为三个级别:数据库级别的权限、表级别的权限和列级别的权限。

基于上述数据存储需求分析,对交通综合信息平台数据库进行逻辑结构设计,如图6-8所示。

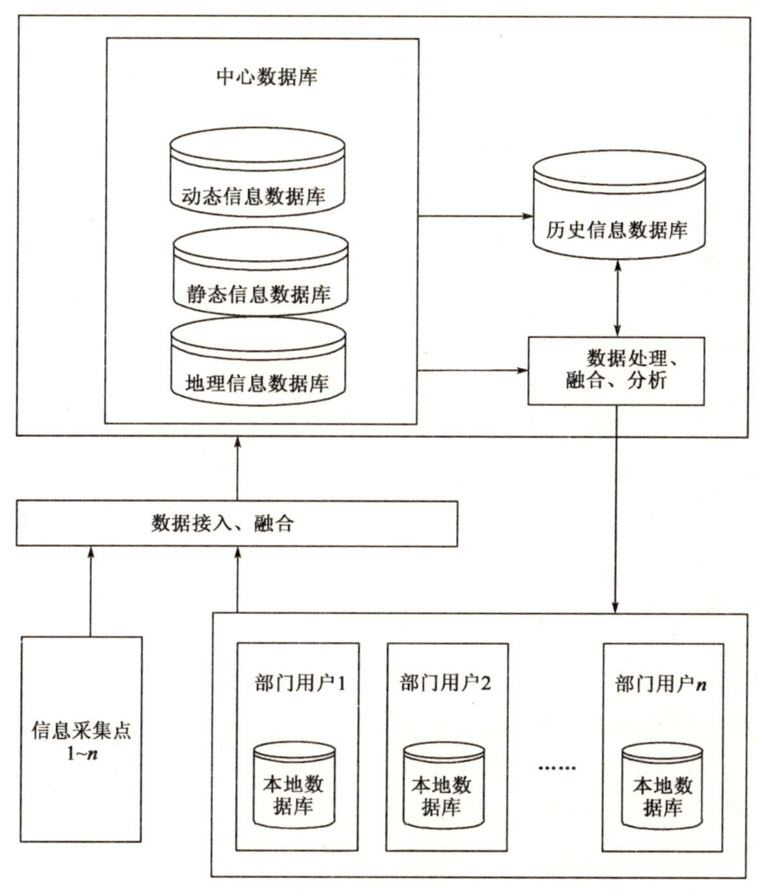

图6-8　交通综合信息平台数据库的逻辑分布结构图

静态交通数据是实现各项功能的基础,因此,这类数据在各个部门都进行备份,并且保持链路畅通,以便及时同步更新此类资料。一次动态数据是各个部门直接采集的数据,平台对此类数据采取部门自主管理的模式,但是必须保证各类数据在权限范围内的可获取性,如果需要,可以纳入平台中心数据库。二次动态数据是平台加工的成果,由平台中心数据库统一管理,允许具有权限的用户进行访问或下载。

6.3.2.4　信息平台数据存储备份管理

数据是信息平台的核心,保证数据的安全性是平台首要的任务。平台的存储备份硬件采用主流的产品,保证存储介质的可靠性,同时制订异地备份、差异备份等策略,保证数据的安全性。

信息平台结合采用各种备份策略,制订切实可行的备份方案,例如每周一至周六进行一次增量备份或差异备份,每周日进行全备份,每月底进行一次全备份,每年底进行一次全备份,保证数据损坏后的快速恢复。

(1)容灾备份。

容灾备份是通过在异地建立和维护一个备份存储系统,利用地理上的分离来保证系统和数据对灾难性事件的抵御能力。

根据容灾系统对灾难的抵抗程度,信息平台的容灾备份策略可分为数据容灾和应用容灾。数据容灾是指建立一个异地的数据系统,该系统是对本地系统关键应用数据实时复制。当发生灾难时,可由异地系统迅速接替本地系统而保证业务的连续性。应用容灾比数据容灾层次更高,即在异地建立一套完整的、与本地数据系统相当的备份应用系统(可以同本地应用系统互为备份,也可与本地应用系统共同工作)。在灾难发生后,远程应用系统迅速接管或承担本地应用系统的业务运行。

(2)完全备份。

完全备份就是每天对自己的系统进行完全备份。这种备份策略的好处是:当发生数据丢失的灾难时,只要用一盘磁带(即灾难发生前一天的备份磁带),就可以恢复丢失的数据。然而,它亦有不足之处。首先,由于每天都对整个系统进行完全备份,造成备份的数据大量重复;其次,由于需要备份的数据量较大,因此备份所需的时间也就较长。

(3)增量备份。

增量备份是仅对当天新的或被修改过的数据进行备份。这种备份策略的优点是节省了磁带空间,缩短了备份时间。但它的缺点在于,当灾难发生时,数据的恢复比较麻烦。另外,这种备份的可靠性也很差。在这种备份方式下,任何一盘磁带出了问题都会导致备份无法恢复。

(4)差异备份。

差异备份是在完全备份后,然后在接下来的几天里,仅对当天所有与完全备份时不同的数据(新的或修改过的)备份到磁带上。差异备份策略在避免了以上两种策略的缺陷的同时,又兼备了两者的优点。

6.3.3 信息平台数据融合技术

交通综合信息平台的优势在于集成了多个交通部门的数据资源,进行多数据源的综合处理,从而可以实现单一数据资源不能实现的功能。而数据融合过程实质上是把大量孤立的原始采集数据转化成为综合性、适用性的信息。因而信息平台要实现上述功能,数据融合技术将是不可或缺的关键技术。

数据融合技术将在三个阶段对信息平台提供支持:数据的初级处理阶段、数据的综合应用阶段和交通综合决策支持阶段。各阶段对数据融合的要求也有很大差别。数据的初级处理阶段目标是剔除无效的采集数据,保证信息平台的深层次功能数据应用的需求;数据综合应用阶段是要通过对多源数据的加工处理,保证各个应用系统数据的有效性、综合性,同时扩展交通数据的服务领域;交通综合决策支持阶段,数据融合主要是实现对解决深层次、高端交通问题提供可靠的辅助其决策的数据支持和保证。

根据信息平台对数据融合的具体需求,同时参照国外对数据融合技术的分类,将信息平台的数据融合技术分为三个层次,即数据级融合、特征级融合和决策级融合。其中,每一类方法又包括多种数据融合技术。本节重点讨论在这三类融合方法中,应用比较广泛的六种数据融合技术,即数据级融合中的数据关联和卡尔曼滤波预测,特征级融合中的贝叶斯决策和神经网络预测,决策级融合中的专家系统和复杂逻辑。

6.3.3.1 信息平台数据级融合

(1)数据关联。

数据融合技术最原始的形态是多源数据关联,即发现一系列装置的观测数据与其他的观测装置观测数据之间的关系,它也是信息平台应用数据融合技术最开始的阶段。作为这项工作的结果,数据关联可以产生交通采集数据之间的内部规律。这些内部规律是交通特性的大概估计,包括流量、时空分布特性和变化规律等。

数据关联中关键的步骤是决定哪种数据能够用于内部规律预测。目前已经出现了几种方法用于减少规律预测中的错误,例如排除精度小于一定级别的低精度数据。消除低精度数据可设置有效性阈值,依据测量预测规律与单一观测数据之间的差别,确定误差允许范围。

(2)卡尔曼滤波预测。

Bozic 最早于 1979 年提出了在智能交通领域使用卡尔曼滤波,去除交通采集传感信号中出现的噪音，更好地预测当前及将来移动目标的位置信息。

卡尔曼滤波后产生的融合数据可以用来估计位置、速度等数据，同时也可以用于预测目标的运行轨迹。尽管还没有传感装置能够完全准确地标定运动物体的加速度，但每个传感器允许的位置误差可以预先确定并设置。所以卡尔曼滤波可以用于确定目标在某一范围内的位置预测信息。如果需要得到更加精确的空间位置，减少位置误差，可以使用更加有效的预测算法来获得。

信息平台中，卡尔曼滤波是常用的方法，其可以用于对采集数据进行过滤清洗阶段，以剔除掉错误数据和未达到质量控制要求的数据。

6.3.3.2 信息平台特征级融合

(1)贝叶斯决策模型。

特征级数据融合代表了比原始传感数据处理更高级别的数据管理技术，它支持综合多种信息，为人类决策提供向导。贝叶斯模型是特征级数据融合中经常使用的方法。它通过整合和解释多传感器产生的数据，产生不确定情况下的似然模型，它同样考虑预知因素，这样产生的可能性叫做预知可能。为了突出这个问题，似然数据融合产生被称为“软决策”。这个过程可提供更高级别的可靠度，还可以定量得到每个传感器的可靠性。

信息平台中可以采用贝叶斯决策模型来估计采集装置的工作状况，对于误差较大的交通数据采集装置，可减小其在决策过程中的权重比例。

(2)神经网络预测模型。

神经网络决策算法的一个主要优点是在执行数据融合处理时不需要先验信息，因此信息平台可以采用此类方法进行各类交通信息的预测。但神经网络方法真正强大的地方是能够同时处理引入的数据流而不是连续处理，它一般应用在传统的计算机系统。一个神经网络用许多称之为神经元的简单元素来收集和关联信息。这些神经元连接着神经键，神经键产生于每个神经元在一个单向的路径向下一个神经元输出和传送的权重。一个神经元有很多输入口，但只有一个输出口。神经网络的三个定义元素如下：

①神经元的特性等同于确定神经元能做什么；

②学习规则是从神经元获得的刺激而产生的神经元之间的权重变化的向导；

③网络拓扑是神经元连接的方式。

6.3.3.3 信息平台决策级融合

(1)专家系统。

人工智能最具商业化的成功分支是专家系统领域，它也是信息平台最高层次的数据融合。基于知识推理的专家系统是人工智能的一个分支,它尽力仿效在一个有限知识领域里工作的人类专家的思维方式。因为他们可提供给用户高水准的多维的建议,为用户决策提供支持。

专家系统通常有三个主要的组件:会话结构体,推理机,知识库。会话结构体是用户和系统的界面。这些界面像人类专家一样,为信息交互提供方便;推理机促使计算机执行查找对应于各种结论的策略,推理机以两种或者一种方式推论:向前链(它通过数据驱动)或者向后链(目标到用完成目标的步骤向后移动);知识库是一系列用来导向特定任务的事实和规则。这些规则通常以IF-THEN语句来构建,但也使用另一些表示方法的知识。

(2)复杂逻辑。

通常专家系统的开发人员正在用快速发展的复杂逻辑工程学来建立机器知识库,也就是通常的IF-THEN决定规则。复杂逻辑是一种用数学算法描述对象和过程的理论集,该对象或算法不能归类为0-1二进制代码,因此复杂逻辑因其具有能整合复杂的人类推理过程和计算机的精度而具有高度价值。复杂逻辑的概念和Dempster-Shafer的证据推理相似,即它是另外一种处理数据不确定性的方法。在复杂系统中处理的数据经常被认作为软数据。

信息平台中存储了大量的交通采集信息,可以大致区分道路运行状况的饱和程度,由于道路网络的复杂性,有许多不确定的因素会影响道路运行状况,某个路口的拥堵可能会带来局部路网的拥堵。因此,及时发现处理此类问题可以依靠复杂逻辑模型,同时依据采集信息共同为决策提供支持。

6.3.4 信息平台数据传输规范

确定交通综合信息平台的数据交换规范,须根据国际上和其他国家制定或采用的数据交换标准的当前状况和未来发展趋势,针对交通综合信息平台涉及的各个部门和不同领域,并考虑结合现有ITS应用系统已采用的标准,按照交通综合信息平台的实际需求,研究和采用适合信息平台的标准和规范。

NTCIP中C2C的数据交换标准采用的是DATEX-ASN和CORBA。CORBA虽然是比较成熟的标准,但只是支持面向对象的系统,所以对于信息平台及现有应用系统并不适用。DATEX-ASN采用的数据定义语言是ASN.1,ASN.1采用标准的编码规则定义数据格式,数据结构非常严格,在开放性和灵活性方面存在一些不足,对于客户端的特定应用需要开发相应的编码格式才能支持,而这种额外的开发成本远远大于由此带来的效益,因此其应用扩展性比较差,并且由于DATEX-ASN是全新的标准,尚不完善,目前还没有基于DATEX-ASN实施的项目,DATEX-ASN 可用的开发工具也非常少。

欧洲的交通数据交换操作规范 DATEX-Net 相对来说是比较成熟的数据交换标准,并且开发了相应的 DATEX 数据字典支持应用,DATEX-Net 在欧洲应用非常广泛,基于该规范实施了很多项目,如 CENTRICO、ARTS、STREETWISE 等。DATEX-Net 采用的数据定义语言是 EDIFACT,尽管 UN/EDIFACT 已经是公用的国际标准,但是它比较适合数据交换业务相对固定、规则相对简单的情况。随着社会的发展,规则的进步,新的综合数据交换业务不断出现,EDIFACT 标准中的消息类型已不能满足当前数据交换应用需求。EDIFACT 的扩展性比较差,对于交通数据交换,往往需要很多类型的 EDIFACT 报文格式才能定义一条交通信息,这就会形成大量冗余数据,增加网络负担,从而降低了数据交换的效率。

XML 使用元素和属性来描述数据,不同的应用程序可以共享和解析同一个 XML 文件,使得 XML 独立于软硬件平台和编程语言,可以在不兼容的系统之间交换数据。另外, XML 文件是纯文本文件,它把内容和显示格式分开,这样可以使不同的用户按照各自希望的格式显示同一 XML 文档的数据内容,即 XML 文档本身并没有关于格式方面的信息。与上述两种语言定义的二进制代码相比,XML 定义的纯文本数据结构在任何客户端都不需要转换就能被解析,因此 XML 具有更好的开放性。当然,XML 现在还不够成熟和完善,对于实现大批量数据交换效率比较低,有时还会出现数据错配的情况,但这些问题可以随网络等条件的改善及 XML 工具的不断完善得以解决。因此实现基于 XML 的 DATEX 数据交换是未来数据交换机制发展的趋势。欧洲的 COURIER 项目正在探讨在 TIH 中采用基于 XML 的 DATEX 数据交换规范。美国的 NCHRP(National Cooperative Highway Research Program-Active Project)也正致力于开发基于 XML 的交通数据交换规范 TransXML。

交通综合信息平台的数据交换规范的选择既要兼顾当前的实现可能性,又要考虑未来技术的发展趋势,保证数据交换规范与国际标准的发展进度相一致。因此,近期可采用比较成熟的标准(如 DATEX-Net)作为信息平台的数据交换规范,以满足信息平台的数据交换需求,在将来条件具备的情况下可以考虑开发并采用基于 XML 的数据交换规范。

6.4 交通信息提取计算技术

面对海量、时变、多源、异构的交通数据,适用的交通数据处理技术成为交通数据资源能否充分发挥效用的关键。而从交通管理与服务的本质需要来看,能够符合人的认知需求，产生知识化的信息，是衡量交通数据处理技术适用与否的关键因素。

交通信息提取计算（Transport Information Granular Computing）技术，是在近年来国际信息处理领域发展的信息提取计算（Granular Computing）理论的基础上，结合交通数据处理的实际需要，由我国交通科研工作者率先提出的一种交通数据处理新技术。其突出特点是基于知识、从人的认知角度出发，为定制化的交通信息处理提供有效的技术支撑，并且是一个开放性的技术体系。

6.4.1 相关背景

6.4.1.1 交通信息提取计算技术的提出背景

交通系统是以人、车、路为主要要素，再加之环境所构成的一个多主体、无主管、自组织的复杂大系统。其扰动因素纷繁复杂、运行状况瞬息万变。只有采取适用的技术手段，探索并了解交通系统的运行规律，掌握其运行动态，并在一定程度上合理预知，才有可能通过人工干预，合理组织和优化现有的交通系统，实现人、车、路、环境的和谐统一，构建和谐的交通体系。

随着动态交通信息采集技术和通信技术的飞速发展，以及交通信息共享机制的建立和相关技术的发展，如何对海量的交通数据进行综合管理，并面向特定应用的特定需求，从中抽取相关的数据，进而形成所需的信息，成为充分发挥交通数据资源应有作用的关键环节。而从交通管理与服务的本质需要来看，符合人的认知需求、具备生成知识化信息的能力，是对动态交通数据处理技术的核心要求。面对海量、时变、多源、异构的交通数据，现有的各种交通数据分析处理技术在时效性、智能化、知识化和通用性方面存在不足，其基本理念与上述核心要求更是存有相当的距离。因此，迫切需要符合人的认知需求、知识化的交通数据分析处理新技术，并将其有效应用于实际交通数据的分析处理。

信息提取计算技术作为国际上新近涌现的信息处理技术，以崭新的理念为信息处理开辟了新的发展和应用空间。

正是在上述背景下，信息提取计算理论与动态交通数据分析的有效结合成为一种必然。基于信息提取计算理论，结合交通数据分析的实际特点和要求，提出了交通信息提取计算技术。

6.4.1.2 信息提取计算技术简介

1）发展概况

信息提取计算技术是国际上近几年刚刚涌现的信息处理领域的新理论和技

术。该技术是21世纪初期提出的。英国 Nottingham Trent 大学 Andrzej Bargiela 教授和加拿大 Alberta 大学 Witold Pedrycz 教授在总结其大量相关研究成果、并在综合相关领域其他研究成果的基础上，编著了《提取计算技术导论》(Granular Computing: An Introduction)一书，标志着其理论体系的初步形成。

信息提取计算技术在图像处理、数据压缩、信号处理等领域已有应用，但在交通领域的应用仅有初步的探讨，尚没有全面深入的实际应用。预计未来5～10年，信息提取计算技术在国际上将会有较大规模的应用和发展，其将成为交通信息处理领域广泛应用的一项新兴技术。

2)有关概念

现将信息提取计算技术涉及的几个关键概念，予以说明。

(1)信息颗粒(信息粒子，Information Granules)。

信息颗粒是实体的集合(通常在数字层面)，因这些实体的相似性、功能邻接性、不可分性、一致性，组合在一起而形成。信息颗粒作为对现实世界的抽象，其目标在于建立高效的、以用户为中心的对于外部世界的视图，以支持和增强人们对于周围物质和虚拟世界的感知。

(2)信息提取(Information Granulation)。

构造信息颗粒的过程称为信息提取。

(3)信息颗粒的构造方法(A Formal Framework of Information Granules)。

将实体归集以形成信息颗粒所依据的方法，称为信息颗粒的构造方法。现有信息颗粒的构造方法主要包括：

①集理论和区间分析(Set Theory and Interval Analysis)；

②模糊集(Fuzzy Sets)；

③粗糙集(Rough Sets)；

④阴影集(Shadowed Sets)；

⑤概率集和基于概率的颗粒构造(Probabilistic Sets and Probability-based Granular Constructs)；

⑥高级的颗粒构造(Higher-level Granular Constructs)。

3)基本理念和技术要点

提取计算理论基于信息颗粒而建立。其基本思想是将海量无序的原始数据(称为实体)按照某种原则和方法进行聚合和归集，忽略不必要的细节，以突出共性，形成对表征对象特性和方便人认知的信息。

提取计算要解决的关键问题是如何运用某种聚合(包含一定数量的单个实体)的形式表示信息，并进行处理。需要强调的是，这里的聚合不仅仅包括基于数字计算的方法，更注重和突出基于知识发现的方法。

驱动信息提取的关键因素包括：

(1)需要将问题分解为一系列更易于管理的细化的子任务。

(2)需要将问题进行综合，更深入地了解问题的本质，而不是拘泥于不必要的细节。

(3)信息提取及随之的处理均是以人为中心的，即为用户、设计者、开发者服务。

在方法论方面，提取计算理论试图识别现有的、零散的方法的共性特征，并将其统一在同一概念和算法体系中。包括：集理论和区间分析、模糊集、粗糙集、阴影集、概率集和基于概率的颗粒构造、高级的颗粒构造等。

一般地，定义在某一空间 X 上的信息颗粒可被视为一个映射，即

$$A:X\rightarrow G(X) \tag{6-1}$$

式中：A——一个信息颗粒；

G——代表某种信息颗粒的构造方法。可以是集 $P(X)$，模糊集 $F(X)$，粗糙集 $R(X)$，阴影集 $S(X)$ 等。

基于信息颗粒的上述定义，还可以定义信息颗粒的规格、信息颗粒的有效性等指标，用来度量信息颗粒的“大小”、作用等。

在此基础上，定义信息提取计算的概念模型，称之为信息颗粒域，用 G 表示。

$$G = < X,G,A\cdots > \tag{6-2}$$

式中：X——实体的集合；

G——某种信息颗粒的构造方法；

A——信息颗粒；

省略号表示还可以定义其他因素。

信息提取应用的典型领域包括：

(1)空间提取，如图像处理和 GIS。

(2)时间提取。

(3)其他，如：

①在计算机系统中存取信息；

②人在描述任何问题时，趋向于使用范围和规则，回避具体数字；

③各种机制的数据压缩；

④计算机对现实世界的数字化处理。

信息提取计算技术虽已建立概念体系，但从实际应用角度，尚缺乏具有较强说服力的典型应用范例，特别是在交通领域的应用。在我国科研工作者开展相

关研究之前,国际范围内尚没有开展深入的研究工作。

6.4.1.3 信息提取计算理论对交通数据处理的适用性分析

面对交通管理与服务,从人认知角度出发,知识化地从海量交通数据中按需定制抽取有效信息的本质需求,现有的各种数据分析处理技术已难以全面满足其要求。传统的基于统计分析或数学建模的方法在智能化、知识化方面存在缺陷;一些基于新型数学工具的方法,如神经网络、卡尔曼滤波等,多为针对某些特定问题具有较好的应用效果,通用性不足;而一些知识发现型的方法,如数据挖掘,虽体现了知识化的要求,但没有形成适用于交通数据分析的方法体系。

信息提取计算作为一项理念先进、概念体系完整、通用性较强、从人的认知角度出发、知识化的数据处理技术,非常适用于针对海量、时变、多源、异构的交通数据,满足数据分析处理的时效性、多样性、复杂性、智能化、知识化和通用性要求。通过合理构造各种信息颗粒,利用该信息颗粒构造的信息提取模型,将无直观意义的海量交通数据转化为符合人认知要求的信息,为交通数据分析和知识发现提供有力的工具。从而为探索交通系统运行规律,合理组织和优化现有交通系统,构建人、车、路、环境和谐统一的"和谐交通体系",提供有力的技术支撑。

6.4.2 交通信息提取计算技术的理论框架和技术体系

6.4.2.1 交通信息提取计算的概念模型

一般地,将定义在交通数据空间 X_T 上的映射 A_T:

$$A_T : X_T \rightarrow G(X_T) \tag{6-3}$$

称为交通信息颗粒。其中 G 为某种信息颗粒的构造方法,可以是基于数字计算的方法,基于集理论的方法,基于知识发现的方法等。

进而可定义交通信息提取计算的概念模型,称之为交通信息颗粒域,用 G_T 表示:

$$G_T = < X_T, G, A_T \cdots > \tag{6-4}$$

举一个简单的例子。某区域路网内所有车辆行驶速度的集合为 $X_T = \{v_1, v_2, \cdots, v_n\}$。定义路段平均速度为该路段上行驶的所有车辆的行驶速度的平均值,若路段 p 上行驶的车辆数记为 N_p,则有 $\bar{v}_p = \frac{1}{N_p}\sum_i v_i$;若将路段平均速度 $\bar{v}$ 作为构造信息颗粒所依据的指标,则 $G(X_T) = \frac{1}{N}\sum_i v_i$。定义 $\bar{v}$ 的几个临界值:5,

20,40,则 $0 \leqslant \bar{v} < 5$(严重拥堵),$5 \leqslant \bar{v} < 20$(拥堵),$20 \leqslant \bar{v} < 40$(一般),$\bar{v} \geqslant 40$(畅通)就成为了交通信息颗粒。通过上述“信息颗粒化”的过程,将单一车辆的行驶速度的数据,转化为该车所在路段的畅通程度(严重拥堵、拥堵、一般、畅通)这样一个简单且易于为出行者所理解的信息。当然,这只是一个极度简化的例子,G 是简单的算术平均。

6.4.2.2 交通信息提取计算的技术框架

交通信息提取计算技术框架的构建原则:

(1)在信息提取计算技术注重和突出知识发现型方法的基础上,对于基于数字计算的方法采取并重的态度,以充分适应交通数据处理的全面需要。

(2)信息颗粒的构造方法不仅仅局限在基于集理论的相关方法,可积极纳入已用于或可能用于交通数据处理的多种技术。

(3)以交通数据处理为考虑对象,根据其具体情况和要求,对原有技术体系具体化,使其更具针对性。

总体而言,交通信息提取计算技术框架包括理论方法、支撑环境和应用技术三个方面。

理论方法研究是从建立完善交通信息提取计算理论体系、研发核心技术方面入手,主要包括交通信息提取计算概念体系、交通信息颗粒化方法、交通信息提取计算模型等。其中,交通信息颗粒化方法研究是核心。本章在信息提取计算技术以集理论方法为主的基础上,进行了较大拓展,融入了传统数学方法、知识发现型方法和其他(非量化)方法。

支撑环境构建是从开展交通信息提取计算研究及应用的角度,考虑如何提供相应的技术和数据环境。主要包括:为开展提取计算研究提供数据基础的交通数据定制化管理,相关数据处理工具的集成应用,定制化交通信息提取计算软件的研发等。

应用技术研发是从交通的实际需求出发,开展交通信息提取计算技术在交通管理、运营、服务和研发中的实际应用研究。主要包括:基于交通信息提取计算技术,开展路网动态交通流分析、交通诱导、智能化交通信号控制、公交智能化运营调度、区域交通组织管理方案优化、公众出行信息服务、应急协调与救援管理、交通图像处理、交通对象识别、交通综合决策支持等应用技术研究。

该框架是开放式的,可以根据应用的需要和技术的发展不断添加,逐步完善,如图 6-9 所示。

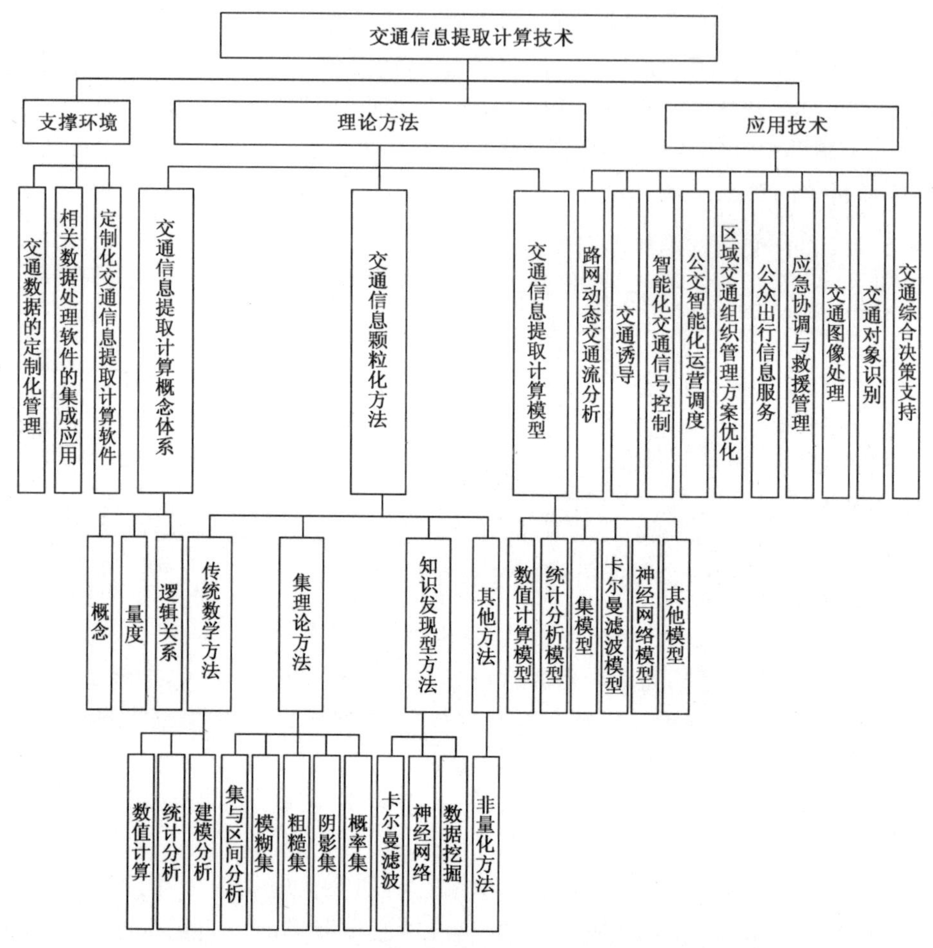

图6-9 交通信息提取计算技术框架

6.4.2.3 交通信息颗粒的构造方法

交通信息颗粒的构造方法是交通信息提取计算技术的核心内容，它决定了通过什么样的方式来实现交通数据的提取。

以下提出了6种用于交通信息提取计算的交通信息颗粒的构造方法：

(1)基于模糊集的交通信息颗粒框架；

(2)基于粗糙集的交通信息颗粒框架；

(3)基于商空间的交通信息颗粒框架；

(4)基于邻域系统的交通信息颗粒框架；

(5)基于统计模型的交通信息颗粒框架;

(6)基于状态空间的交通信息颗粒框架。

因为这些交通信息颗粒的构造方法都是基于不同技术的框架性方法,在实际应用中需要根据具体问题进行定制化处理。故我们均将其命名为“交通信息颗粒框架”。

其中:

基于模糊集、粗糙集、邻域系统的交通信息颗粒框架是信息提取计算理论中核心的信息颗粒构造方法,或由此派生而来;

基于商空间的交通信息颗粒框架是根据我国张钹院士和张铃教授率先提出的研究成果,建立的交通信息颗粒构造方法;

基于统计模型的交通信息颗粒框架是根据交通数据统计分析的实际需求,而扩充纳入的交通信息颗粒构造方法;

基于状态空间的交通信息颗粒框架是根据某些交通数据分析处理的特定应用需要,而扩充纳入的交通信息颗粒构造方法。

6.4.2.4 基于交通信息提取计算的交通数据分析技术通用算法

步骤1:选择交通信息颗粒的构造方法。

分析交通数据应用需求,考查数据状况,通过适用性分析,选择适当的交通信息颗粒构造方法 G。

G 即为交通信息颗粒的某种构造方法,基本条件是能够通过数据颗粒化,对数据去粗取精,得到满足人认知要求的信息。可为交通信息提取计算理论框架中的各种方法。重点提出和应用6种交通信息颗粒构造方法:

(1)基于模糊集的交通信息颗粒框架;

(2)基于粗糙集的交通信息颗粒框架;

(3)基于商空间的交通信息颗粒框架;

(4)基于邻域系统的交通信息颗粒框架;

(5)基于统计模型的交通信息颗粒框架;

(6)基于状态空间的交通信息颗粒框架。

步骤2:数据预处理和规范化。

根据交通数据应用需求,以及选定交通信息颗粒正式框架对数据的要求,对原始数据进行预处理和规范化,得到待交通信息提取计算模型处理的交通数据空间 X_{T}。

步骤3:构造交通信息颗粒。

基于交通数据空间 X_T 和选定的交通信息颗粒正式框架 G，构造交通信息颗粒 A_T。

交通信息颗粒 A_T 为定义在交通数据空间 X_T 上的映射，可记为：

$$A_T: X_T \to G(X_T)$$

交通信息颗粒 A_T 定义了对交通数据进行分析处理的准则和具体方法。

步骤 4：通过交通信息颗粒化处理数据。

应用构造的交通信息颗粒，对交通数据处理的过程，称为交通信息颗粒化。

利用定义的交通信息颗粒 A_T，对交通数据空间 X_T 进行交通信息颗粒化。此步骤可根据实际需要，多次迭代执行。

步骤 5：符合要求的交通信息输出。

根据设定的满足应用要求的信息可接受标准和交通信息颗粒化终止准则，结束交通信息颗粒化，得到面向特定应用、符合人认知需求的交通信息，并按照要求输出。

6.5 交通综合信息平台发展历程、现状与实施建议

6.5.1 发展历程

交通综合信息平台的提出，不过是七八年间的事情。它是我国智能交通领域科技工作者针对我国智能交通应用示范工程建设过程中，对部门间信息共享、应用系统互联互通，以及多源数据融合、综合管理和应用的客观需求，而提出的一个具有中国特色的概念。

2002 年年初，在北京市科学技术委员会立项资助的《北京市智能交通系统(ITS)规划与示范研究》课题中设立了“北京市交通综合信息平台研究”分课题，针对北京市的实际现状和需求，全面开展了交通综合信息平台的建设机制、体系框架、数据规范、数据管理技术、实施方案等方面的研究。

2002 年 8 月，科技部在重庆组织召开了全国智能交通系统(ITS)共用信息平台技术研讨会，来自全国各地的业界人士就各自对信息平台概念的理解、涉及的关键技术、建设机制、标准规范，以及各地对信息平台建设的设想等，展开了全面的研讨。此次会议初步提出了信息平台的概念和功能定位，研讨了信息平台建设需解决的主要问题，对于统一各界认识以及信息平台的下一步发展具有重要意义。

2002 年至 2005 年，科技部在“十五”国家科技攻关计划中设立的“智能交通

系统关键技术开发和示范工程”重大专项中,针对北京、上海、天津、重庆、广州、深圳、济南、青岛、杭州、中山10个典型城市的不同现状,有意识地以不同的内容和形式,安排了信息平台的相关应用示范内容。

如北京,专门安排了北京市交通综合信息平台示范工程。其基本思路是以政府行为,新建整合全市交通信息资源,并提供公益性交通信息服务的交通综合信息平台。北京市在该示范工程的相关研究和工程立项方面开展了大量的工作,开发完成了北京市交通综合信息平台的实体框架,完成了全市交通运输行业数据资源的整合。这些工作为后续依托交通运输部交通信息化示范工程建设的北京市公众出行交通综合信息服务系统示范工程的顺利完成和有效实施,奠定了良好的基础。但由于各方面条件的限制,北京市交通综合信息平台工程项目尚未真正建成。

又如广州,其“十五”示范工程的主题是ITS共用信息平台。其发展特点是初期并不强调单独新建信息平台工程本身,而是重在建立适合以信息平台为核心的智能交通应用体系建设、运行和可持续发展的机制和环境,以部分需求迫切、条件成熟、效果显著的应用系统建设为突破口,带动全市智能交通建设的顺利推进,信息平台重在以其为基础,进行应用的整合和集成展现。

重庆根据其自身特点,提出了虚拟型交通共用信息平台的建设思路,避开了实体型信息平台工程建设的问题,实现了交通及相关信息的分布储存、自主管理、集成应用。

其他一些试点城市,虽未明确提出信息平台的建设内容,但在应用示范工程的实施过程中,也针对自身实际情况,因地制宜地开展了相关的工作。如天津,结合智能交通管理系统应用示范工程的建设,系统整合了交通管理数据资源,并在其基础上面向公众服务。这应当说是信息平台理念在交通管理领域的体现。

为统一和规范信息平台的概念、内涵与范围,为各地信息平台的规范建设与实施提供参照和依据,在进行全面深入研究,并参照国内各地相关研究和工程建设的基础上,国家智能交通系统工程技术研究中心于2005年编写完成了国家标准化指导性技术文件《交通综合信息平台建设总体框架指南》。

依托国家“十五”科技攻关计划课题“综合交通信息平台服务、运营与管理模式研究”,课题组在深入总结分析我国交通综合信息平台现状和需求的基础上,作出了“统一的功能定位,多样的发展模式” 的基本论断,并提出了政府行为型、政府建设—企业运营型、政府引导—企业运作型三种不同的信息平台建设机制。

“十二五”期间,北京等特大城市将进一步建设区域交通综合信息平台。

6.5.2 现状和问题分析

通过对上述发展历程的回顾,可对当前我国信息平台发展的现状和问题分析总结如下:

(1)信息平台在区域智能交通系统中的重要地位毋庸置疑,各界对其建设必要性的认识高度一致。各方对信息平台在部门间信息共享、应用系统互联互通、数据整合和综合应用方面的重要作用有着统一的认识。

(2)总体来看,我国在信息平台的研究、开发、建设和应用方面取得了令人瞩目的成绩;但从发展阶段来看,我国各地的信息平台建设均处于起步阶段,尚未有真正意义上功能完善的信息平台建成的实例。

(3)各地信息平台的发展表现出巨大的差异性,信息平台现阶段的表现形态各不相同。

(4)信息平台的建设、运行、服务发展模式尚处于有意识或无意识地探索状态,尚无可持续成功运行的范例。

6.5.3 实施建议

为了有力推动我国交通综合信息平台的工程建设,确保其顺利运行和可持续发展,提出如下实施建议:

(1)因地制宜,合理选择建设运行机制。

应根据地方实际情况,综合考虑,因地制宜地合理选择适合当地情况的信息平台建设运行机制,这是信息平台顺利建成、有效运行和可持续发展的必要前提条件。政府行为型、政府建设—企业运营型、政府引导—企业运作型无绝对优劣之分,适合自己的就是最好的。

(2)贯彻"整体规划、分期实施"的原则。

在建设初期,应高度重视"整体规划"的工作。考虑长远发展的需求,制订信息平台的整体建设规划,确定系统总体架构,并根据需求的迫切程度,以及实现的可行性,确定分期实施计划。工程建设初期,在系统设计、技术选择、设备选型等方面,应遵循满足现状需求与充分考虑可扩展性相结合的原则;在整体规划阶段,应为各相关部门和应用系统预留接入信息平台的数据接口,并确定数据管理机制和数据交换的标准规范;在具体实施过程中,可采用"条件成熟的部门或系统先期接入,再逐步接入其他部门或系统"的实施策略。

(3)合理加快相关数据标准的制订工作。

在现有相关标准化工作的基础上,兼顾适度超前性和可行性,合理加快相关数据标准的制订工作，如数据编码规范、数据集和数据字典、交通数据模型、数据交换规范、相关的系统接口规范等，在技术上保障信息平台的规范运行，以及在更大范围和更高层面的整合。

(4)建立健全配套政策保障。

应尽快建立健全相关的配套政策，如信息共享机制、政府信息公开制度、公众交通信息服务政策(特别是增值信息服务)等，在政策机制上保障信息平台的可持续发展。

(5)立足当前需求实现的可行性，逐步拓展整合范围。

信息平台整合数据资源的范围应首先立足于当前的需求以及实现的可行性，优先考虑在现行政府管理体制下容易实现的，如公路交通部门内部的整合，再逐步拓展到公路交通运输方式的全部内容，条件成熟时考虑拓展到涵盖水运、民航、铁路等其他运输方式的综合交通运输体系。

参考文献

[1] Box, G. E. P. & Jenkins, G. Time Series Analysis: Forecasting and Control, Holden-Day, 1976.

[2] Daganzo, C. F.. Fundamentals of Transportation and Traffic Operations. Oxford, UK: Elsevier Science Ltd, 1997.

[3] Dailey, D. J., P. Harn, et al.. ITS Data Fusion, Washington State Transportation Commission, Department of Transportation and the U. S. Department of Transportation. Federal Highway Administration: 105, 1996.

[4] Pe? a, D., George C. Tiao and Ruey S. Tsay (eds) A course in time series analysis. New York: Wiley series in probability and statistics, 2001.

[5] Shafer, Glenn. Perspectives on the theory and practice of belief functions. International Journal of Approximate Reasoning 3, 1990: 1-40.

[6] Dempster, Arthur P. A generalization of Bayesian inference, Journal of the Royal Statistical Society, Series B, 30: 205-247, 1968.

[7] Shafer, Glenn A Mathematical Theory of Evidence. Princeton University Press, 1976.

[8] Schafer, J. L.. Analysis of Incomplete Multivariate Data. London, UK, Chapman and Hall, 1997.

[9] Skszek, S. L.. State-of-the-Art Report on Non-Traditional Traffic Counting Methods. Phoenix, Arizona, US, Arizona Department of Transportation in cooperation with U. S. Department of Transportation, Federal Highway Administration: 86, 2001.

[10] Treiber, M., Dirk Helbing, Reconstructing the Spatio-Temporal Traffic Dynamics from Stationary Detector Data, Cooperative Transportation Dynamics: 1-24 .

[11] Van Lint, J. W. C., Hoogendoorn, et al. Accurate Travel time Prediction with State-Space Neural Networks under Missing Data. Transportation Research Part C: Emerging Technologies, 13, 347-369.

[12] Turner, S. M., W. L. Eisele, et al. Travel time data collection handbook, Technical Report FHWA-PL-98-035 [R], Texas Transportation Institute, The Texas A&M University, 1998.

[13] Fowkes, A. S.. The use of number plate matching for vehicle travel time estimation, PTRC Proceedings of the 11th Annual Conference, University of Sussex, 1983 [C]. Sussex: University of Sussex, 1983.

[14] Clark, S., S. Grant-Muller & H. Chen, Cleaning of matched license plate data [J], Transportation Research Record, 2002, 1804: 1-7.

[15] Van Lint, J. W. C & H. J Van Zuylen, Monitoring and predicting freeway travel time reliability - using width and skew of day-to-day travel time distribution [J], Transportation Research Record, 2005, 1917: 54-62.

[16] 张可,王笑京,刘浩. 交通信息提取计算理论及其技术框架与发展策略[J],公路交通科技,2007, 24(4): 134-139.

[17] Andrzej Bargiela , Witold Pedrycz. Granular Computing: An Introduction, Kluwer Academic Publishers, Boston, Dordrecht, London.

[18] 国家高技术研究发展计划(863 计划)专题课题"基于信息提取计算的路网动态交通分析技术"(课题编号 2006AA11Z206)课题研究报告[R],2009.

[19] ZHANG Ke, WANG Xiao-jing, LIU Hao. Transport Information Granular Computing: Introduction and Technical Architecture, Journal of Highway and Transportation Research and Development,2007, 2(2):84-88.

[20] 刘浩,张可,汉克·范少伦. 行程时间噪声数据处理技术研究[J]. 交通运输系统工程与信息,2009,3(9).

[21] 张可,等. 国家标准化指导性技术文件《交通综合信息平台建设总体框架指南》[R],2005.

[22] Liu Hao, Zhang Ke. Construction Mechanism of City Traffic Common Information Platform in China[C]. 10th ITS World Congress, Madrid, Spain, 2003.

[23] 全国智能交通系统共用信息平台技术研讨会论文集[C],2002.

[24] 王笑京,张可,张建通. ITS/TICS 中央数据登记簿标准及其在交通共用信息平台建设中的应用[J]. 交通运输系统工程与信息,2002,2(4):5-10.

[25] 郭继孚,温慧敏,张可,等. 北京市交通综合信息平台示范工程项目研究和建设[J]. 交通运输系统工程与信息,2004,4(3):7-9.

[26]《中国智能交通行业年度报告》编委会. 中国智能交通行业年度报告[M]. 北京:中华工商联合出版社,2004.

[27] Zhang Ke, Wang Gang, Liu Hao, et al. Implementary Scenario of the Demonstration Project of Beijing Traffic Common Information Platform[C]. 11th ITS

World Congress, Nagoya, Japan, 2004.

[28] Zhang Ke, Wang Xiaojing, Qi Tongyan, et al. Construction of the City Traffic Common Information Platform in China[C]. 10th ITS World Congress Madrid, Spain, 2003.

[29] 张可,王刚,杜勇,等. 交通综合信息平台功能定位与发展模式研究[J].交通运输系统工程与信息,2007,7(4):30-35.

[30] ISO 14817: Transport information and control systems - Requirements for an ITS/TICS central data registry and ITS/TICS data dictionaries [M]. ISO, 2002.

[31] The UK UTMC Data Objects Registry, Version 1.4. Urban Traffic Management and Control Programme Report[R], 2001.

[32] The UK UTMC Data Objects Registry, Version 1.6. Urban Traffic Management and Control Programme Report[R], 2002.

[33] Strategic Plan for the Development of ADUS Standards[M]. Cambridge Systematic, Inc, 2000.

[34] 中华人民共和国国家标准. GB/T 20611—2006 智能运输系统 中央数据登记簿数据管理机制要求 [S]. 北京:中国标准出版社,2006.

[35] 国家智能交通系统工程技术研究中心. "城市交通共用信息平台应用现状与标准需求研究"课题研究报告[R],2003.

[36] 国家智能交通系统工程技术研究中心. "北京市交通综合信息平台与服务系统研究"课题研究报告[R],2004.

[37] Ang, A. H. S. ,W. H. Tang. Probability concepts in engineering planning and design. vol. 1 Basic Principle; vol. II Decision, Risk and Reliability, Wiley, New York.

[38] Asakura, Y.. Reliability Measures of an Origin and Destination Pair in a Deteriorated Road Network with Variable Flows. In: Proceedings of the 4th Meeting of the EURO Working Group in Transportation,1996.

[39] Asakura, Y. , E. Hato, et al.. Stochastic network design problem: an optimal link improvement model for reliable network. In: Paper presented at 1st innternational symposium on transportation network reliability, Kyoto, Japan,2001.

[40] Asakura, Y. and M. Kashiwadani. Road Network Reliability Caused by Daily Fluctuation of Traffic Flow. Proceedings of the 19th PTRC Summer Annual

Meeting, Brighton,1991.

[41] http://www. beijing2008. com/44/61/article211696144. shtml.

[42] Bell, M. , G. H, et al. Transportation Network Analysis, Chapter 8: Network Reliability,1997.

[43] Bell, M. G. H. , C. Cassir, et al. A sensitivity-based approach to network reliability assessment. In: Proceedings 14th International Symposium on Transportation and Traffic Theory, Jerusalem,1999:283-300.

[44] Bell, M. G. H. , J. -D. Schmöchker. Public Transport Network Reliability: Topological Effects. Third International Conference on Transportation and Traffic Studies (ICTTS), Guilin, China,2002.

[45] Billinton, R, R. N. Allan. Reliability evaluation of engineering systems: concepts and techniques. New York:NY, Plenum Press,0983.

[46] Booz, A, I. Hamilton. 1998 California Transportation Plan: Transportation System Performance Measures: Final report. Sacramento, California, California Department of Transportation. Transportation System Information Program.

[47] Brilon, W.. Reliability of freeway traffic flow: a stochastic concept of capacity. Proceedings of the 16th International Symposium on Transportation and Traffic Theory, Maryland, USA, ELSEVIER,2005.

[48] Bureau of Public Roads. Traffic Assignment Manual, U. S. Dept. of Commerce, Urban Planning Division, Washington D. C. USA,1964.

[49] Chen, A. , H. Yang, et al. "Capacity reliability of a road network: an assessment methodology and numerical results." Transportation Research Part B: Methodological ,2002,36(3): 225.

[50] Davidson, K. B. A flow travel-time relationship for use in transportation planning. Proceedings of 3rd ARRB Conference (Part 1), Melbourne, Australian,1966.

[51] Dhillon, B. S. Reliability engineering in systems design and operation. New York, NY, Van Nostrand Reinhold. ,1983.

[52] Du, Z. -P. , A. Nicholson. "Degradable transportation systems: Sensitivity and reliability analysis." Transportation Research Part B: Methodological , 1997,31(3): 225.

[53] Iida, Y. , H. Wakabayashi. An Aproximation Method of Terminal Reliability of a Road Network Using Partial Minimal Path and Cut Set. Proceedings of the

5th World Conference on Transport Research, Yokohama, Japan,1989.

[54] Mosher, W. W.. A capacity restraint algorithm for assignment flow to a transport network. Highway Research Record,1963, 6: 41-70.

[55] Muller, T. H. J., M. Miska, et al.. Monitoring Traffic under Congestion. 84th Transportation Research Board, Washington D. C., USA,2005.

[56] National Research Council, U.. Quantifying Congestion-Final report and user's guide national cooperative highway research program project 7-13, National Research Council, NCHRP Report ,1997.

[57] Overgaard, K. R. Urban transportation planning traffic estimation. Traffic Quarterly,1967:197-218.

[58] Shaw, T., D. McLeod. Mobility performance measures handbook. Tallahassee, Florida, Florida Department of Transportation, Systems Planning Office, 1998.

[59] Smock, R. J.. "An iterative assignment approach to capacity restriant on arterial networks." Highway Research Board Bulletin ,1962,347: 60-66.

[60] Soltman, T. J.. "Effects of alternate loading sequences on results from Chicago trip distribution and assignment model." Highway Research Record,1965, 114: 122-140.

[61] Taylor, M. A. P. "Dense Network Traffic Models, Travel Time Reliability and Traffic Management:II Application to Reliability." Journal of Advanced Transportation ,1999,33(2): 235-244.

[62] TRB (2000). Highway Capacity Manual. Special Report 209, Transportation Research Board, National Research Council, Washington, D. C.

[63] Urban Mobility Report (2002). Urban Mobility Report, Departments of Transportation in California, Colorado, Florida, Kentucky, Maryland, Minnesota, New York, Oregon, Texas and Virginia (http://mobility. tamu. edu/ums).

[64] V&W (2005). Mobility Paper (Dutch: Nota Mobiliteit). The Hague, The Netherlands, Dutch Ministry of Transport, Public Works and Water Management, http://www. notamobiliteit. nl.

[65] van Lint, J. W. C., H. Tu, et al.. Travel Time Reliability on Freeways. In the Proceedings 10th World Conference on Transport Research (WCTR), Istanbul, Turkey,2004.

[66] van Lint, J. W. C., N. J. van der Zijpp. An Improved Travel-Time Estima-

tion Algorithm Using Dual Loop Detectors. 82nd Transportation Research Board, Washington D. C. , USA,2003.

[67] van Lint, J. W. C. , H. J. van Zuylen. "Monitoring and predicting freeway travel time reliability." Transportation Research Record: 1917 (Data initiatives): 54-62.

[68] Yang, H. , M. Bell, G. H. , et al. "Modeling the Capacity and Level of Service of Urban Transportation Networks." Transportation Research Part B,2000, 34: 255-275.

[69] Yang, H. , K. K. Lo, et al. Travel Time versus Capacity Reliability of a Road Network. 79th Transportation Research Board, Washington D. C. , USA,2000.

[70] Ashish Sen, Piyushimita Thakuriah,Xia-Quon Zhu, et al. Frequency of probe reports and variance of travel time estimates [J]. Journal of transportation engineering, 1997,290-297.

[71] Chi Xie, Ruey Long Cheu, Der-Horng Lee. Improving arterial link travel time estimation by data fusion. [CD]. Transportation Research Board 84th Annual Meeting. National Research Council. Washington, D. C. , 2004.

[72] Marcel Westerman, Remco Litjens, Jean-Paul Linnartz. Integration of probe vehicle and induction loop data-estimation of travel times and automatic incident detection [R]. University of California, Berkeley. Aug,1995.

[73] Thomas Leonard, John S. J. Hsu. Bayesian methods [M]. Cambridge University Press, 1999.

[74] Xiao Yan Zhang, John A. Rice. Short-term travel time prediction. Transportation Research Part C ,2003(11),187-210.

[75] David C. Hoaglin, Frederick Mosteller, John W. Tukey. Understanding robust and exploratory data analysis. John Wiley & Sons, Inc. 1983.

[76] Andrew Gelman, John B. Carlin, Hal S. Stern, Donald B. Rubin. Bayesian data analysis [M]. Chapman & Hall/CRC, 2004.

[77] 高惠璇,等. SAS 系统 Base SAS 软件使用手册[M]. 北京:中国统计出版社,1997.

[78] Brown, R. G. , P. Y. C. Hwang. . Introduction to Random Signals and Applied Kalman Filtering, Second Edition, John Wiley & Sons, Inc. ,1992.

[79] Yibing Wang, Markos Papageorgiou. Real-time freeway traffic state estimate\

ion based on extended Kalman filter: a general approach. Transportation Research Part B 39 (2005) 141-167.

[80] 张文修,吴伟志,梁吉业,等. 粗糙集理论与方法[M]. 北京:科学出版社, 2000.

[81] 姜桂艳. 道路交通状态判别技术与应用[M]. 北京:人民交通出社,2004.

[82] Peter T. Martin ,Joseph Perrin, Blake Hansen. Automatic Incident Detection Algorithms [M], 2001.

[83] 石征华,侯忠生. 城市快速路拥挤度判别方法研究[J]. 交通与计算机, 2006,5(24):20-23.

[84] 刘浩,张晓亮,张可. 基于粗糙集交通信息提取计算的城市道路行程时间预测[J]. 公路交通科技,2008(10).

[85] Andrzej Bargiela , Witold Pedrycz. Granular Computing: An Introduction, Kluwer Academic Publishers, Boston, Dordrecht, London.

[86] 国家高技术研究发展计划(863 计划)专题课题"基于信息提取计算的路网动态交通分析技术"(课题编号 2006AA11Z206)课题研究报告[R],2009.

[87] ZHANG Ke, WANG Xiao-jing, LIU Hao. Transport Information Granular Computing: Introduction and Technical Architecture, Journal of Highway and Transportation Research and Development,2007, 2(2):84-88.

[88] 张可,王笑京,刘浩. 交通信息提取计算理论及其技术框架与发展策略[J]. 公路交通科技,2007,24(4):134-139.

[89] 刘浩,张可,汉克·范少伦. 行程时间噪声数据处理技术研究[J]. 交通运输系统工程与信息,2009,3(9).

[90] Pedrycz, W. , Bargiela, A. . Granular clustering: A granular signature of data, IEEE Trans. on Systems Man and Cybernetics, 32(2):212-224.

[91] Bargiela, A. Pedrycz, W. Hirota, et al. Logic -based granular prototyping, Computers Software and Applications Conference, COMPSAC 2002, Oxford, 2002

[92] Zadeh, L. A. Toward a theory of fuzzy information granulation and its centrality in human reasoning and fuzzy logic, Fuzzy Sets and Systems, 1997,90, 111-117.

[93] Bortolan, G. , Pedrycz, W. , Reconstruction problem and information granularity, IEEE Transactions on Fuzzy Systems,1997, 2, 234-248.

[94] 张铃, 张钹. 问题示解理论及应用 [M]. 2 版. 北京:清华大学出版社, 2007.

[95] Dyreson, C. E. , Evans, W. S. ,et al. Efficiently supportingtemporal granularities[J], IEEE Trans. on Knowledge and Data Engineering, 2000,12(4), 568-587.

[96] Kasabov, N. , Foundations of Neural Networks, Fuzzy Systems, and Knowledge Engineering[M], MIT Press, Cambridge, MA, 1996.

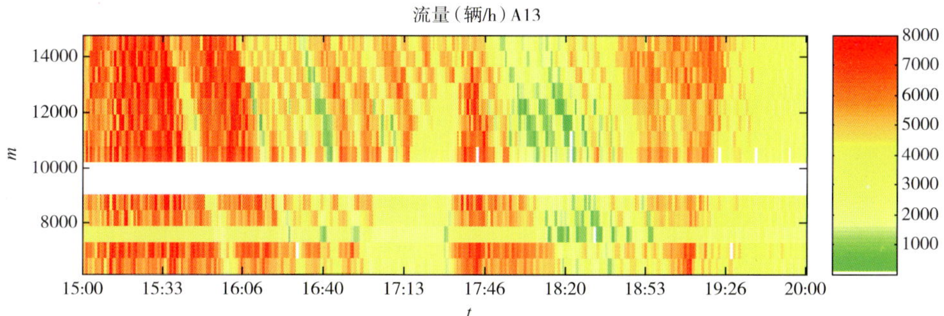

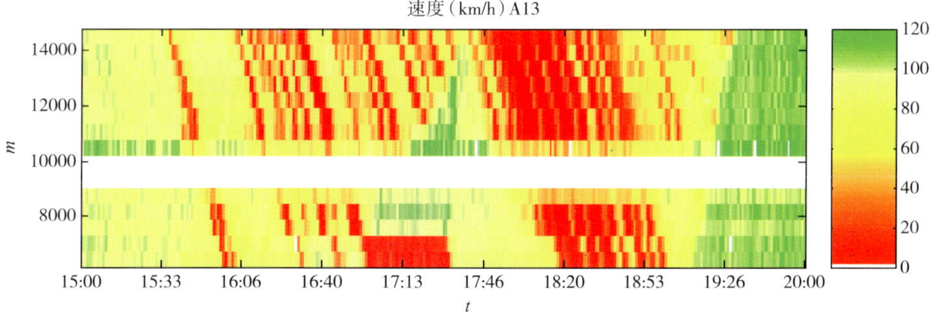

图2-4　检测器原始交通数据（图的顶部为流量数据，底部为平均速度数据）

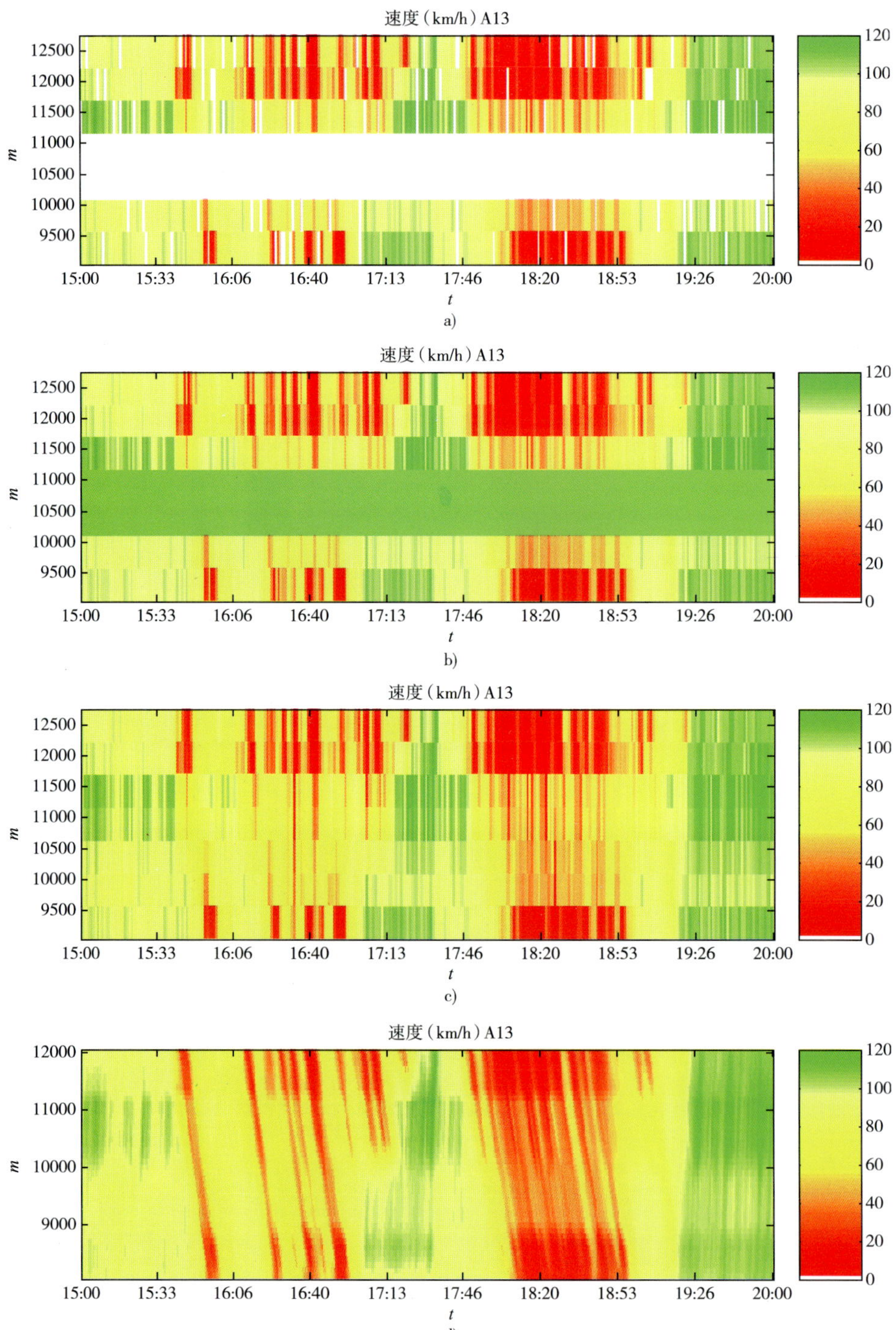

图2–7　数据处理结果（白色区域表明数据缺失或不可靠）

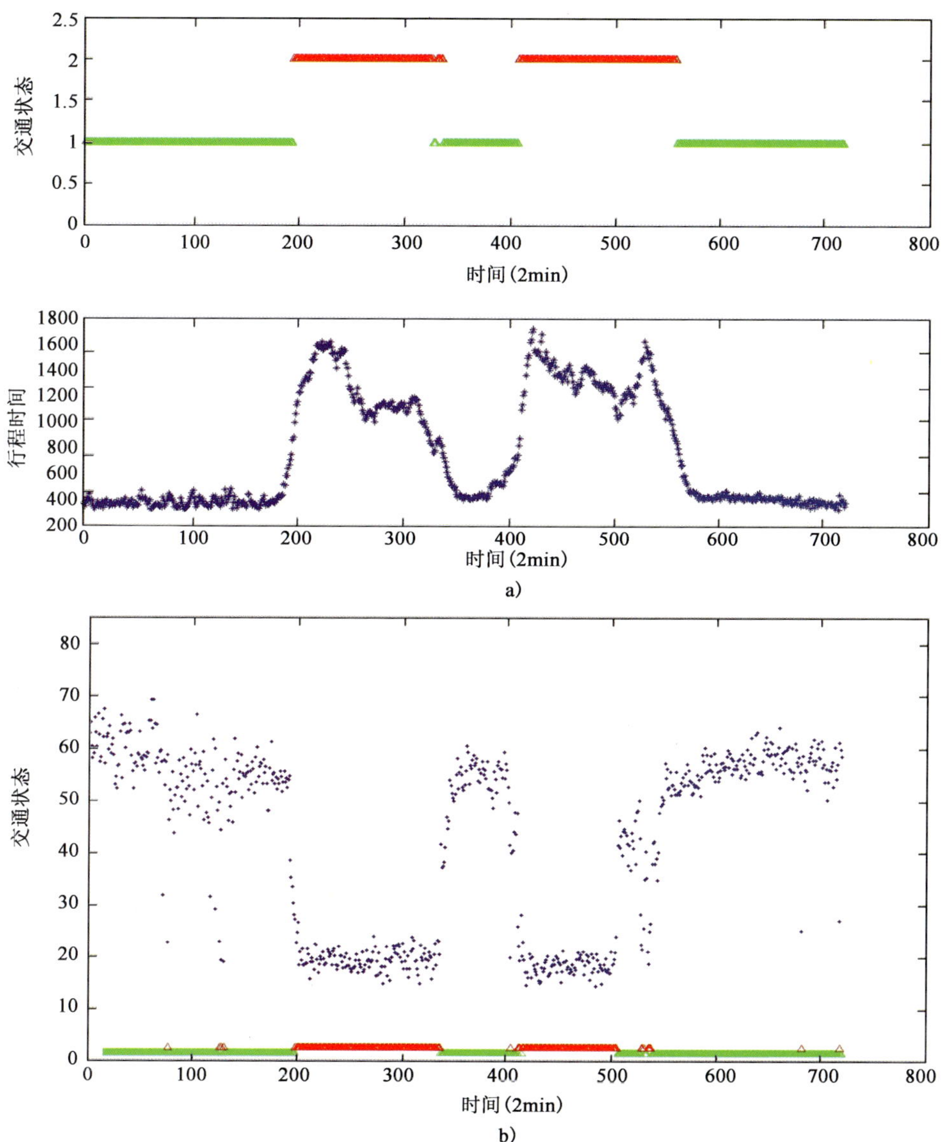

图5-15　交通状态估计图（两类）

a)长路段交通状态与行程时间对照图；b)子路段交通状态与平均速度对照图

注：图中红色表示拥挤状态，绿色表示畅通状态。

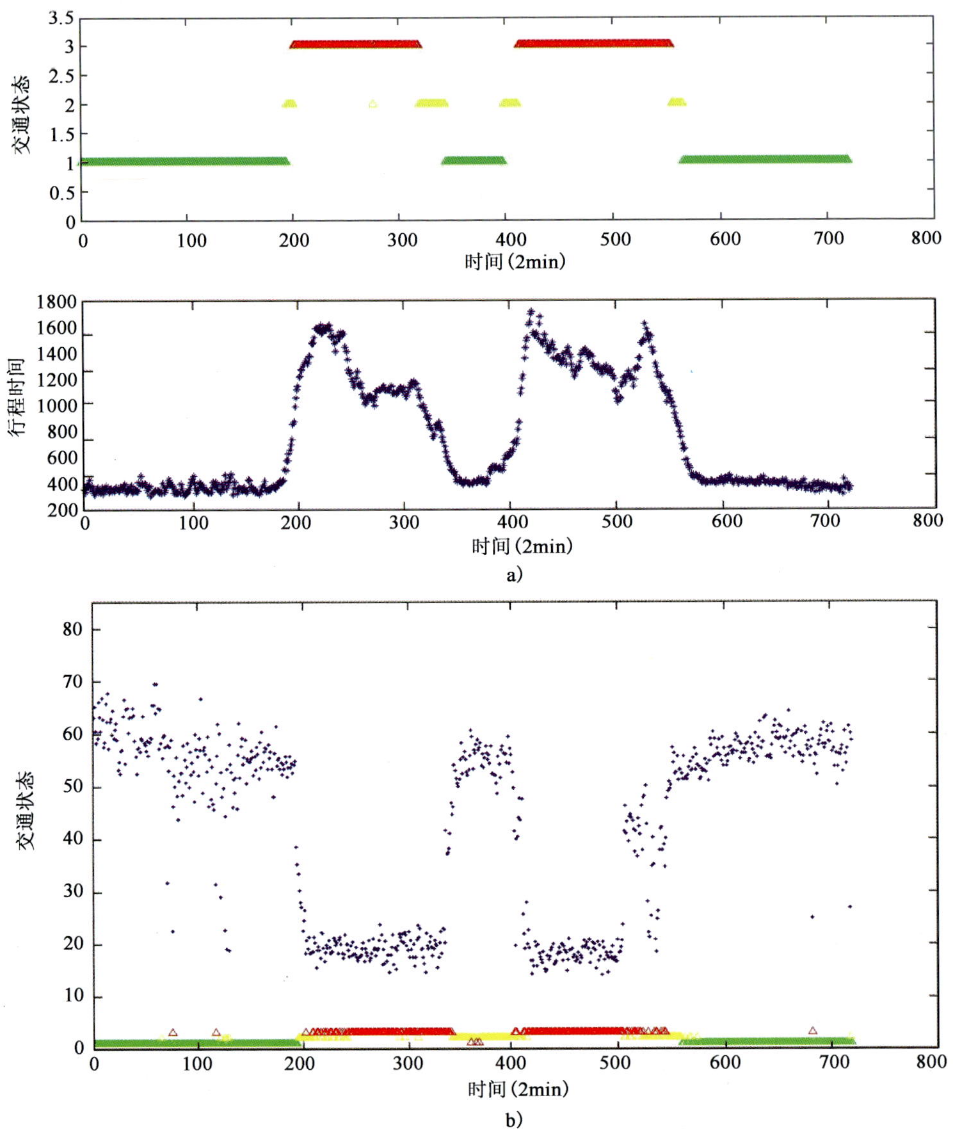

图5-16　交通状态估计图（三类）

a)长路段交通状态与行程时间对照图；b)子路段交通状态与平均速度对照图

注：图中红色表示拥挤状态，黄色表示缓行状态，绿色表示畅通状态。